내면의 상류를 지향하는

_____ 님께 드립니다.

상류의
탄생

상류의 탄생

김명훈 지음

ViaBook Publisher

책머리에

내가 부모를 따라 미국에 온 것은 11살 때인 1974년 겨울이었다. 겨울철 두어 달은 한강이 꽁꽁 얼어붙곤 하던 시절이다. 지금은 한강에서 얼음을 볼 수 있는 날이 보름도 안 된다고 하니, 강산이 바뀌어도 여러 번 바뀌었음에 틀림없다.

미국에서 초등학교 5학년 때부터 교육을 받고 장년이 될 때까지 나는 한국을 짝사랑했다. 그곳은 나에게 아랫목이 있는 따스한 추억의 나라였기에 누가 뭐라든 한국에 대한 애정은 식지 않았다. 늘 정체성이 불안한 어설픈 '미국 시민'으로서의 어색한 존재감을 어른이 된 후에도 떨칠 수 없었지만, 그래도 나에게는 고국이 있다는 자부심에서 위안을 찾곤 했다. 미국인들이 잘 알지 못하는 역사와 전통이 있고, 자랑스러운 고유문화가 있는 나라. 미국만큼 잘 살지는 못해도 나에게 한국은 소박하고 정 많고 점잖은 사람들이 많은 곳이었다. 그런데 한국은 언제부턴가 그런 사람들이 기를 펴고 살기 힘든 나라가 되었다. 어떤 면에서 이 책은 비상식적인 사회가 된 한국에서 오늘도 자신의 본분을 다하고 있을 그 소박하고 정 많고 점잖은 사람들에게 가장 들려주고 싶은 이야기들을 담고 있다.

아끼는 책 중에 『내가 자란 서울』이 있다. 글은 1930년대를 다루고 있지만, 나에게 끊임없이 감동을 선사하는 것은 사진이다. 책에는 1950~1960년대 서울의 일상이 흑백 사진으로 담겨 있다. 나는 가끔씩 이 책을 들춰 보면서 유년의 추억에 빠져들곤 한다. 아래와 같이 사진 설명만 적당히 엮어놓아도 한 편의 시가 되어 가슴이 뭉클해진다.

> 이렇다 할 시설은 없을지라도 놀이는 언제나 즐겁다.
> 비록 새끼줄일지라도 놀이는 즐거웠다.
> 젖먹이를 업고 있는 행상
> 우산을 고치고 있는 아저씨
> 엿장수 가위질 소리는 아이들의 맘을 설레 놓곤 했다.
> 군것질거리가 귀하던 때의 튀밥 장수. 바라보는 것만도 즐거운 일이었다.
> 한강의 얼음을 자르는 모습. 톱은 이렇게도 쓰였다.

지금 생각해 보면 가난 그 자체의 모습이었다. 하지만 그때는 가난하다는 생각이 없었다. 친구 중에 누구는 좀 큰 집에 살고, 누구는 예쁜 옷을 입고 다닌다는 정도였을 뿐, 그것이 상대적 박탈감을 불러일으키진 않았다. 이런 추억 속의 나라가 무섭게 발전하여, 이제 1인당 국민소득

은 내가 한국을 떠날 때에 비하면 200배 수준이 되었다. 물질과 사회 인프라의 차원에서만 보면 지금 서민들은 그때의 웬만한 중상류층보다 풍요롭게 산다.

그런데 어쩐 일인지 한국은 세계 11위의 경제 규모를 자랑하면서도, 정작 이 같은 눈부신 경제 발전의 수혜자여야 할 수많은 국민들에게는 '헬조선'으로 불린다. 중앙일보 설문에 따르면 20~30대의 73퍼센트가 한국이 아닌 다른 나라에서 살고 싶다고 한다(2015년 6월 24일 보도). 아마도 오늘날 대한민국을 지배하는 것이 상식이 아닌 비상식이기 때문일 것이다. 헌법에 국가의 주권은 국민에게 있고 모든 권력은 국민으로부터 나온다고 명시되어 있지만, 실제로는 모든 권력이 돈으로부터 나오는 나라. 대통령마저 국가를 수익 모델로 삼는 나라. 나라를 운영하는 이들이 관직을 기회 삼아 사리사욕을 채우는 것이 이제는 놀라울 것도 없는 나라. 질보다는 양, 방향 보다는 속도가 절대적으로 강조되는 나라. 자살률이 OECD 국가 중에서 1위인 나라……

나는 이런 현실을 한국 사회의 지도층, 즉 상류층이 만들었다고 생각한다. 결국 잘못은 우리 모두에게 있을지도 모르지만, 사회적 분위기를 이끌고 책임져야 할 사람들이 누구인가에 대해서는 분명하게 밝혀야 한다. 대한민국을 '헬조선'으로 만든 것은 위에서 아래로 흐르는 구정물이며, 절대적인 빈곤이 아니라 상대적인 빈곤이기 때문이다. 서민들이 살기가 이처럼 힘들게 된 것도, 대한민국이 이민을 떠나고 싶은 나라가 된 것도, 나아가 전반적으로 국가라는 공동체의 기풍이 어지러워진 것도, 사회의 중심을 이루어야 할 상류들이 책임을 다하지 않았다는 증거다.

어른이 되어 한국과 미국을 오가면서 나에게 문득 한국의, 아니 한국인들의 급변한 모습이 불편하게 와 닿기 시작했다. 무엇보다도 너나 할 것 없이 미국을 비롯한 '외제' 물건과 문화를 무조건 받아들이려 하는 모습이 안쓰러웠다. 그리고 한국 사회와 문화의 기형적 변천의 핵심에는 미국을 잘못 배웠다는 중요한 사실이 있음을 간파하게 되었다. 한국은 미국을 열심히 추종하면서 발전했지만 진짜 미국을 깊이 이해하려는 노력은 거의 없어 보였다. 급하게 잘못 배우고 받아들인 미국 문화가 한국 사회의 수많은 문제의 근원이 되었다는 인식을 가지면서 나 스스로 한국과 미국 두 사회를 객관적으로 비교하는 작업을 시작했고, 특히 미국의 역사와 전통에 대하여 많은 생각을 하게 되었다.

1부의 '누가 상류인가?'에 나오는 상류와 계급에 대한 이야기는 계급 사회에 대한 한국 사회의 왜곡된 인식에 도전하는 다면적인 반박이다. 그리고 2부의 '책임을 다한다는 말'은 한국인들이 좀처럼 관심을 가지지 않는 미국의 오래된 상류들의 진면목에 대하여 그동안 담아두었던 생각들에 자료를 뒷받침하여 정리한 것이다. 3부 '다르게 사는 방법'에서는 계급이라는 개념에 대한 근본적인 인식의 전환을 위한 방향을 제시하고자 했다. 특히 마지막 장에서는 고결한 책임 의식을 가진 사람들이 지도층을 이루는 유럽의 모범 국가들에 대한 생각들을 정리했다.

이 책에서 내가 얘기하는 '내면의 계급'은 마틴 루터 킹이 1963년 8월 "나에게는 꿈이 있습니다" 연설에서 얘기한 '인격의 내용content of character'과 같은 개념이다. 내면의 계급이란 인종이나 사회적 지위를 초월하는 것이며 돈으로 살 수 없는 사람의 품계다. 내면의 품계가 높은 사람은 빨

리 가기를 꺼리고 깊이를 추구한다. 유행을 멀리하며, 추구하는 가치가 속된 무리들과 다르다. 획일성보다 다양성, 흑백 아닌 뉘앙스, 단기보다는 장기, 찰나보다는 영구, 아이큐보다는 지성, 외형보다는 내면, 개인보다는 사회, 국가보다는 지구와 우주를 지향한다. 무엇보다도 자신의 행동이 타인과 사회에 미치는 영향을 생각하는 책임 의식을 가진 사람이다.

분명히 강조하건대, 이 책에서 한국이 본받을 것을 제시하고자 하는 미국은 물질적 풍요의 미국이 아니라 국가와 국민의 기풍을 중시하는 미국이다. 외형이 번지르르한 첨단 기술과 소비지상주의의 미국이 아니라, 물질과 소비를 초월한 독립적 정신을 가진 점잖은 사람들의 미국, 상류층을 형성하는 많은 구성원들이 전통과 이상과 명분을 지키려 하는 그런 미국 말이다.

미국은 순자산이 100만 달러가 넘는 가구가 1,000만이 넘을 정도로 부자들이 많은 나라지만, 돈과 품격은 별개로 여기는 근성이 국민 정서에 깔려있다. 미국 문화도 시간이 지나며 많이 변화했지만, 아직도 전통과 덕망과 예절을 중요시하는 오래된 상류들의 비타협적 위엄이 사람됨됨이의 표준으로 받아들여진다. 미국에서 가장 존경받는 직업은 군인, 소방관, 과학자, 간호사, 경찰, 교사, 성직자 등 대부분이 고소득과는 거리가 먼 직업이며(해리스폴Harris Poll, 2014년), 기업인은 13위에 머물렀다는 사실은 돈이 전부가 아닌 사회의 보편적인 정서를 말해준다.

물론 미국도 여러 면에서 아름답지 못한 모습을 보인다. 역사적으로는 국가의 원죄原罪에 해당하는 노예제도와 아메리카 원주민 학살이 있고, 현대에 이르러서는 빈부격차, 살벌한 총기 문화, 극도로 계량화된 소비지상주의, 미국 예외주의, 고질적 인종차별, 그리고 국가안보의 이름으로 자행되는 사생활 침해가 수많은 국민을 불안케 한다. 그런 문제 많은 미국이 지금도 무시할 수 없는 저력을 갖추고 있는 이유는 그 힘의 근원이 확고하다는 말이기도 하다. 이것은 미국 역사의 실존 인물들 중에 '상류다운 상류'의 구체적 본보기를 제시하는 인물들이 산재해 있다는 사실과 무관하지 않다. 이러한 '근본'을 보지 못한 채 미국을 제대로 이해하는 것은 불가능하다.

어떤 평가든 절대적일 수는 없다. 항상 '더'와 '덜'의 차원에서 말할 뿐이다. 미국이 합리적인 사회라거나 시민정신을 갖추고 있는 사람들이 많다는 것은, 모든 것이 합리적이라거나 어디를 가나 시민정신이 넘쳐 난다는 얘기는 아니다. 단지 사회 전체의 발란스를 봤을 때 선善 쪽으로, 혹은 적어도 차선次善 쪽으로 기울어 있다고 인정된다는 말이다. 분명한 것은, 워런 버핏과 빌 게이츠, 구글과 위키피디아, 지미 카터와 버락 오바마 등의 말과 행동에서 한국 정계나 재계의 지도자들에게서는 좀처럼 감지되지 않는 상류적 책임 의식과 철학이 문득문득 느껴지곤 한다는 것이다. 그리고 객관적인 사실 여부를 떠나, 미국 국민들 사이에는 훌륭한 선조들이 다진 국가 이념과 제도가 완벽에 가깝다는 기본적인 신뢰가 있다. 헌법과 그것을 바탕으로 한 사회에 대한 믿음이 존재한다는 뜻이다.

나에게도 꿈이 있다. 멀지 않은 미래에 다시 내가 자란 서울을 찾았을 때, 진정한 희망이 살아 숨 쉬는 땅을 밟고 싶다. 상류다운 상류들이 사회를 이끄는 나라. 다수의 국민이 단일 민족, 우수한 민족이라는 편협한 사고에 갇혀 살기보다는 넓은 세상을 볼 줄 아는 나라. 연봉이나 학벌보다는 오로지 언행의 품격을 통해 그 사람을 판단하는 나라. 많은 문제가 있을지언정 존경할 만한 사회의 어른들이 건재한 나라. 수많은 사람들이 대중문화를 영위하면서도 중요한 가치들에 있어서는 고결함이 통하는 나라. 맹목적인 발전보다는 전통을 보존하는 것을 더 중요하게 여기는 나라. 탈법과 편법과 반칙을 자행하는 무리들이 있을지라도 핵심 체제는 든든한 나라.

아무리 고매한 지성과 철학으로 무장한 사람도 가히 폭압적인 이 시대의 관습과 대세를 거부한다는 것은 여간 어려운 일이 아닐 것이다. 현실과 타협하고 습관을 목발질 하며 사는, 소비주의 문화에 적당히 마취된 나 자신의 삶을 생각하면 순간적으로 다 부질없다는 무력감이 스쳐간다. 그래도 다시 생각을 가다듬고 '내면의 혁명'을 이야기하고자 한다.

부와 권력은 차지했지만 황폐한 내면을 가진 이들의 횡포에 주눅 들지 않는 품위. 바쁘고 힘든 상황에서도 사회적 약자를 배려하는 자세. 눈앞의 이익과 현실을 넘어 사회적 영향을 생각하는 책임. 누가 뭐라고 해도 자신만이 가진 기준을 지켜나가는 용기. 그리고 세상은 변화해 왔으며 앞으로도 바뀔 수 있다는 통찰. 이것들은 모두 비상식적인 사회에 저항하는 이들이 꾸준히 세력화해야 할 가치이자 내면의 혁명을 추동하는 원동력이다.

그렇다고 사회가 바뀔까라고 생각할 수도 있다. 하지만 수많은 이들이 저항하면 사회는 분명 바뀔 수 있다. 한국 영화 「암살」에 이런 대사가 있었다. "매국노 몇 명 죽인다고 독립이 되나? … 하지만 계속 알려줘야지, 우린 계속 싸우고 있다고." 맞다. 그런 각오로, '내면의 상류'인 점잖은 이들은 껍데기만 상류인 기득권층 그들에게 끊임없이 알려줘야 한다고 감히 생각한다. 지금 그들이 주도하는 비루한 서열의식과, 얄팍한 보상체계와, 비뚤어진 역사관에 지성을 가진 우리가 계속 저항하고 있다고. 그리고 언젠가 이 모든 비정상을 다시 정상으로 되돌릴 수 있는 날이 있을 거라고 말이다.

2016년 6월
김명훈

011

1부

누가 상류인가?

혹자는 위대하게 태어나고,
혹자는 위대함을 성취하며,
또 다른 혹자는 위대함을 강요당한다.

_ 윌리엄 셰익스피어, 『십이야 Twelfth Night』 중에서

어떤 사람은 범속하게 태어나고, 어떤 사람은 범속함
을 성취하며, 어떤 사람은 범속함을 강요당한다.

_ 조셉 헬러, 『캐치-22 Catch-22』 중에서

01
불편한 이야기들

탐욕의 1퍼센트와 반사회적 인격장애

영화 「아메리칸 사이코」의 주인공 패트릭 베이트먼은 투자은행가다. 취미는 연쇄살인. 일종의 컬트 작품에 속하는 이 영화는 「다크 나이트」 시리즈의 배트맨 겸 브루스 웨인 역으로 유명한 크리스천 베일의 청년기 작품이다. 베이트먼은 맨해튼 월가를 중심으로 금융가의 타락과 방탕이 절정에 달한 1980년대 후반, 이른바 여피족yuppie族의 물질 숭배 가치관을 상징하는 인물이다. 원작인 브렛 이스턴 엘리스의 소설보다 영화의 작품성이 더 우수하다는 의견이 있어 이에 대한 논쟁이 끊이지 않고 있는데, 어쨌든 본질적인 차원에서는 소설과 영화 모두 사회 풍자의 날이 예리한 작품이다.

하버드대 경영대학원 출신인 베이트먼은 월가 투자은행의 임원이다. 사회적, 경제적 지위로 볼 때 단연 최상위층인 그는 26세라는 젊은 나이에 남부럽지 않은 외모를 가졌다. 활동 공간은 주로 맨해튼의 고층 건물이다. 낮에는 인수 합병 전문가로 일하고, 밤에는 자신의 살상 본능을 해소할 희생양을 찾으러 다닌다. 「아메리칸 사이코」는 이러한 설정을 통해 약육강식 자본주의 사회의 상부층을 차지하고 있는 탐욕자의 목적 없는 삶과 변태적 물질주의 가치관을 신랄하게 풍자한다.

모든 가치가 상품화되고, 위선과 교만은 의례적인 것이 되었으며, 같은 부류끼리의 대화마저도 진정한 소통이라고는 찾아볼 수 없는 진공상태 같은 단절 속에서 독백처럼 메아리친다. 베이트먼과 그와 같은 부류의 세계에서는 타인과 사회에 대한 무관심이 지배한다. 누군가에게 관심이 있다면, 그것은 그 사람이 걸치고 있는 양복과 들고 다니는 가방의 브랜드에 대한 관심일 뿐이다. 자신이 무참하게 살해한 사람의 인육을 먹는 베이트먼의 행위는 영혼이 없는 소비지상주의 문화의 메타포로 와 닿는다.

영화 가운데 이런 장면이 있다. 화려한 살인 경력을 쌓고 있는 베이트먼이 처음 만난 여자와 클럽의 시끄러운 음악 속에서 대화를 나눈다.

여자: 하는 일이 뭐예요?

베이트먼: 음, 대체로 살인과 처형murders and executions이요.

여자: 그 일이 좋아요?

베이트먼: 글쎄, 경우에 따라 다르지요. 왜요?

여자: 내가 아는 남자 중에 인수 합병mergers and acquisitions 일을 하는 사람은 대부분 그 일을 안 좋아하거든요.

클럽 안의 소음으로 말이 잘못 전달되면서 '살인과 처형'이 '인수 합병'의 동의어가 되어버렸다. 여기에 함축된 의미를 길게 말할 필요는 없을 터다. 기업의 영리와 물질 기반의 쾌락만을 추구하며 사는 인생은 사람을 무차별로 죽이며 사는 인생과 별반 차이가 없다는 것이 논리의 귀결점이라고 할 수 있다. 이러한 내용이 불편하게 생각될 수도 있겠으나 그렇다고 해서 그 핵심에 번득이는 진실을 거부할 수 있는가. 무자비한 금융자본주의 세계의 꼭대기에 올라앉아 저 아래 열심히 일하면서도 간신히 먹고사는 '개미'의 인생을 무심히 바라보는 '자본가' 군상의 세계는 본질적인 차원에서 베이트먼과 같은 사이코패스psychopath의 세상과 얼마나 다를까.

「아메리칸 사이코」에 등장하는 인물은 사회가 어떻게 돌아가든 자기 자랑이나 팝 문화에 대한 장광설을 늘어놓기 바쁘고, 상품의 브랜드에 병적인 관심을 갖고 있으며, 명함의 엠보싱 같은 말초적이기 짝이 없는 것들에 집착하면서 산다. 겉으로 보기에는 크게 성공했고 욕심과 의욕은 하늘을 찌르지만 잡스러운 영혼을 가진 부류, 하나같이 자기도취증에 빠져 있어 진정한 사회적 책임과 인간적 가치에는 관심이 없는 이런 부류 인간의 무심함은 정신병리학 차원에서 거론할 필요가 있을 듯하다. 생각해보면, 감성이 수준 미달인 상위층 사람의 무심함과 사회병질은 종이 한 장 차이일 수 있다.

자본가 또는 기업형 인간 군상에 대한 정신병리학적 이해는 그들의 삶에 있어 돈이 최상의 가치라는 데서 출발해야 한다. 그들의 비정상적 가치와 행태는 이러한 비인간적 가치관에서 그 근원을 찾을 수 있다. 우리 시대를 풍미하는 대기업 수장은 대부분 가히 초인적인 탐욕의 소유자이며, 그들이 영위하는 가치 체계의 구조상 도덕과 양심의 순위는 돈에 대한 욕구보다 한참 하위에 머물 수밖에 없다. 돈을 향한 끊임없는 욕구가 인생의 원동력이고, 돈이 안 되는 것은 희생시키며 살아가는 이들은 인간적 가치를 놓고 보았을 때 정상인으로 보이지 않는다. 외형적으로는 멀쩡하고 대체로 정상인처럼 보이지만 자세히 들여다보면 행동과 사고에 반사회적 성향이 두드러진다. 사익私益을 위해서라면 부정은 물론 범죄도 불사하는 그들에게 윤리적 책임이나 사회적 양심은 이미지 관리상 필요할 때만 명함처럼 내미는 것일 뿐 진실된 정체성과는 동떨어진 것이다. 이들은 동물적인 생존 경쟁의 차원에서는 우수한 유전자를 가지고 있을 수 있어도 문명인으로서의 등급은 하위권에 속할 가능성이 농후하다. 이런 유형의 인간은 전체 인구의 아주 낮은 비율이지만, 그들이 사회에 미치는 '1인당 해악'은 너무도 크다.

실제로 기업 환경에서 성공하는 사람 중 상당수가 사회병질 환자로 분류될 만한 증세를 보인다는 정황이 여러 연구를 통해 나타나고 있다. 정도의 차이는 있어도 도덕 불감증이 심하고 타인의 입장에 대한 감정이 무딘 사람은 일단 반사회적 인격장애 환자를 뜻하는 소시오패스 sociopath의 특징을 가졌다고 할 수 있다.

소시오패스는 사이코패스와 동일한 의미를 내포하고 있지만, 흔히 폭력성을 동반하는 후자와 구별 지어 사회적 괴리를 강조하는 병명으로 쓰인다. 소시오패스는 매사에 타인의 권리나 감정을 무시하는 감정이입장애를 갖고 있는 사람이다. 그뿐만 아니라, 양심의 가책을 느끼지 못하고, 자신의 이익을 위해 타인을 교묘하게 조종하려 들며, 속임수에 능하고, 자신의 욕구를 충족하기 위한 충동 행위를 쉽게 자제하지 못한다. 문제는 이런 사람을 정신병동에서만 보는 게 아니라 기업의 잘나가는 구성원 중 상당수가 이런 사람이라는 사실이다. 나아가 사회 지도 계층에서도 소시오패스가 암약하고 있다.

2006년 미국에서 출간된『직장으로 간 사이코패스Snakes in Suits』에서 저자들은 기업 환경에 가장 잘 적응하고 거기서 잘나가는 사람들은 사회병질 환자인 경우가 많다는 주장을 제기하여 적지 않은 파장을 일으켰다. 공동 저자인 정신병학자 로버트 헤어와 산업심리학자 폴 바비악이 출간 후 후속 연구로 각종 기업의 전문직에 종사하는 203명을 조사한 결과, 그중 4퍼센트가 사이코패스 규정 기준을 충족하는 것으로 나타났다. 일반 인구의 정신병 유병률에 비해 네 배가 높은 수치다.

비슷한 결과는 다른 연구에서도 속속 나오고 있다. 정신병 산업에 대한 르포를 엮은 책인 영국 언론인 존 론슨의『사이코패스 테스트The Psychopath Test』에도 기업의 최고경영자CEO 중 4퍼센트 정도가 정신병 환자 증세를 보인다는 통계가 나온다. 또 2013년 호주 뉴사우스웨일즈대 경영대학에서 실시한 연구에서는 반사회적 인격장애자와 성공한 기업가 사이에 유사한 특징이 많다는 결론이 도출되었다.

『직장으로 간 사이코패스』의 공동 저자 헤어는 자신의 홈페이지

(http://www.hare.org/)에서 현재로서는 월가에서 일하는 사람들의 정신병 유병률을 알 수 없지만, 정신병을 앓는 기업가와 모험 지향적 인간이 특히 수익성이 엄청나고 규제가 부실한 금융 중심지로 몰린다고 가정하면 그 비율이 10퍼센트 이상일 수도 있다고 단언한다. 그 정확한 비율이 얼마든지 간에, 금융자본주의와 규제 완화의 가장 큰 수혜자인 '탐욕의 1퍼센트'가 갈수록 정글화되어가는 신자유주의 체제 속에서 천문학적 돈을 챙기고 있는 현상을 이 대목에서 음미해봄 직하다.

소시오패스의 인격적 요소는 기만성, 냉혈적 무관심, 감정이입장애, 무자비함, 과대망상 등이다. 기업의 인원 감축, 구조조정, 인수 합병 등 격동적이면서도 불안한 환경 속에서 소시오패스가 승승장구할 수 있는 것은 이러한 인격 요소 때문이라고 다수의 전문가가 진단한 바 있다.

이 같은 유형의 사람은 뇌에 분비되는 도파민이라는 호르몬 레벨이 높은 것으로 나타났다는 심리학 연구도 있다. 도파민이 많이 분비되면 감정이입 능력이 저하되고 흥분 상태가 지속된다. 타인에 대한 배려나 사회윤리 따위에 대한 고민 없이 목표만 지향하며 행동하기에 알맞은 생리학적 조건이 되는 것이다.

어쨌든 앞에서 언급한 바비악의 연구 등을 토대로 전문가들은 기업의 구조조정이나 인수 합병 등의 뒤숭숭한 상황은 살상 본능을 지닌 기업형 인간에게 친화적인 환경이라고 말한다. 이에 대해 바비악은 다음의 해석을 내놓았다. "조직의 혼란은 모험 지향적인 사이코패스에게 필요한 자극을 제공해주는 동시에, 그의 정신병질적 행위를 가려주는 환경이 된다."

기업에 있어 조직의 혼란이란 미국에서 1980년대에 본격화되기 시작한 자본주의의 금융화로 인수 합병 붐이 일면서 흔한 현상이 되었다. '주주 가치의 극대화'라는 미명하에 기업의 정서가 극적으로 바뀌었고, 윤리적 경영이나 기업의 사회적 책임보다는 단기(분기별) 수익이 기업의 가장 중요한 가치가 되었다. 이런 가치의 전도는 분식 회계 등의 기업 사기를 불렀다. 대표적인 사례가 거품 기업의 대명사 엔론이다.

1976년 '주주 가치의 극대화'라는 개념을 처음으로 창시한 하버드대 경영대학원의 마이클 젠슨 교수는 2005년 『뉴욕타임스The New York Times』와의 인터뷰에서 이 개념이 기업 문화에 큰 해악을 가져왔다고 개탄했다. "대체로 정직한 사람들마저 어느덧 사기를 넘나드는 행위를 저지르게 된다"는 것이었다. 이와 같은 상황은 소시오패스에게 안성맞춤이며, 이러한 환경이 조성되면 소시오패스가 아닌 사람에게도 소시오패스적 행동이 가장 순리적인 행동인 양 여겨진다. 이 같은 기업 환경은 미국에서 1980년대 후반 절정에 달했고, 한국은 IMF를 계기로 미국의 이러한 기업 문화의 가장 비열한 측면을 받아들였다.

우리 시대를 지배하는 기업이라는 조직체. 이 시대에 기업 활동에서 완전히 자유로운 사람은 없다. 기업이라는 집단은 실로 현대 자본주의 사회의 거의 모든 승자를 생산해낸다. 끊임없이 이익을 좇는 것이 삶의 지상 과제인 기업형 인간을 양산한다. 성공한 기업형 인간은 거의 예외 없이 인간적 가치보다는 기업 중심의 가치관을 받들면서 산다. 이 시대의 자본주의 사회는 기업형 인간이 주도하고 있다. 'CEO형 리더십'이라는 말이 대단한 칭찬으로 받아들여지고, 법도 기업을 중심으로 만들어지고 집행된다. 한국도 이전에는 권력이 자본을 거느리는 체제였는데 이제는 자본이 권력을 거느리는 체제가 되었다. 정치인이 기업의 후원 없이 세력을 키우고 유지하는 것은 거의 불가능한 일이 되었다. 기업이라는 집단과 나아가 기업형 인간의 생리와 성격에 대한 진지한 고찰 없이 현대 자본주의 사회를 지배하는 계층의 실상을 이해하는 것은 불가능하다.

지금 자본주의 사회에서 오로지 이윤만을 추구하는 기업 환경은 소시오패스가 번창할 수 있는 토양이 될 뿐 아니라 기업 자체를 '소시오패스화'하는 경지에 이르렀다고 말할 수 있다. 실로 현대 기업은 대부분 그 구성원(직원)이나 환경 등 사회에 대한 책임 의식은 모두 내팽개치고 단기적 이익만을 추구하는 인간 집단이 되었다. 2003년 캐나다에서 만든 다큐멘터리 「기업The Corporation」은 기업도 하나의 인격체임을 전제로 "기업은 어떤 사람인가?"라는 질문을 던진다. 그리고 "기업은 소시오패스다"라는 답을 얻는다. 기업은 자신의 이익밖에 모르고, 타인의 사정에 무관심하며, 양심의 가책을 느끼지 않는다는 것이다.

일부 학자는 소시오패스도 나름대로의 도덕성을 지닐 수 있다고 말한다. 단, 그들의 도덕성은 일반 사회에서 통용되는 상식적 도덕 체계와는 많이 다르다. 소설가 아인 랜드가 주장했던 것처럼 이기심은 도덕적인 것이고 이타심은 부도덕한 것일 수도 있다. 문제는 이런 가치 체계가 사회 구조의 근간과 시장 논리를 장악했을 때, 가장 큰 수혜자가 바로 이 같은 전도된 가치를 영위하는 자라는 것이다.

지금 미국에서나 한국에서나 신자유주의의 본질이 섬뜩한 이유는 그

'자유'가 양심이나 윤리에 구애받지 않는 인간들에게만 유리할 수밖에 없다는 데 있다. 자유지상주의의 변종인 신자유주의를 추앙하는 사람들의 '자유'란 문명의 자유가 아닌 정글의 자유다. 정글에서는 강자는 먹고, 약자는 먹힌다. 인간의 가장 원초적인 본능을 신성시하는 신자유주의는 정글의 법칙이 인간 사회에도 적용되어야 한다고 주장한다. 그 신조에는 가난한 사람은 게으르고 무능하다는 설정이 깔려 있다. 재능이 있지만 섬세하고 여린 사람이 불공정하고 난폭한 경쟁에서 밀릴 수 있다는 평범한 현실을 신자유주의 신봉자들은 인정하지 않는다. 그들이 지향하는 위계질서는 동물 세계의 약육강식이다. 그 저변에는 감성과 연민의 부재, 다시 말해 무심함이 있다.

뒤에서 『위대한 개츠비The Great Gatsby』를 통해 더 구체적으로 설명하겠지만, '무심함'이란 내면의 품계가 낮은 부류의 주요 특징 중 하나다. 기업이든 국가든, 무심한 사람이 지도자가 되면 그 손에 운명이 달린 사람들은 불행해진다. 기업이나 국가의 지도자가 양심의 가책을 느끼지 못하는 반사회적 인격장애 환자라면 두말할 나위 없다. 타인의 사정에 무관심하고 양심의 가책을 전혀 느끼지 못하는 무심한 자들, 즉 소시오패스가 상류 대접을 받을 때, 이런 자들이 사회규범의 기준이 될 때, 사회 전체의 가치관과 도덕과 양심의 기준과 기대치가 무너지는 것은 당연한 결과다. 기업 전체가 소시오패스화되는 것처럼 사회 전체도 그렇게 될 수 있다. 미친 사회가 되는 것이다.

하지만 '호랑이에게 물려 가도 정신만 차리면 산다'는 말처럼 힘과 반칙으로 돈과 권력을 거머쥔 자들에게 휘둘리지 않고, 그들이 가진 돈과 권력 앞에서 주눅 들지 않는 사람에게는 미래가 있다. 물질적으로 크게 성공한 이들이 사회의 상부층을 차지하는 현실은 당장 어쩔 수 없다 하더라도, 그들이 '상류'라는, 즉 나보다 윗길이라는 고정관념을 떨침으로써 영혼은 자유로워질 수 있다. 그들이 움켜쥐고 있는 돈과 권력을 떠나 벌거벗은 인간의 모습으로 그들을 바라볼 때 진정한 삶의 가치에 대한 어떤 명징성을 발견하게 될지도 모른다.

승자와 상류를 혼동하지 말라

미국의 칼라일그룹은 2,000억 달러 가까이 되는 자산을 운용하는 세계 최대의 사모펀드 회사다. 30여 개국 700명 정도의 투자 전문가가 이 회사의 직원이며, 자문단 명단에는 한때 미국의 전직 대통령 조지 H. W. 부시와 다수의 장관이 포함되어 있었다. 타의 추종을 불허하는 인맥과 로비력을 기반으로 전 세계에서 대규모 투자 사업을 벌이고 있으며, 군수산업에 깊게 관여하고 있어 그 이름에 '군산복합체의 화신'이라는 딱지가 붙어 다니기도 하고, 사우디 왕가와도 깊은 인연을 맺고 있어 중동과 관련된 음모론에 단골로 거론된다. 마이클 무어 감독도 2004년 다큐멘터리 「화씨 9/11」에서 이라크 전쟁과 관련하여 오사마 빈 라덴과 부시 일가, 그리고 칼라일그룹 간의 복잡한 연계설을 제기했다.

아무튼 이 회사에서 일한다는 것은 투자은행이나 컨설팅업계에서 크게 출세했음을 의미한다. 젊은 나이에 여기 입사하게 된다면 영화 「타이타닉」에서 레오나르도 디카프리오가 그랬던 것처럼 두 팔을 벌리고 '나는 세상의 왕이다'라고 힘껏 외칠 법도 하다. 그런데 15년 전 이 회사에 근무했던 한국계 직원과 관련하여 실제 이 장면을 연상케 한 사례가 있었다. 2001년 5월, 이 회사에 갓 입사한 젊은 재미교포가 친구들에게 보낸 낯 뜨거운 이메일이 인터넷상에 떠돌다가 언론에 보도되어 물의를 일으킨 사건이다. 이메일의 제목은 '왕처럼 살고 있다'였다. 당사자의 이름은 사실 중요하지 않으니 그를 그냥 '변강쇠'라 부르기로 하자.

2년 임기로 한국에 파견을 나간 변강쇠는 10여 명의 친구들에게 동시에 보낸 이메일에서 한국에 나와 근무한 일주일 동안 자신이 '갑'의 입장에서 즐긴 한국의 접대 문화를 신나게 전한다. 서울에서의 야간 활동을 화려한 육두문자와 함께 자세히 소개하면서, 이윽고 한국에 있는 2년 동안 한국의 잘 빠진hot 여자와 모두 자고야 말겠다고 선언한다. 그리고 미국에서 갖고 온 콘돔 40개가 벌써 다 떨어졌으니 빨리 페덱스로 부쳐달라는 주문도 잊지 않았다.

이 이메일은 당시 칼라일그룹이 한미은행의 대주주였기 때문에 기사로서 상당한 가치가 있었다. 『블룸버그Bloomberg』와 『워싱턴 포스트The Washington post』 등 주류 언론에서 관련 내용을 보도하였고, 변강쇠는 바로 해고되었다.

언론 보도의 취지도 그랬고, 금융계 일각에서도 이 사건이 미국 자본이 한국과 같은 개발도상국에 들어가서 저지르는 폐해의 단면을 보여주는 것이라며 자아비판의 목소리를 높였다. 아우다라는 대체투자 전문 회사에 근무하는 한 중견 투자은행가는 변강쇠의 '여행기'를 아주 점잖게 조롱하는 글을 써서 돌리기도 했다.

요즘에는 사모펀드에 온갖 신흥부자의 자본이 유입되고 있지만, 미국의 오래된 사모펀드 회사들은 무엇보다 신중함과 절도節度를 중요하게 여긴다. 칼라일그룹은 여러 면에서 '올드머니'의 전통과 정서가 지배적인 조직이다. 이 조직의 구성원들은 행동이 가볍지 않고 입도 무겁다. 회사는 음모론에 시달릴지 몰라도, 그들은 추잡스러운 개인적 스캔들에 좀처럼 휘말리지 않는다. 그들은 자기네 회사 직원이, 그것도 풋내기 동양인 말단 사원이 이러한 잡스러운 얘기로 화제의 주인공이 되었다는 사실에 경악을 금치 못했을 것이다.

변강쇠가 교포 2세였다는 사실은 한국인의 입장에서 거듭 곱씹어봐야 할 문제다. 그 사실을 단지 웃긴 일화나 우연의 일치로 넘긴다면 중요한 상징성과 교훈을 놓치는 것이라고 생각한다. 변강쇠는 프린스턴대 출신으로 메릴린치에 입사하여 2년을 근무한 뒤 24세의 나이에 칼라일그룹의 아시아 투자팀으로 자리를 옮겼다. 그 어느 한국인 부모도 마다하지 않을 입신출세 코스다. 그런데 자식의 입신출세에 혈안이 된 수많은 극성 부모 덕에 요즘 미국에 사는 한국계 젊은이들에게 이 정도 성취는 그다지 대수로운 일이 아니다. 한국인 특유의 교육열은 이제 변강쇠와 같은 '승자'를 수도 없이 양산해내고 있다.

웃지 못할 비극이다. 추론해보건대 변강쇠는 어릴 때부터 열심히 공부하고 경쟁에서 이겨 승자가 되라는 교육은 철저히 받았을 터지만, 정작 승자가 되면 어떻게 행동해야 하는지에 대한 가르침은 받지 못한 것이 틀림없다. 상류다운 상류라면 자라면서 반드시 배웠어야 할 인성과 사회적 책임에 대한 지도를 받았다면 그가 한국에 파견된 지 한 주 만에 해고되는 일은 일어나지 않았을 것이다. 지금 변강쇠가 어떤 사람으로 성장해 있을지 모르겠지만, 그때의 그는 자신이 누릴 특혜와 특권만 생각하고 책임과 배려 따위는 안중에 없는 '덜떨어진 갑'이었다.

이 사건을 생각하면 지금 한국의 수많은 부유층 젊은이가 떠오른다. 심심하면 우리의 심기를 건드리는 탈세, 폭행, '갑질' 등의 주인공으로 등장하는 재벌 2세도 물론 빼놓을 수 없지만, 비교적 흔한 수십억대에서 수백억대 졸부의 2세가 일상적인 생활 속에서 사회 전반에 미치는 영향은 재벌 2세의 그것보다 훨씬 더 크지 않을까. 오늘도 그들은 주차장에서, 백화점에서, 그리고 술집에서 '배운 대로' 행동하며 자본주의의 승자가 곧 상류인 양 착각하며 살고 있을 터다.

변강쇠가 다닌 프린스턴대의 한국계 학생 비율은 요즘 미국의 여느 명문대와 마찬가지로 전체 인구 비율의 네다섯 배에 달한다. 대단하긴 하다. 숫자상으로만 보면 한국인들이 점수 따기의 승자가 되는 데 있어서는 가히 통달의 경지에까지 이르지 않았나 하는 생각이 들 정도다. 하지만 미국의 주류 사회는 우수한 검은 머리 미국인을 좀처럼 '우리'로 인정하지 않는다. 왜 그럴까. 수십 년을 미국에 살면서 깨달은 대로라면 그것은 인종차별의 문제만은 아니다. 더 큰 이유는, 인간의 품격과 전통의 깊이를 중시하는 미국의 상류는 승자와 상류를 절대로 혼동하지 않기 때문이다.

워너비 문화

영어로 '워너비wannabe'는 'want to be'의 미국식 구어 발음에서 나온 말이다. '유명한 사람 등 타인처럼 보이거나 행동하려는 사람'이라는 뜻으로, 선망의 대상을 보기 안쓰러울 정도로 추종하거나 모방하는 사람을 가리킨다. 보통 추종이나 모방의 대상을 수식어로 붙여 'She's a Madonna wannabe.'와 같은 문장으로 표현한다.

이런 부류는 대체로 속물적이고 유행에 민감하여 얼핏 세련되어 보일 수 있다. 하지만 젠체하면서도 본질적으로는 자신의 정체성에 대해 자신감이 없고, 자신의 주관보다는 외부의 평가에서 의미를 찾으려 한다. 허식가虛飾家, poseur라는 말과도 비슷하다. 언뜻 '촌놈'과 같은 뜻으로 생각할 수 있는데, 촌놈이라는 말이 내포하는 순박하다는 느낌이 배제된 것이 중요한 차이라고 하겠다.

워너비라는 말은 거의 예외 없이 경멸조로 쓰이며, 여기에는 주체성의 빈곤과 헛욕망에 대한 핀잔이 담겨 있다. 워너비로 규정된 사람은 경제적 여유가 생기면 대부분 '있어 보이는 척' 하려는 속물 인간, 즉 '스놉snob'으로 진화하여 외형적으로 타인과 자신을 구별 짓기 위해 과시 소비와 사치를 일삼는다. 'wannabe'는 진정성이 결여되고 외적인 표출을 욕망한다는 데 있어 'snob'의 개념과 공통점을 지니지만, 'snob'이라는 말에는 지칭 대상의 우월 의식이 내포되어 있는 반면에 'wannabe'는 지칭 대상이 열등의식에 사로잡혀 있음을 시사한다. 어쨌든 무엇보다도 독립성과 창조성과 진정성을 미덕으로 여기는 미국에서는 모방 행위가 특히 백안시된다. 미국 사회에서 워너비라는 딱지가 붙는 것은 소유한 재산이나 사회적 지위에 상관없이 품격의 '등급'이 강등됨을 의미한다.

모방 본능은 모든 인간이 지니는 것이므로 모방 행위 자체를 나쁘다고 할 수는 없다. '모방은 가장 진정한 형태의 아부다'라는 말이 있듯이, 모방은 개인이나 사회의 발전에 있어 건설적인 힘이 될 수 있다. 문제는 모방 본능이 나약한 가치관을 만났을 때다.

미국의 사회학자 소스타인 베블런은 인간의 모방 본능과 약탈 본능을 동전의 양면으로 보았다. 근대 사회경제학 분야의 역작으로 평가되는 『유한계급론The Theory of the Leisure Class』에서 베블런은 인간의 모방 본능과 약탈 본능이 사회의 진화에 작용하는 메커니즘을 고찰했다. 약탈 본능의 원천인 비교와 경쟁이 경제적 행태와 사회 구조에 미치는 영향, 이것이 베블런의 깊은 관심사였다. 그는 부자가 부를 축적하려는 동기는 생존과는 관계없는 '부당한 비교invidious comparison'에 그 뿌리가 있다고 설명했다. 그리고 부를 축적하는 노하우를 터득한 부자들은 점차 가치 있는 것을 직접 생산하는 대신 남의 것을 빼앗는 기술을 발휘하고, 이윽고 과시적 소비와 과시적 여가를 향유하는 '유한계급'이 된다는 것이다.

여러 면에서 베블런의 『유한계급론』은 천민자본주의를 설명하는 청사진을 제공해준다. 의식주의 해결이 아닌 비교와 경쟁이 핵심인 소비지상주의 문화에서 모방 문화는 상류 지향적으로 흐를 수밖에 없다. 모방 문화는 속물 인간을 탄생시키고, 속물 인간은 저마다 과시 소비로 신분 상승의 사다리를 오르려 한다. 이들의 속물적 행태는 환상에 그칠 수도 있고 진정한 신분 상승으로 이어질 수도 있지만, 어쨌거나 직간접적으로 서로 빼앗고 빼앗기는 약탈적 사회 분위기를 낳는다.

베블런은 사회 구성원들의 정신적 태도가 관습적으로 경쟁적이거나 투쟁적이 될 때 '약탈 단계'에 접어든 것이라고 했다. 요컨대 소비가 요구되는 모방은 과시적 소비를 낳고, 과시적 소비가 사회 구성원들의 일반적 정서를 지배할 때 사회는 이미 야만적 경쟁의 도가니로 진화한 상태라는 것이다.

이런 면에서 한국인의 모방 욕구가 유난히 강하다는 사실에 주목할 필요가 있다. 한국은 지난 반세기 동안 미국이라는 나라를 열심히 모방하면서 발전했다. 사실 미국의 피상적인 단면을 열심히 모방했다고 해야 옳을 것이다. 오늘날 한국의 대중문화는 대체로 '아메리칸 워너비' 문화라 해도 과언이 아니다.

한국은 아시아 국가 중에서도 가장 미국화된 나라다. 어떤 이들처럼 한국이 미국의 속국이라고까지 말하지는 않더라도, 현대 한국인들이 영위하는 일상의 문화가 상당 부분 미국의 것을 본뜬 아류 문화임에는 논란의 여지가 없다. 훌륭한 한글을 놔두고 영어를 공용화하자는 저급한 발상이 진지하게 공론화되는 현실은 실제 아메리칸 워너비 문화와 사고가 아주 아늑하게 사회 주류의 의식을 잠식하고 있다는 방증일 것이다.

지금 한국의 소비문화와 엔터테인먼트 유형은 대부분 미국의 대중적인 요소를 베낀 것이며, 오감五感을 능욕하는 첨단 광고와 상술도 상당 부분 미국식을 성실하게 답습한 것들이다. 대기업이 막대한 예산을 들여 벤치마킹하는 사례도 대부분 미국의 것이다. 적어도 미국인의 눈에 롯데월드는 '디즈니랜드 워너비', 삼성 갤럭시는 '아이폰 워너비,' 그리고 압구정 로데오 거리는 '베벌리힐스 워너비'다. 한국의 리얼리티 쇼 프로그램을 대표하는 「프로젝트 런웨이 코리아」나 「슈퍼스타K」 같은 프로그램은 본래 워너비 정서를 겨냥한 기존의 미국 프로그램을 열정적 수준으로 베낀 '워너비 쇼의 워너비'인 만큼, 그 '워너비 지수'가 갑절이라고 하겠다.

워너비 정서는 헝그리 정신이나 따라잡기 따위의 '못 가진 자'가 갖는 조바심 내지는 강박관념과 맥을 같이한다. 나보다 앞서 있는 자들, 또는 앞서 있다고 생각되는 자들을 끊임없이 뒤좇으며 사는 삶만큼 피곤한 삶도 없으련만, 현대 한국인들은 이런 삶에 너무도 익숙하다.

꿈꾸는 자들이 어떤 목표를 세우고 그것을 이루기 위해 열정적으로 노력하는 과정에서 워너비가 될 수도 있다는 사실 자체를 부정할 생각은 없다. 열심히 따라 하다 보면 원조를 능가하는 경우도 생긴다. 하지만 남의 것, 특히 남의 나라 것을 습관적으로 따라 하는 것은 심각한 열등감의 표출이자 스스로 품격을 낮추는 짓이다. 사실 한국인은 이러한 자세에 철저하게 길들여져 있다. 절대적 가치를 추구하기보다 끊임없이 상대적인 비교를 하면서 산다. 그래서 항상 불안하다.

한국 사회의 운전대를 잡은 지도층이 주도 내지 조장하는 워너비 정서의 부작용과 해악은 실로 지대해 보인다. 예컨대, 1990년대 초 별다른 고민 없이 도입된 슈퍼모델 개념이 선풍을 일으키면서 글래머라는 개념과 서양 미인의 기준이 한창 감수성 예민한 청소년을 강하게 사로잡기 시작했다. 슈퍼모델 사업에 관여한 영리 집단은 쾌재를 불렀지만, 그때부터 슈퍼모델 워너비가 우후죽순처럼 생겨났고, 아름다움의 기준이 높은 코와 쌍꺼풀진 큰 눈, 긴 다리와 풍만한 가슴으로 여겨지는 풍조가 만연하면서 자신의 다소 멀쩡한 얼굴과 몸매에 만족하지 못하는 젊은이가 수도 없이 생겨났다. 이건 이제 비참한 수준으로 보편화된 한국의 기형적 성형수술 문화와 분명 무관하지 않다. 국제미용성형외과의사협회의 2011년 조사 결과를 보면, 21조 원에 이르는 세계 성형 시장에서 한국이 차지하는 규모는 5조 원, 약 4분의 1이다.

워너비 문화는 외래어, 아니 아예 외국어를 즐겨 쓰는 언어 습관에서도 그대로 드러난다. 국적 불명의 용어가 원래 뜻과 달리 쓰이는 것은 어제오늘 일이 아니지만, 요즘에는 멀쩡해 보이는 사람도 영어권과 유럽의 생소한 표현을 닥치는 대로 가져다 쓴다. 이제는 대한민국의 상품과 상호에서 순수 한국말을 만나기가 힘들 지경이다. 외국어를 쓰면 더 고급스러워 보이고, 업소 간판에도 그럴싸한 외국어를 갖다 붙여야 장사가 된다는 것이 기본적 인식이다. '뚜레쥬르'라는 빵집의 상호가 '매일, 날마다'의 뜻임을 아는 사람이 몇이나 될까. 하기야 혀를 굴리게 만들고 허영심을 자극하는 것에 그 의의가 있을진대 그 뜻이 중요한 것은 아닐 터다. 이런 상호가 기획되고 현실화되기까지의 과정이 어땠는지는 모르겠으나, 그 발상의 저변에는 분명 외부에서 먼저 답을 구하는 워너비 정서에 물든 의식구조가 있으며, 더 중요하게는 워너비 정서의 지배를 받고 유럽풍이나 미국풍이라면 최면에 걸린 듯 지갑을 여는 수많은 무리의 허영이 있다. 허영의 지배를 받는 이들에게는 '매일' 빵집보다는

...고 싶은 워너비들이 줄곧 따라 하곤 하...

다. 이는 앤 드뮐위스터의 모델들처럼 풍부하...

그 화보 스탠바이 도중 했던 인터뷰 익스프레션으...

이 가미된 말인지 는 은밀한 시크릿, 다만 노멀한...

스 스타일로 리에딧하는 컨벤션은 당시의 편집장...

ㅓ. 거기에 엣지 있는, 머스트 해...

...플이라면 잊지 ...

한국 패션지에 대한 패러디

이른바 '병신보그체'라는 이름으로 한국의 패션잡지들의 문체를 패러디하는 내용이다. 무척 황당해 보이지만 실은 아주 약간만 과장된 것 같다. 요즘에는 잡지도 외국어를 줄기차게 써야만 더 고급스러워 보이고, 매사에 혀를 굴리게 만들고 허영심을 자극해야 더 잘 팔리는 듯하다. 하지만 정확한 뜻도 모르는 외국어를 습관적으로 쓰는 사람은 얼핏 세련되어 보일 수 있지만 주체성이 결여되고 열등의식에 사로잡혀 있음을 나타낸다. '병신보그체'로 축약되는 대중의 언어 매너리즘은 무조건 외부에서 먼저 답을 구하려 하는 '워너비' 정서에 물든 사회 전반의 의식구조의 발현일 뿐이다. 자기 고유의 언어를 중요하게 생각하지 않는 부류의 가치 체계는 아주 쉽게 부패한다.

'뚜레쥬르' 빵집이 한층 더 분위기 있어 보이고, '아점'보다 '브런치'가 더 근사하게 느껴진다. 마찬가지로 이들의 귀에는 '가수 겸 작곡가'보다 '싱어송라이터'가 왠지 더 그럴싸하게 들린다.

지금 한국의 워너비 문화의 정서를 반영하는 표현은 수도 없이 많다. 'VIP', '럭셔리', '브랜드' 등의 표현은 이미 우리말로 등재되어 있을 듯하다. 이제 아파트 이름에 '빌', '캐슬', '팰리스' 따위가 붙지 않으면 어딘가 썰렁해 보이고, 광고에서도 영어가 몇 마디 나와야 상품이 매력 있어 보이며, '시크', '에지', '글래머러스' 같은 어색한 표현이 일상의 대화에서 자연스럽게 튀어나온다. 문제는 워너비 정서에 흠뻑 젖어 있는 사람에게는 이런 진정성 없는 표현이 전혀 어색하게 느껴지지 않는다는 사실이다. 자기 고유의 언어를 중요하게 생각하지 않는 부류의 가치 체계는 아주 쉽게 부패한다. 언어의 타락은 사고의 타락으로 이어지며, 사고의 타락은 가치관의 타락으로 이어지기 때문이다.

아무튼 분명한 것은, 근본이 없을뿐더러 결코 세련되지도 못한 언어와 사고로 도배되는 매체와 상품에 지금 한국의 소위 상류 문화를 주도하는 부류의 가치관이 녹아들어 있다는 것이다. 이들은 상류 사회에 대한 열망과 환상으로 가득 찬 소비자에게 자신들의 싸구려 가치관을 성실하게 퍼뜨린다. 싸구려 가치관이란 고유 문화와 언어는 쉽게 버리고, 미국을 비롯한 '선진국' 문화의 피상적 매너리즘만을 열심히 흉내내는 워너비 가치관이다. 자신들이 흉내내는 언어와 문화와 풍습을 깊이 이해하지는 못한 채 말이다.

이런 매체와 상품이 그저 '워너비의, 워너비에 의한, 그리고 워너비를 위한' 일부 소비지상주의에 넋을 빼앗긴 이들에게만 국한된 현상으로만 간단히 치부하기에는 그 표방하는 가치관이 너무도 보편화되어 있다. 대한민국 하늘 아래 살면서 그 자의식 없는 겉멋과 뻔뻔함의 유혹을 물리치는 것이 결코 쉽지 않은 현실은 사회 전체의 속물화를 말해준다.

한국 사회의 속물화

미국의 어느 국제 이슈 전문 잡지에 게재된 한국 관련 기사에 한 독자가 이런 코멘트를 달았다. "한국은 개발도상국을 갓 졸업한 나라라서 돈에 대해 아직도 촌스러운 사고방식peasant mentality을 갖고 있다."

습관적으로 퍼둔 것이라 정확한 출처는 기억나지 않고, 코멘트를 단 이의 신상 역시 알 수 없다. 하지만 그가 영어권 문화인의 관점에서 이런 말을 했던 것만은 확실하다. 사실 처음 듣는 말은 아니다. 예전부터 미국과 영국 매체에서 댓글을 통해 심심찮게 봐왔던 얘기다. 촌스럽다는 표현의 'peasant'는 원래 '농민'이라는 뜻인데, 여기서는 세련되지 못하고, 시야가 좁고, 주인 의식이 없는 인간상을 말하는 것으로 이해해야 한다. 이는 아울러 일부 한국인에 대한 한정된 평가가 아니라 한국인 전체의 국민적 정서에 대한 쓴소리로 와 닿는다. 외국인이 이렇게 지나가다 던지는 한마디가 한국의 경제지에 이따금씩 실리는 외국의 석학이나 경제 전문가의 기고문보다 더 유익할 때가 있다. 공개적인 의견의 정치적 올바름에서 좀처럼 드러나지 않는 솔직함과 바깥세상의 저변에 깔려 있는 보편적 인식을 읽을 수 있기 때문이다.

어느 정도 식견이 있는 미국인들은 '한강의 기적'을 이룬 한국의 경제적 발전은 높이 평가하면서도 오늘날 한국 사회 전반을 지배하는 물질주의 정서와 일상화된 속물화에 대해서는 눈살을 찌푸린다. 미국 역시 자본주의 국가로서 물질주의 가치관을 가진 미국인이 많은 것이 사실이지만, 한국인에 버금가는 속물화 증세를 보이는 사람은 전체 인구 중 일부에 불과하며, 그나마 그중 대부분은 한국인을 대표로 하는 아시아계 이민자다. 미국과 서방 국가에서는 대부분 의식주가 해결되는 어느 정도의 생활수준에 도달하면 삶의 여유를 찾으려 한다. 경제의 기본 틀은 자본주의지만, 의외로 많은 사람 사이에 돈이 전부가 아니라는 태도가 배어 있다. 부자로 사는 것과 풍요롭게 사는 것이 같은 개념이 아니라는 기본적인 진리를 터득했기 때문일 터다.

촌스럽다는 말은 세련되지 못함을 뜻한다. 세련되지 못하다 함은 감성과 사고가 단순하다는 얘기다. 물질주의와 소비 지향 문화가 사회를 지배할 때, 감성과 사고가 단순한 사람은 쉽게 속물화된다. 한국 사회의 속물화는 이제 민족성으로 고착되어버린 것이 아닐까 하는 착각이 들 정도로 대다수의 구성원이 금력으로 환산되는 물질적 보상만을 좇고, 돈과 권력이라는 속된 가치만을 인정한다. '한밑천 잡아보세'가 주류라고 하는 무리의 좌우명이고, '돈을 벌기 위해서는 무슨 짓이라도 한다'는 자세를 당연시하는 사회가 되었다. 정서 불안한 헝그리 정신의 지배 아래, 돈은 몸과 마음의 풍요를 추구하기 위한 수단보다는 타인과의 비교에서 외형적으로 드러나는 자리매김의 매개체로서만 의미를 갖는다.

서방의 민주 자본주의 선배 국가의 관점에서 한국의 서구화, 특히 미국화가 어설프고 촌스러워 보이는 이유는 한국의 문화가 이처럼 속물적인 가치에 거의 완전히 함락되었기 때문이다. 명품과 브랜드를 무섭게 밝히고, 와인과 치즈를 과시적으로 즐기고, 외제차를 선호하고, 심지어 양호한 얼굴에 칼을 대면서까지 미국과 서구 물질문화의 화려한 외면을 있는 힘껏 답습하지만, 실제로 그 허영심과 모방 욕구의 이면에 있는 정신문화는 황량하다는 혐의를 부정하기 어렵다. 서구와 미국 상류의 겉모양을 닮으려는 데만 혈안이 되어 있지, 정작 서양에서 수백 년에 걸쳐 다져놓은, 진정한 상류들이 중요하게 생각하는 사상과 철학에는 관심이 없는 것이다.

서방에서는 자본주의와 시장경제, 그리고 그 연장선에서 돈에 대한 철학이 사회규범과 유기적으로 맞물려 발달했다. 서구와 미국의 민주주의와 자본주의는 깊은 철학과 사상을 기반으로 구축되었다. 서방에서 자본주의가 경제 체제로 확고하게 자리 잡기까지는 애덤 스미스, 존 스튜어트 밀, 막스 베버, 카를 마르크스 등의 경제 이론을 두고 치열한 대립과 논쟁이 있었다. 그리고 중요한 것은, 이들 사상가의 경제 이론은 인간 본성과 이상적 사회 구조에 대한 심오한 탐구에 기초했다는 사실이다. 애덤 스미스의 『국부론The Wealth of Nations』 이전에는 그의 『도덕감정론The Theory of Moral Sentiments』이 있었다. 고전 경제학의 대표적 이론서인 『국부론』의 저변에는 견고한 도덕 철학이 자리하고 있다. 『국부론』에서 말하는 그 유명한 시장경제의 '보이지 않는 손'은 『도덕감정론』에서 말하는 '보이지 않는 타인의 시선'이 유발하는 공동 책임 의식이 전제된 것이다.

사람은 돈의 주인이 될 수도 있고, 돈의 노예가 될 수도 있다. 속물 인간은 돈과 돈으로 살 수 있는 것의 지배를 받는다. 속물근성은 노예근성이다. 의연함이 결여되어 있고, 신분 상승 열망에 지배되는 의식구조다. 속물 문화가 지배하는 한국은 지금 사회 전체가 돈의 노예이며, 돈과 사회적 지위, 나아가 사회적 지위와 인간의 가치가 동일시되는 가히 원시적인 형태로 치닫고 있다. 돈과 권력만이 유의미해진 한국의 속물 사회는 수치심도 죄의식도 없는 몰염치한 무리가 승승장구하는 토양을 제공하고 있지 않은가.

혹자는 이 대목에서 외부 사람은 한국이 겪은 근대 역사의 굴곡과 동족상잔의 트라우마를 이해하지 못한다고 할 것이다. 그러한 트라우마를 겪은 한국인은 불가피하게 생존과 보존의 길을 택할 수밖에 없었다고, 그것이 오늘날 사회에 이기주의가 팽배하고 돈이 최고의 가치로 자리 잡게 된 원인이라고 항변할 수도 있다. 하지만 그렇다면 유태인의 경우는 어떠할까. 그들은 홀로코스트라는 트라우마를 겪고 전 세계로 뿔뿔이 흩어진 가운데 그 어느 민족보다도 강한 생존 능력을 키웠지만, 동시에 고유문화와 도덕 체계, 죄의식, 공동 책임 의식, 그리고 전통을 꿋꿋하게 지켜나가지 않는가. 이런 견지에서 한국의 속물화 과정을 한국전쟁 트라우마의 소산쯤으로 치부하며 우리는 이럴 수밖에 없다고 하는 것은 스스로 자긍심을 포기하는 것이 아닐까.

2010년 여론조사기관 입소스는 돈에 대한 국가별 관념을 조사한 결과를 발표했다. 두 가지 질문에 대해 한국과 미국은 서로 대조적인 결과를 보였다.

지금 나에게 돈은 예전에 비해 더 중요하게 느껴진다.

	그렇다	아니다	비고
한국	84%	16%	23개국 중 '그렇다'의 비율이 1위
미국	62%	38%	23개국 중 '그렇다'의 비율이 13위

돈은 개인의 성공을 나타내는 가장 좋은 징표다.

	그렇다	아니다	비고
한국	69%	31%	23개국 중 '그렇다'의 비율이 2위, 1위는 중국
미국	33%	67%	23개국 중 '그렇다'의 비율이 15위, 영국과 동률

또 2013년에 실시한 물질주의에 대한 조사에서는 이런 질문이 있었다.

나는 나의 성공 여부를 내가 소유하는 물건으로 평가한다.

	그렇다	아니다	비고
한국	45%	55%	20개국 중 '그렇다'의 비율이 5위, 1위는 중국
미국	21%	79%	20개국 중 '그렇다'의 비율이 16위

두 조사에서 질문에 대한 응답의 결과, 특히 2010년 조사의 두 번째 질문에 대한 응답 결과에서 두드러지는 것은 한국과 미국 두 사회의 '속물화 비율' 간의 놀라운 격차다. 한국에서는 열 명 중 일곱 명이 돈이 곧

성공의 징표라고 대답한 반면, 미국에서는 열 명 중 세 명만이 그렇다고 대답했다.

한국을 잘 아는 사람에게 한국 사회의 속물화는 새삼스러운 얘기가 아닐 것이다. 여기서 주목하게 되는 대목은, 미국이 한국보다 오래된 자본주의 국가임에도 불구하고 가치 서열에서 돈을 우선시하는 사람이 한국에 비해 훨씬 적다는 것이다. 어떻게 된 것일까?

미국에서 40년 넘게 살면서 느낀 것은, 미국이라는 나라에는 못마땅한 점이 수도 없이 많지만 그래도 이곳 사회가 속물화된 정도는 한국에 비해 지극히 상식적이라는 사실이다. 그래서 위와 같은 여론조사 결과에 고개를 끄덕이게 된다.

상식적인 사회에서는 대체로 상식적인 삶을 사는 것이 가능하다. 미국에서처럼 주변에 돈을 우상시하는 사람이 세 명 중 한 명 정도고, 소유한 물건으로 나를 평가하는 사람이 다섯 명 중에 하나쯤이라면, 피곤한 가치관을 가진 사람을 잘 피해가며 살면 된다. 하지만 한국에서처럼 세 명 중 두 명이 돈을 최고의 가치로 삼고, 둘 중 하나가 가진 물건으로 인간의 가치를 평가한다면, 사회생활 속에서 그런 사람을 피할 재간은 누구에게도 없다. 하루하루의 삶 자체가 정신 건강을 해칠 가능성이 농후하다.

나는 지금의 미국이 지난 한 세대에 걸친 '가속화된 속물화' 추세에도 불구하고 그나마 이 정도의 상식적 문화를 유지하고 있는 것은 건국 초기부터 정치, 산업, 언론, 교육, 예술, 심지어 스포츠에 이르기까지 정말 훌륭하다고 할 만한 상류들이 미국을 힘차게 이끌고, 그들이 오랜 세월에 걸쳐 미국 사회의 정서와 기풍에 미친 영향이 대체로 긍정적이었기 때문이라고 본다.

사실 곰곰이 생각해보면 지극히 촌스러운 개념인 아메리칸 드림을 품고 미국에 와 오로지 물질적 풍요만을 좇는 신참 이민자들의 정서가 만연해 있는 뉴욕이나 로스앤젤레스LA 같은 대도시를 제외한다면, 대부분의 미국인은 절대적 경제 사정은 변변치 못할지라도 상대적 박탈감에는 시달리지 않는다.

입소스 조사 결과가 시사하듯 이런 상식적인 사람들이 미국인의 3분의 2를 차지한다면, 한국이 족히 반세기 동안 열심히 동경하고 답습한 미국은 응답자의 열 명 중 세 명으로 대표되는 속물들의 미국이었고, 돈보다는 진정성과 인품을 중시하는 나머지 열 명 중 일곱의 정서와 문화는 배우지 못했다는 얘기가 아닐까. 한국이 이제껏 미국을 잘못 배웠다는 씁쓸한 자각은 이런 데서 비롯된다.

미국에는 250년에 가까운 세월에 걸쳐 민주주의와 자본주의가 지속되는 가운데 다져진, 고도로 진화한 상류 문화의 기운이 살아 있다. 전반적으로 역사와 전통을 보존하고, 가진 것을 과시하지 않으며, 모든 면에서 진정성을 견지하고, 장기적이고 거시적인 안목으로 매사에 임하며, 성공한 자의 사회 환원을 당연한 의무로 여기고, 돈보다는 인간의 품격을 중시하는 사회적 분위기가 형성되어 있는 것이다. 무엇보다도 돈보다 인품을 중시하는 습성이 서민들 사이에 보편화되어 있다. 기업인에서부터 운동선수까지, 미국에서 한 시대를 풍미했던 수많은 유명인사 중 일반인의 기억 속에 오래 남고 존경의 대상이 되는 사람은 공통적으로 거의 예외 없이 물질적인 성취보다는 언행을 통해 대중에게 감동을 준 고결한 인품의 소유자였다.

미국에서는 돈이나 재산을 과시하며 상류 행세를 하는 사람은 이미 상류가 아니다. 한 예로, 2016년 공화당 대선 후보인 부동산 재벌 도널드 트럼프는 오래전부터 자기 재산과 영향력을 천박하게 과시하며 살아온 떠벌이다. 40억 달러(2014년 기준)의 재산을 가졌다고 하지만 그를 존경한다는 사람은 만나보기 힘들며, 공화당에 편향적인 언론에서까지 그의 천박한 언행을 노골적으로 비난해왔다.

돈은 돈일 뿐 신분을 보장해주지 않는다. 돈이 곧 계급이라는 등식은 미국 사회에서 성립하지 않는다. 돈이란 진정한 상류를 만드는 데 기여하는 여러 가지 요소 중 하나일 뿐이다. 미국에서 가난한 사람이 로또에 당첨되는 것을 한국에서처럼 '신분 상승'이라고 표현하면 지나가던 개가 웃는다.

성공의 잣대, 그리고 선망과 존경의 대상이 무엇인가 하는 것은 그 사회의 표준적 가치 체계를 말해준다. 저급한 가치관을 끌어안고 사는 이들이 그렇게 사는 것 자체는 존중해줄 필요가 있다 하더라도, 이런 가치와 성향을 가진 사람들이 사회를 이끌어간다면 그 사회의 미래는 암담할 수밖에 없다. 한 나라의 국격은 결국 나라를 이끄는 상층의 질質에 의해 좌우된다. 지금 한국 사회의 상층을 차지하고 있는 부류는 외형적으로 근사해 보이는 미국 상류의 물질적 풍요와 신분의 상징은 기를 쓰고 흉내내지만, 정작 진정한 상류의 삶 속에 내재하는 철학과 문화는 배우지 못했다.

2013년, 한국의 고등학생 열 명 중 네 명은 '돈 10억이 생긴다면 감옥에 1년쯤이야 갔다 올 수 있다'고 생각한다는 여론조사 결과가 나왔다. 한국 사회의 속물화가 어디까지 왔는가를 단적으로 말해주는 대목이다. 돈이 행복의 유일한 기준이며 어느덧 꿈과 이상을 지배하는 절대적 가치가 되었음을 웅변해준다. 많은 사람이 이런 사고방식을 가진 젊은이들을 욕했지만, 생각해보면 젊은이에게는 잘못이 없다. 오늘날의 젊은이가 그런 가치관을 갖고 있다면, 그건 일찍이 속물화된 어른이 자신의 평소 언행을 통해 아이를 그렇게 가르친 탓이 아니겠는가. 요즘 한국의 어른이 가정에서, 학원에서, 사회에서, 신문에서, 텔레비전에서 아이에게 돈을 초월한 정신적 가치들을 얼마나 가르치고 있는가. 아니, 최소한 돈을 벌더라도 정직하게 벌어야 한다는 것을 가르치기나 하는가. 지금 한국 사회에서 자라나는 아이들이 보고 배우는 것은 수단, 방법을 가리지 않고 돈을 벌어야 하고, 돈이 있으면 과시해야 하고, 돈이 있어야 대접을 받는다는 속물 사회의 통념이 아닌가.

사실 이러한 현상은 한국에 국한되지 않고 자본주의를 철학과 사상은 쏙 빼놓고 물질주의의 차원에서만 배운 아시아 국가 대부분의 현실이다. 홍콩과 싱가포르가 다분히 그렇고, 아시아의 모든 나라의 천민자본주의적 백태를 무색케 하는 중국이 그렇다. 요즘 중국에서 '투하오土豪'라 불리는 부류는 중국식 천민자본주의의 얼굴이다. 이들은 '졸부형 워너비'의 전형이다. 영어권 매체는 투하오의 뜻을 '미개한 화려함'이라고 풀이하기도 한다. 어쨌든 돈은 많지만 교양이 없는 이들은 행동이 상스럽고 취향이 조잡하다. 돈방석에 올라앉아 있지만 속은 비어 있고, 황폐한 내면을 명품으로 채운다. 하지만 아무리 돈을 뿌리고 다녀도, 돈으로 살 수 있는 것들을 처발라도 태생적 촌티는 벗지 못하는 법이다.

1980년대 초 미국에서 「부자와 유명인의 라이프스타일」이라는 텔레비전 프로그램이 큰 인기를 누렸다. 진행자가 미국과 유럽의 부호와 명사를 따라다니면서 그들의 화려한 삶을 부러운 시선으로 보도하는 프로그램이었다. 당시 대학생이었던 내가 이 프로를 보면서 불편하게 느꼈던 부분은, 부자들은 그렇게 산다 치고, 그들의 삶을 동경하는, '타인의 욕망을 욕망하는' 속물적 시선의 촌스러움이었다. 중국의 투하오는 '타인의 욕망을 욕망하는' 속물 세계의 주인공이다.

국제 문제 전문지 『포린 폴리시Foreign Policy』는 2013년 10월 기사에서 투하오를 "출세지상주의자의 미감美感과 벼락부자의 품위와 졸부의 낭비벽을 가진" 부류라고 비꼬았다. 캘리포니아의 유명한 부촌 베벌리힐스Beverly Hills를 빗대어 부자들을 어설프게 흉내내는 부류를 지칭하는 베벌리 힐빌리스Beverly Hillbillies(hillbilly: 두메산골 촌뜨기)라는 표현이 있는데, 투하오를 '중국의 베벌리 힐빌리스'로 정의하는 것도 널리 공감을 얻는다. 아무튼 투하오의 라이프스타일의 중심에는 워너비 정서가 자리하고 있다.

한국에도 투하오와 같은 부류는 얼마든지 있다. 한없이 풍족하지만 정작 마음의 부자가 되지 못하고 서양의 물질적 풍요만을 흉내내는 사람, 돈이 있으니 무엇이든 살 수 있지만 인격과 품위는 사지 못하는 그들이 애달프기까지 하다.

한국 사회의 속물화는 때때로 진지하게 인간적 가치를 추구하려는 노력마저 오염시킨다. 몇 년 전 『인생은 속도가 아니라 방향이다』라는 책이 출간되어 큰 반향을 일으켰다. 한국에 사는 미국인 교수가 쓴 책인데, 이방인의 눈으로 한국을 봄으로써 한국인이 자기 성찰을 하도록 유도하고, 한국은 물론 중국 문화에 대해 깊은 조예를 가진 학자로서 독특한 자전적 이야기들을 통해 한국 사회에 유익할 뜻깊은 충고를 던져주었다. 특히 한국인의 무딘 국제 감각이나 획일적 교육관의 문제점을 지적하고, 인문 교육의 중요성에 대하여 점잖게, 그러나 설득력 있게 이야기를 풀어나갔다. 책의 제목이 시사하듯 저자의 메시지는 세속적인 성공을 좇지 말고 진정한 인간적 가치를 추구하라는 것이었다. 그런데 책의 뒤표지는 저자의 취지와 전혀 상반되는 메시지를 전달하고 있었다. 저자가 "예일대, 동경대, 하버드 대학원, 대만국립대, 서울대 등 세계 명문대를 졸업한 한 젊은 미국인 하버드 박사"임을 큼지막한 활자로 내세운 것이다. 사실 앞표지의 부제副題에서 강조되는 것도 저자가 하버드대 출신 박사라는 사실이다. 일종의 인지적 불협화다. 책의 내용은 간판만을 따지는 목표 지향적 교육을 경계하라는 메시지를 담고 있는데, 책 표지는 간판만 따지는 한국의 일류병 환자의 전형적 주문呪文을 그대로 읊고 있는 것이다. 분명 저자의 의도는 아니었을 것이다. 지성과 기품과 사색을 지향하는 책마저 독자의 허영심을 겨냥하여 마케팅해야 팔린다는 강박관념이 지배하는 현실, 이것이 지금 한국 사회 속물화의 현주소가 아닐까.

LA 교민 문화와 미국 유학파

오늘날 한국의 모습은 미국의 압도적인 영향 아래 형성되었다. 그 영향은 물론 복합적이고, 주요 요소는 미국의 한반도 정책과 미국 기업의 한국 시장 공략에서부터 선교사와 할리우드 영화에 이르기까지 다양하다. 하지만 한국인의 미국 문화에 대한 자발적 수용을 이해하기 위해서는 외부보다는 내부에서 그 요인을 찾아야 하지 않을까 싶다.

두 가지를 가장 핵심적으로 꼽아보자면, 바로 미국 유학생과 재미在美 교민이다. 이 두 모집단은 근대 한국의 미국화에 있어 큰 비중을 차지하는 '문화 이식의 양대 매개체'다. 특히 한국의 미국화가 1990년대 이후부터 무차별적으로 진행되고 있는 것은 미국 유학생과 이민자 수가 1980년대 후반부터 급격히 늘어나고 여행과 통신이 용이해진 것과 분명 무관하지 않을 것이다.

유학생의 체류 기간은 길어봤자 대부분 5년 이내고, 재미 교포의 본격적인 미국 이민 역사도 따지고 보면 그다지 길지 않다. 짧은 기간 동안 어설프게 미국 물을 먹은 유학생과 재미 교포가 자신이 보고 배우고 이해한 만큼의 미국 문화를 한국에 들여갔고, 그들이 전파한 피상적 형태의 미국 문화는 지금 한국의 속물화된 대중문화의 골격을 제공해주었다고 볼 수 있다. 웃지 못할 사실은, 한국에 미국 문화를 열심히 퍼 나르는 이들이 실제 미국에서는 주류 사회와 고립된 상태로 존재한다는 것이다. 유감스럽게도 이들은 미국인과 진정한 교류가 없는 상태에서 가장 쉽게 접할 수 있는 미국의 물질주의와 대중문화만을 받아들이고, 정신적인 것을 받아들일 수 있는 조건은 갖추지 못했다. 이런 사람이 한국에 돌아와 오락과 소비 중심의 천박한 문화 이외에 선물할 것이 없다는 것은 어쩌면 당연한 일이다.

미국의 물질주의 문화는 미국 본토에 최초의 한인 사회가 형성된 LA의 교포 사회를 통해 한국에 들어왔다. 한국에서 물질주의 문화가 가장 앞선 동네인 강남의 분위기가 LA 교포 사회의 분위기와 상당히 유사함은 결코 우연이 아니다. 둘 다 소비지상주의와 외모지상주의가 지배하고 있다는 점에서 그렇다. 앞서 말한 베벌리 힐빌리스라는 표현이 딱 어울리는 부류를 LA의 코리아타운에서나 강남에서나 쉽게 만날 수 있다.

그런데 계란이 먼저일까, 닭이 먼저일까? 한국에서 미국으로 건너온 사람의 물질주의 성향이 LA 교포 사회 특유의 물질주의를 만들었을까, 아니면 미국에서 가장 물질주의적이라고 정평이 나 있는 LA의 문화가 이곳의 교포를 그렇게 진화시켰을까?

미국의 점잖은 상류층, 특히 동부 기득권 계층Eastern Seaboard establishment으로 불리는 이들이 경멸하는 대표적 문화가 있다면 그것은 바로 LA 한복판의 할리우드가 상징하는 '반짝이 문화'다(할리우드의 속칭인 틴셀타운Tinseltown은 '반짝반짝 빛나는 싸구려 장식물'을 뜻하는 'tinsel'에서 나온 말이다). LA 속물 문화의 압축판이라고 할 수 있는 할리우드에서는 고급차와 명품 등 외형적 모양새와 과시 소비가 일상생활을 압도한다. 특히 영화산업 생태계에서의 사회적 지위와 '빽'을 휘두르며 다니는 인간들이 들끓는 탓에 할리우드는 미국 내에서 아직도 "당신, 나 누군지 알아?"라는 엄포가 통하는 유일한 동네라는 말도 있다.

한국에 있어 초창기 미국 문화의 주요 수입 창구가 LA였다는 사실은 음미해볼 가치가 있다. LA는 1965년 이민법 개정 이후 미국 본토에서 가장 일찍, 그리고 가장 큰 규모로 한인 교포 사회가 형성된 곳이다. 미국 교포 사이에는 공항에 픽업을 나온 사람이 세탁소를 하는 사람이면 이민자도 세탁소를 하게 된다는 농담이 있다. 한국에서 이민 온 사람이 선택하는 사업은 처음 미국에 도착했을 때 공항에 마중 나온 사람이 어떤 사업을 하고 있는가에 좌우된다는 얘기다.

비슷한 견지에서, 미국 이민 초창기 때도 미국에 좀 살다가 한국으로 돌아가 주변 사람을 감화시킨 사람은 대부분 LA로 이민을 간 사람이었다. 지금도 재미 교포의 한국과의 교류는 LA를 비롯한 남부 캘리포니아 지역에서 가장 왕성하다. LA 지역에 정착한 이민자를 통해 한국 사회는 LA 특유의 반짝이 문화에 일찍이 감염되었다. 모르긴 몰라도, 가난했던 시절에 맨주먹으로 이민을 간 LA 교포가 적극적으로 받아들이고 한국에 소개한 미국의 문화는 미국의 전통과 사상이 강조되는 문화는 절대 아니었을 것이다.

미국 유학파는 다소 다른 차원에서 한국의 미국화에 기여했다. 한국 대학의 교수는 미국 유학파가 대다수다. 2013년 대통령직 인수위원회 구성 당시 24명 가운데 17명이 미국 유학생 출신이었다. 미국 유학파는 한국의 근대화 과정에서 미국 본위의 담론과 이데올로기를 심어주는 데 큰 역할을 했다. 그리고 작금에 이르러서는 신자유주의 경제 정책 따위를 학술적 입장에서 주장하거나 기업 중심의 정책을 옹호하는 선전 도구로 활용되기도 한다. 대다수 국민의 안녕과는 거리가 먼 정책을 강권하기 위해 미국 유학파의 스펙을 앞세운 곡학아세가 종종 동원되는 것은 예나 지금이나 변함이 없는 듯하다.

아무튼 미국 대학에서의 학위 취득으로 시작되는 출세 코스를 밟아 기업과 대학과 기관에서 한자리를 차지한 미국 유학파는 한국의 제도와 학술, 그리고 심지어 계급구조에까지 지대한 영향을 끼쳐왔다. 지금은 그들이 어지간해서는 한국에서 제대로 대접받지 못하는 시대가 되었지만, 아직도 미국 유학파의 영향력이 사회 전반에서 맹위를 떨치고 있음은 분명한 현실이다.

그들이 특히 한국의 초기 성장기에 그 숫자에 비해 과도하다 할 만큼 큰 몫을 차지했다는 사실에는 논란의 여지가 없다. 그런데 한국의 물리적 발전에 공헌한 것은 많은 데 반해 한국 사회의 정신문화에는 의미 있게 기여한 흔적이 없다. 오히려 한국의 기형적인 미국화를 주도하거나 방조한 책임이 크다.

미국을 제대로 아는 사람이라면 지금 극단적 속물화로 치닫고 있는 한국의 미국화를 온몸으로 거부할 수밖에 없다. 그런데 이에 대한 미국 유학파의 자세는 일반 대중과 별반 차이가 없는 듯하다. 그도 그럴 것이 미국에서 길어 봤자 고작 10년 안팎을 공부한 사람이, 그것도 대학 캠퍼스라는 우물 안에서 생활한 사람이 미국이라는 나라에 대해 깊은 혜안을 얻고 돌아오는 것은 아무래도 무리일 것이다. 그들이 배운 미국은 관광객의 이해 수준을 크게 능가하지 못한다. 전반적으로 일반 재미 교포에 비해서도 훨씬 떨어질 수밖에 없다. 그들은 대부분 고국으로 돌아가 출세하는 데 요구되는 미국 학위만 취득했을 뿐, 미국 사회의 가치 체계

와 문화를 진정으로 깨우치고 돌아간 이는 지극히 드물었다.

대부분이 특권층의 자식인 미국 유학파는 한국에 돌아와서 자연스레 국내의 파워엘리트에 편승하여 높은 위치를 차지했다. 이들이 피상적으로 또는 아예 잘못 배운 미국 문화를 한국 사회에 도입하는 데 중요한 역할을 했다는 사실은 두고두고 고찰해볼 가치가 있다.

미국 유학파에 대하여 진지한 고찰이 필요한 이유는 그들이 현재 지배 계층의 구석구석을 잠식하고 있으며 학계에서도 주류를 차지하고 있기 때문이다. 현재 경제학을 비롯한 한국 주류 학문의 헤게모니는 모두 미국 유학파가 쥐고 있다. 하지만 그들이 미국의 바람직한 제도를 조국에 적용하는 데 혼신의 힘을 다했는지는 지금 한국 사회의 모습을 생각할 때 지극히 의심스럽다.

미국의 지식인은 물론 대중이 가장 중요하게 생각하는 표현의 자유, 언론의 자유, 남녀평등, 소수자 권리, 공무원 정치 중립, 열린 정부 등 민주 사회의 핵심 문제에 대해 미국 유학파가 국민을 계몽하고 앞장서서 사회의 변혁을 이끌었다는 얘기는 좀처럼 들리지 않는다. 반면 상위 1퍼센트를 위한 금융 제도와 첨단 상술, 국민 감시 기술과 개인 정보 매매 따위의 선진국형 기법을 정착시키는 데는 지대하게 기여했다.

미국 유학파를 대거 기용하고 있는 대한민국의 대기업은 계량화된 상술과 조직 관리 및 정리 해고 수법은 미국식을 답습했지만, 기업의 사회적 책임을 체계적으로 실천하는 미국 기업의 모습은 닮지 못했다. 대한민국의 근대화에 있어 미국 유학파의 공과를 냉정하게 따져봐야 하는 이유가 여기에 있다.

02
너희가 상류를 믿느냐

무심한 사람들

1929년 미국의 무릎을 꿇린 대공황 직전까지의 1920년대를 '광란의 20년대Roaring Twenties'라고 한다. 높아진 생활수준으로 인한 소비 의욕과 여성 참정권 인정을 신호탄으로 급격히 개방화한 가치 체계가 조합을 이루어 뉴욕과 시카고 같은 대도시를 중심으로 다들 흥청망청했던 시절이다.

제1차대전이 끝난 후 각종 산업이 안정을 되찾은 가운데 건설 붐이 일고 소비가 급격히 늘어나면서 경제 호황은 10년 이상 지속됐다. 웬만한 중산층 가정이라면 자동차 한 대쯤은 있어야 한다는 인식이 보편화하면서 바야흐로 '마이카 시대'가 도래하였고, 포드 자동차로 시작된 대

량 생산이 각종 산업으로 광범위하게 퍼지면서 소비 제품이 넘쳐나자 많은 국민이 쾌락주의와 소비지상주의에 젖어들기 시작했다.

광란의 20년대를 특정 짓는 시대정신이 있다면 그것은 전통과의 단절이었다. 정확히 말하면, 기술에 기반을 둔 현대화로 인한 물질문화로의 변화 속에서 전통이 급속도로 잊혀갔다. 현대 기술이 모든 것을 대체할 것처럼 보였다. 경제 정책은 근 25년 동안 공화당이 연속으로 집권한 덕에 기업과 자본가에 철저히 우호적이었다. 개미들의 주식시장 참여가 급격히 늘어났고, 신용매입이라는 고위험 투자 관행이 일반화되기 시작했다.

단순한 사람은 이런 추세를 고민 없이 받아들였고, 끊임없이 공급되는 새로운 물건과 럭셔리의 보편화를 맛보면서 신분 상승의 착각에 빠졌다. 허세와 탐욕이 판을 쳤다. 오늘날 대한민국의 이야기가 아니라 거의 한 세기를 거슬러 올라가는 미국의 이야기다. 그런데 두 사회의 철없는 모습이 매우 흡사하다. 따라서 그때 미국 사회의 이야기는 지금 한국 사회에 많은 것을 시사해준다.

당대의 주요 작가인 F. 스콧 피츠제럴드는 이 시대 부자의 화려한 삶에 매료되어 일평생 상류 사회에 대한 로망을 끌어안고 살았다. 하지만 동시에 그는 세태의 냉철하고 섬세한 기록자이기도 했다. 동시대의 문호로서 어니스트 헤밍웨이와 어울려 지냈는데, 두 사람이 상류층을 응시하는 눈은 서로 사뭇 달랐다.

큰 부자들은 당신이나 나와는 다르다네. – 피츠제럴드

그래, 그들은 돈이 더 많지. - 헤밍웨이

피츠제럴드와 헤밍웨이의 글에 나오는 각자의 부자관富者觀이다. 상류 사회에 대한 동경과 로맨티시즘에 사로잡혔던 피츠제럴드는 '부잣집 아이'라는 단편에서 부자에 대한 자신의 생각을 위의 문장으로 표현했다. 단호하게 서민 지향적이었던 헤밍웨이는 피츠제럴드의 이러한 시각이 은근히 못마땅했고, 한참 뒤 단편 '킬리만자로의 눈'에서 화자의 입을 빌어 약간은 비겁하게도 위의 문장으로 피츠제럴드를 공개적으로 비꼬았다. 단순히 말하면 부자와 부자가 아닌 사람의 차이를 피츠제럴드는 질적인 차원에서, 헤밍웨이는 양적인 차원에서 보았다.

생각해보건대 사교적 감성이나 정치적 감각이 그다지 예민하지 못했던 헤밍웨이의 말은 아웃사이더의 단견으로 와 닿는다. 이에 반해 1920년대 미국 사교계의 사치와 허영에 깊숙이 파묻혀 살았던 피츠제럴드의 시각에는 자신이 직접 열정적으로 살았던 삶에서 얻은 성찰과 연민이 배어 있는 듯하다.

피츠제럴드는 대표작 『위대한 개츠비』에서 1922년 여름의 뉴욕 롱아일랜드를 배경으로 부자 세계의 패륜과 타락한 물질주의를 그렸다. 소설은 가난한 청년 제이 개츠비가 상류층 아가씨인 데이지 페이와 결혼할 수 없는 물질주의 사회의 잔혹한 현실과, 수단과 방법을 가리지 않고 이를 극복하려 할 때 빚어지는 비극을 묘사한 이야기다. 이 소설이 당대의 걸출한 문학 유산으로 남는 이유는 영혼 없는 상류 사회에 대한 절망 속에서도 그들과 같은 부류가 되기 위해 열정과 예술적 에너지를 투자

한 피츠제럴드의 이해와 연민과 갈등이 함축되어 있기 때문이다. 그리고 무엇보다도 그 끝에 민낯이 드러나는 타락한 아메리칸 드림과, 가진 게 돈밖에 없는 상위 계층에 대한 피츠제럴드의 냉혹한 진단이 깊은 여운을 남긴다.

화자 닉 캐러웨이는 소설 말미에 개츠비의 적수 톰 뷰캐넌과 그의 부인 데이지 페이에 대해 이렇게 말한다.

그들은 무심한 사람들이었다. 이것저것, 동물과 사람 들을 망가뜨리고 나서는 자신들의 망망한 무심無心이 자리하고 있는 돈 속으로, 또는 그들을 짝으로 유지시켜주는 그 무엇인가로 되돌아갔고, 자신들이 벌여놓은 난장판은 다른 사람들이 치우도록 했다.

'무심한 사람들'은 이 소설에서 놓치면 안 되는 가장 중요한 표현이다. 피츠제럴드는 소설의 대단원에서 세 사람을 죽음으로 몰아간 부자들을 '무심했다'고 규정함으로써 이 소설의 핵심적인 메시지를 한마디로 명료하게 정리했다. 이 책의 제목은 『위대한 개츠비』가 아니라 '무심한 사람들'이 될 수도 있었다(실제로 이 소설을 새롭게 분석한 서적이 2014년 『무심한 사람들Careless People』이라는 제목을 달고 나왔다).

우리말로 '무심하다'고 하면 별로 심각하게 들리지 않는다. 미국에서도 언어에 민감하지 않은 사람은 그다지 강한 표현으로 느끼지 않을 수 있다. 이 표현은 상류의 화법인 절제된 표현understatement의 차원에서 이해해야 한다. 피츠제럴드는 무고한 사람의 죽음에 직접적인 책임이 있지만 아무 대가도 치르지 않은 상류에 대해 이야기하면서 그들이 실제로는 저급한 인간이었음을 완곡하게 표현한 것이다. 지금도 미국의 오래된 상류 사이에서는 '낫 나이스not nice' 즉, '좋지 않다'라고 표현하는 것이 최악의 평가다. 그들은 테러리스트를 두고 '낫 나이스'라고 한다. 이런 맥락에서 저급하고 비열한 인간을 무심하다고 표현한 것은 그들에게 저주를 내린 것에 버금간다.

피츠제럴드는 결정적으로 무심하다는 말을 특정 행위가 아니라 사람들people에게 일괄적으로 적용함으로써 그 표현의 강도를 극대화했다. '그는 생각 없이 행동했다'와 '그는 생각이 없는 사람이다' 사이에는 엄청난 차이가 있지 않은가. 피츠제럴드는 톰과 데이지, 나아가 그들과 같은 부류인 수많은 부자에게는 진정한 상류가 갖추고 있는 세심함, 즉 타인과 세상에 대한 관심과 배려가 없다고 말한다. 간단히 말해 그들이 돼먹지 못한 인간이었다는 것이다.

'케어리스careless'는 일반적으로 '부주의한'이라는 뜻으로 쓰이지만 그 외 '부정확한', '철저하지 못한', '생각 없는', '경솔한', '사려 깊지 못한', '무관심한' 등의 뜻을 담고 있다. 이런 특성은 모두 사람의 돈이나 사회적 지위보다 인격과 덕목을 더 중요하게 생각하는 진정한 상류 사회에서는 심각한 장애가 된다. 주의 깊지 못하고, 생각 없고, 경솔하고, 주변에 무관심한 사람은 돈이 아무리 많아도 진정한 상류와 어울리기 힘들다. 감성이 무딘 사람은 상류 인간에게 필요한 가장 기본적인 요소를 갖추지 못했기 때문이다.

무딘 감성이 인간의 품격에 치명적인 결함으로 여겨진다는 사실을

표현하는 말은 숱하게 많다. '천박한 사람'을 뜻하는 '부어boor'는 '무례하거나 둔감한 사람'을 가리키기도 하며, '잡놈'을 뜻하는 '캐드cad'는 '타인의 감정이나 권리를 무시하는 자'를 뜻한다. 감성이란 뭇 감정과 경험에 대하여 정제된 정서적 반응을 보일 수 있는 역량이며, 특히 윤리적이거나 심미적인 문제에 대한 섬세한 감수성을 내포한다. 세련된 감성을 지닌 사람치고 무심한 사람은 없다.

　서양에서 모든 상류적 가치의 원천은 감성이라고 해도 과언이 아니다. 실제로 감성과 귀인성貴人性의 상관관계에 대한 고찰은 서양 문학과 철학에서 그 뿌리가 깊다. 감성은 사회적 지위와 계급이 평생의 중차대한 관심사였던 제인 오스틴의 첫 소설 『이성과 감성Sense and Sensibility』의 핵심 주제다. 또 안데르센 동화 『완두콩 공주The Princess and the Pea』에서는 폭풍우 치는 밤에 길을 잃고 왕자의 성문을 두드리게 된 공주가 스무 장의 매트리스와 스무 장의 깃털 이불 아래에 깔려 있는 콩 한 톨을 감지함으로써 자신의 신분을 증명한다. 아동문학 전문가인 마리아 타타 하버드대 교수는 이 동화에서 공주 신분의 징표가 되는 섬세함은 신분 자체보다는 공주의 타고난 감성과 연민의 깊이를 나타내는 메타포가 된다고 해석했다. 즉, 개개인에 있어 진정한 귀인성은 출신이나 족보가 아니라 내재하는 감성에서 비롯된다는 것이 안데르센의 메시지라는 것이다.

　천민성이 지배하는 현대 자본주의 사회에서는 어쩌면 돈과 권력은 감성과 연민이 부족한 무심한 사람들에게 몰리는 것이 순리가 되어버린 게 아닐까 하는 생각을 해본다. 지각과 감성과는 거리가 먼 뻔뻔함, 성취욕, 수완, 순발력, 추진력, 조직에 대한 충성 그리고 융통성의 이름으로 행해지는 반칙, 이런 것들이 능력으로 통하는 사회. 여기에 감성이 예민한 자의 망설임이나 미련, 도덕적 갈등, 섬세한 윤리 의식 따위가 설 자리는 변변치가 않다. 아니, 끊임없이 요구되는 생산성과 실적에는 걸림돌이 된다.

지금 한국과 같은 무한 경쟁 사회에 '잎새에 이는 바람에도 괴로워하는' 이들이 설 자리가 있을까. 그들의 존재감은 차치하더라도 어쩌면 그들의 섬세한 감수성이 일종의 장애로 인식되고 있는지도 모른다. 한편 "35세까지 가난하면 그건 당신 책임이다"라는 어느 중국인 벼락부자의 천박한 선언은 돈벌이에 혈안이 된 무리들의 좌우명이 되고 있다.

무심하고 저급한 이들이 사회의 상부층을 차지하는 것은 이제 돈이 곧 계급을 말하는 인간 사회의 당연한 현상이 되었다. 우리는 이런 인간이 판을 치는 세상에 살면서 갈수록 덤덤해지고 있는 듯하다. 『위대한 개츠비』에서처럼 무심하게 제멋대로 인생을 사는 부자가 자신이 저지른 죄의 대가를 치르지 않는 것에 대해 우리는 좀처럼 경악하지 않는다. 일을 저질러놓고 '무심이 자리하고 있는 돈 속으로' 도망치는 그들의 모습을 수없이 보아온 터다. 그들이 사람을 죽여도, 사람을 죽음으로 몰아가는 거짓말을 해도 처벌받지 않는 것은 힘을 독점한 그들이 만든 게임의 법칙에 속한다.

나라와 사회를 이끌고 대중에게 모범이 되어야 하는 이들이 대부분 무심한 사람들이라면 그 사회는 불행할 수밖에 없다.

교황이면 상류일까?

프란치스코 교황은 상류다운 상류다. 단지 교황의 직위에 오른 사람이어서가 아니라 낮은 자세로 참된 종교인의 모습에 대한 가장 숭고한 표본을 제시하는 삶을 살고 있기 때문이다. 그의 이러한 모습은 지도자의 격擧일 수도 있겠으나, 본질적으로는 세상만사에 대해 깊이 생각하고 그 생각을 행동으로 옮기는 상류 인간의 모습이다.

그는 다른 교황과 달리 교황 권위의 상징인 붉은 모제타를 입지 않고, 가슴 십자가로는 추기경 시절부터 착용하던 철제 십자가를 그대로 쓴다. 실로 그는 모든 권위의 상징을 하나둘씩 과감히 버리고 있다. 교황을 호위한답시고 권위주의적 행동으로 원성을 산 근위대 대장을 해임했으며, 2년 전 한국을 방문했을 때는 리무진 대신 소형차를 탔다. 한국 국민에게 그는 '영적인 암'인 물질주의에 저항하라고 주문했다. 교황청의 부패 척결과 관료주의 타파 작업도 차근차근 진행하고 있다. 나는 그가 교황으로 즉위한 이래 뉴스를 접할 때마다 그가 예사롭지 않은 감성을 지닌 사람임을 느낀다. 프란치스코 교황은 교황이라는 높은 자리에 오르지 않았더라도 분명 상류적인 가치를 영위하는 삶을 살았을 것이다.

교황이라고 무조건 상류 인간인 것은 아니다. 교황도 인간이기 때문에 내면의 숙성된 상류다운 가치를 실천할 때 비로소 상류가 된다. 교황도 얼마든지 무심한 인간일 수 있다. 주어진 특권만을 누리고 교황 전용 차량의 방탄유리 뒤에서 사람들에게 손짓을 하는 정도 이외에는 별반 하는 일 없는 의전의 허수아비에 지나지 않을 수도 있다. 사회와 조직 내부에 만연해 있는 온갖 부조리와 불의를 외면하는 교황은 껍데기만 상류다. 실제 역대 교황 중에는 범죄형 인간마저 더러 있었다. 고문을 즐긴 우르바누스 6세, 성직을 매매한 베네딕투스 9세, 강도와 근친상간과 살인을 저지른 소시오패스 요한 12세 등이 그랬다.

재력과 사회적 지위만을 보고 사람을 평가하는 사람은 인간의 본질을 간과하면서 산다. 내면의 가치보다는 모양새와 껍데기를 치장하는 데만 신경을 쓴다. 이런 이들의 눈에는 학벌과 외모와 돈벌이가 가장 중요하고, 그다음으로 사는 동네, 몰고 다니는 차, 걸치고 다니는 옷의 가격 등으로 사람을 평가한다. 이들에게는 가치 있는 삶의 내실을 다지기보다 '있어 보이는 것'이 우선이다. 사람의 됨됨이나 인성, 의식 수준, 영성 따위는 언젠가 책에서나 봤을 뿐인 아득하고 추상적인 개념에 불과하다.

어느 사회에도 천박한 속물의 문화는 존재하게 마련이다. 하지만 한국 사회의 문제는 어느덧 속물형 인간이 주류를 이루었다는 사실이다. 속물 인간이 주류 문화를 주도하면 범속하고 잡스러운 가치관이 사회 전반을 지배한다. 과대해진 돈의 위력이 모든 가치를 전도시키고, 개인의 입신영달이 최고의 가치가 된다. 그리하여 이상理想을 추구하는 것이 오히려 이상異常한 것이 되고, 재물욕과 출세욕, 권력욕으로 무장한 인간들이 판을 친다. 저급한 인간형의 특징은 가진 돈을 믿고 온갖 행세를 다하려 들며 그 돈으로 권력을 사려 하고, 급기야는 제도를 장악하여 가진 것을 한없이 더 늘리려고 하는 것이다.

타인과 사회를 향한 감성이 풍부하지 못하고 고매한 가치와는 담을 쌓은 이들이 돈과 권력을 차지했을 때 사회의 보편적 가치 체계가 저급화되는 것은 당연한 이치라고 하겠다. 인격의 내용을 불문하고 누구든 돈만 있으면 무조건 VIP 대접을 받는 사회는 상류의 수준이 처절하게도 하향 평준화된 사회다.

지금 한국의 무한 경쟁 사회에서는 무엇보다도 엄청난 욕심이 상위층 진입의 필수 요건이 된 듯하다. 재능이 있어도 욕심이 없으면 도태되고, 양심이나 청렴성은 오히려 출세에 장애가 된다. 예외라는 것은 언제나 있지만 흥부처럼 착하게 살다가 운이 따라 부자가 되거나 이타적인 품성을 가진 사람이 크게 성공하는 경우는 갈수록 보기가 드물다.

'목소리 큰 사람이 이긴다'는 말은 이기적이고 탐욕스럽고 목표를 향해서만 달리는 인간형이 가장 큰 보상을 받는 사회의 정서를 대변한다. 이런 사회에서 맨 꼭대기를 그다지 존경스럽지 못한 인간이 대체로 장악하는 현실은 어쩌면 필연적일지도 모른다. 그러나 조금이라도 맑은 미래를 지향하는 사회를 만들기 위해서는 상위층에게 많은 것을 요구하고 그들에게 엄격한 잣대를 들이대야 한다.

높은 사람도 천박한 인간일 수 있다는 사실은 평범한 진실에 속한다. 재벌이든 국회의원이든, 심지어 교황이라 할지라도 그 사회적 지위로 인해 그들을 무조건 상류라고 믿어서는 안 된다. 그들이 진정한 상류인지, 그 행동을 통해 끊임없이 검증해야 한다. 그들이 지금 차지하고 있는 자리에 현혹되지 말고 그들의 내면에 존재하는 인간의 본질을 봐야한다. 그리고 그들이 프란치스코 교황처럼 진정한 상류라면 더 좋은 사회로 우리를 이끌 수 있도록 더욱 힘을 실어주어야 한다.

하지만 그들이 진정한 상류가 아닌 천박한 속물 인간에 불과하다면 모든 민주적 힘을 동원하여 무력화시킴으로써 사회를 정화시켜야 한다. 의식 있는 사람이라면 돈과 권력이 곧 계급임을 당연시하는 저급한 패러다임에서 벗어나야 한다.

진정한 상류가 무엇인가, 그 정의에 대한 공감대를 형성하는 것은 매우 중요한 작업이다. 상류라는 개념은 문명의 지속성에 있어 가장 중요한 기저를 이룬다. 상류는 하늘과 가장 가까운 맑은 물의 원천이어야 제 구실을 할 수 있다. 상류로부터 탁한 물이 흐르면 사회 전체가 오염된다. 지극히 단순 명료한 메타포이건만 요즘 시대를 사는 사람들은 대부분 그 의미를 잊고 사는 듯하다.

지금 한국이라는 나라의 이상이란 무엇일까. 한국에서 상류라고 할 때 사람들이 떠올리는 것은 어떤 가치, 어떤 사람인가. 이에 대한 답은 바로 한국 사회의 가치 서열의 현주소를 말해준다.

상류 인간의 표본

로마제국의 고유문화를 일컫는 로마니타스Romanitas의 핵심에는 시민·군인·농부라는 개념이 있었다. 시민으로서 본분을 다하는 인간의 이상형을 표현한 것으로 시민의 역할과 의무를 마땅히 수행해야 한다는 국민의 보편적 가치를 나타내는 개념이었다.

전설적 인물인 킨키나투스는 이 개념을 가장 완벽히 구현한 지도자

로 전해진다. 농장을 가꾸다가 어느 날 로마가 함락 위기에 처했다는 전 갈과 함께 6개월간 독재관에 임명된 그는 처음에는 출사하기를 주저하 다가 원로들의 삼고초려로 마지못해 임명을 수락하고, 로마 군단을 지휘 하여 적을 불과 몇주 만에 물리친다. 그러고 나서 무한 권력의 독재관 임 기가 아직 한참 남았음에도 불구하고 다시 자신의 농장으로 돌아갔다.

로마제국의 아득한 전설을 이렇게 읊는 이유는 실제로 킨키나투스를 미국의 초대 대통령 조지 워싱턴이 인생의 본보기로 삼았다는 역사적 사실 때문이다. 뒤에서 더 자세히 얘기하겠지만 당대 최고의 부자로서 권력에 연연하지 않았던 워싱턴은 국가의 부름에 마지못하여 대통령직 을 수락하고, 두 번째 임기를 마친 후 멋진 고별사를 남기고 자신의 농 장으로 돌아갔다.

미국인의 의식 속에 시민·군인·농부의 개념은 시민의 의무 또는 상류 사회에서 쓰는 소박한 표현으로 '자기 몫 하기'라는 상류적 가치의 중심으로 자리잡고 있다. 워싱턴은 그 누구와 견주어도 훌륭한 상류 시 민이었고, 나라의 운명이 걸린 전쟁에서 군대를 승리로 이끈 원수급 장 군이었으며, 나라를 위해 헌신한 후에는 홀연히 귀농할 정신적, 경제적 여유가 있는 대농장주였다.

워싱턴이 남긴 본보기는 남부럽지 않은 자산가들이 오로지 국가와 사회에 대한 의무를 이행하기 위해 공직에 출마하거나 공익성 사업에 뛰어드는 전통의 시초이자, 자존심의 차원에서라도 물욕에 얽매이지 않 는 미국 상류 정신의 기반이 되었다. 워싱턴의 뒤를 이어 존 애덤스, 토 머스 제퍼슨, 제임스 매디슨 등 2~4대 대통령은 이른바 '건국의 아버지'다. 이들은 하나같이 민주적 가치, 청렴성, 신뢰성을 지키며 자신이 함께 수립한 민주주의 국가 정신에 누가 되지 않도록 최선을 다했다는 평가를 받는다.

이들은 모두 해박한 지식을 가진 사상가였다. 정치, 사회, 인류 등에 대한 통찰력 깊은 글을 남겼는데, 특히 제퍼슨의 글은 건국 초기에 다져진 사상이 그 주축을 이룬다. 제퍼슨과 애덤스가 서로 주고받은 편지에는 갓 출범한 미국의 지도자로서 나라를 어떻게 이끌어야 하는가에 대한 고민은 물론, 상류라는 것은 과연 무엇이며 후대의 상류를 어떻게 양성할지에 대한 진지한 논의가 담겨 있다. 특히 제퍼슨이 1813년 10월 애덤스에게 보낸 편지를 보면 그가 지도층 내지는 상류의 역할과 책임에 대하여 얼마나 치열하게 고심했는지 알 수 있는데, 1813년이면 2대 대통령인 애덤스는 물론이고 3대 대통령인 제퍼슨도 자연인으로 돌아간 지 한참 되었을 때다. 친구이자 라이벌이었던 두 사람은 1777년부터 1826년까지 거의 50년에 걸쳐 수백 통의 편지를 주고받았다. 오간 편지의 내용은 대개 공익公益과 관련된 것이었고, 정치적인 의도가 담긴 글이나 신문에 기고하기 위한 글이 아니었다.

두 사람은 특히 1812년 이후에는 권력을 졸업한 사람의 입장에서, 순수하게 상류가 짊어진 책임의 무게 차원에서 나라를 걱정했다. 한 편지에서 제퍼슨은 '천부적 귀족natural aristocracy'과 '인위적 귀족artificial aristocracy'의 차이에 대하여 이렇게 말한다.

사람들 중 천부적 귀족이 있다는 것에 대해 나도 같은 생각입니다. 그 근거는 덕목

과 재능이지요. 예전에는 육신의 능력으로 상류 인간의 대열에 낄 수 있었습니다. 그런데 화약의 발명으로 약자와 강자 모두 사람을 죽일 수 있는 무기를 가질 수 있게 되면서 미美나 인품, 예의 등 인간적인 장점, 그리고 여타 업적 등이 타인과의 구별에 있어서 부수적인 기준에 불과하게 되었습니다. 재력과 출신을 기반으로 하여 인위적 귀족이 되는 자도 있는데, 이들은 덕목도 재능도 없는 부류입니다. 덕목과 재능을 갖추었다면 그들은 첫 번째 계급에 속할 것일 터입니다.

여기서 제퍼슨은 '천부적 상류(귀족)'와 '만들어진 상류' 사이에 굵은 선을 긋는다. 즉, 선천적으로 재능과 덕목을 갖춘 사람과 화약으로 상징되는 외적인 힘을 빌려 상위 계급에 오른 사람을 명확하게 구분한 것이다. 그는 재능과 덕목이 결여된 인위적 상류를 경멸했다. 그리고 천부적 상류와 인위적 상류를 구별하는 것으로 끝나지 않고 곧바로 이어서 천부적 상류의 책임과 역할에 대하여 다음과 같이 이야기했다.

나는 사회를 교육시키고 통치하는 데 있어서 천부적인 귀족은 신이 내린 가장 값진 선물이라고 생각합니다. 그리고 실로 인간이 사회를 구성하도록 만들어졌는데 그 사회의 문제를 관리할 수 있는 충분한 덕목과 지혜가 인간에게 주어지지 않았다면 창조의 모순일 것입니다. 심지어 이런 천부적 상류가 순수하게 선택되어 관직에 오를 수 있도록 하는 효과적인 제도를 가진 정부가 가장 바람직하다고까지 할 수 있지 않겠습니까? 인위적 귀족은 정부 내의 유해한 요소이며, 그들이 우위를 점할 수 없도록 하는 장치가 마련되어야 할 것입니다.

이러한 대목을 근거로 제퍼슨이 엘리트주의자였다는 주장이 제기되기도 하지만, 제퍼슨은 철저하게 민주적인 정부를 지향했던 사람이다. 그는 교육을 받은 엘리트가 정부를 이끌도록 하되, 그런 엘리트가 출신과 빈부를 막론하고 모든 계층에서 배출될 수 있도록 교육받을 수 있는 제도를 마련해야 한다고 믿었다. 간단히 말해 제퍼슨은 출신에 상관없이 재능과 덕목을 갖춘 사람을 모두 엘리트로 인정했다. 하지만 동시에 아무리 엘리트라 할지라도 그들이 정부를 마음대로 운영하지 못하도록 철저히 감시해야 한다고 했다. 즉, 정부의 목적은 국민의 빼앗을 수 없는 권리를 보장하는 것이지 정부를 운영하는 전문가들을 비호하는 데 있는 것이 아니라는 얘기다.

다시 말해 제퍼슨은 국민의 선택과 감시를 철저하게 신성시했다. 재능과 덕목을 갖춘 사람을 사회가 교육시키고, 국민이 그들을 선택하여 그들이 국민 뜻을 반영하는 정치를 하도록 해야 한다는 얘기다. 그는 대통령직에서 물러난 뒤 덕목과 재능을 겸비한 엘리트를 양성하는 대학의 필요성을 여러 글에서 역설했으며, 말년에 그에게 남은 모든 애정과 열정을 쏟아 1819년 버지니아대를 세웠다.

제퍼슨의 묘비문에는 그가 미국의 대통령이었다는 문구가 없다. "미국 독립선언문의 기초자, 버지니아 종교자유법의 제안자, 그리고 버지니아대의 창설자 토머스 제퍼슨, 여기에 잠들다"라고 적혀 있다. 제퍼슨이 생전에 직접 쓴 묘비문이다. 이 묘비문이 암시하듯 제퍼슨은 대통령이라는 권좌에 연연하지 않았다. 이 얼마나 '쿨'한가.

그는 대통령직을 훌륭히 수행했고 아직도 가장 훌륭한 대통령을 꼽

을 때 거의 예외 없이 다섯 손가락 안에 든다. 하지만 그는 무엇보다도 미국의 대표적인 사상가였다. 3대 대통령이라는 권력의 정점보다도 훨씬 숭고한, 미국 이념의 집약본인 독립선언문의 기초자로서 나라의 근본을 세운 미국인의 영원한 정신적 지주로 남아 있는 것이다.

후예의 정신적 지주가 된다는 것, 이것이 바로 위대한 상류의 가장 중요한 자격이 아닐까. 제퍼슨은 80년 인생을 살면서 정치, 인권, 자유, 윤리, 평등, 종교, 자연, 교육, 언어 등 광범위한 주제에 대하여 헤아릴 수 없을 정도로 많은 글을 남겼다. 그는 책벌레였고, 당대 유럽 사상가의 작품은 물론, 그리스와 로마 시대의 작품까지 원전으로 읽고 인용할 수 있을 만큼 해박했다. 하지만 그의 글은 치열하게 논리적이면서도 절대 현학적이지 않다. 그는 권력의 운용이나 통치술보다는 상류 인간의 책임과 역할에 대하여 진지하게 성찰하며 살았다. 사익보다는 공익을 생각하며 어떤 사회와 국가를 후대에 물려줄 것인지를 치열하게 고민했다. 그 시대에는 으레 그랬듯이 노예를 소유했지만 일평생 노예제도가 도덕적 타락이라는 입장을 견지했고, 사회의 혼란을 최소화하는 방법으로 노예제도를 폐지할 수 있는 논리적 근거를 마련하려 노력했다.

버지니아 주 샬러츠빌에 있는 제퍼슨의 집 몬티첼로를 방문해보면 제퍼슨이 생전에 생활했던 모습을 상상할 수 있다. 몇 년 전 그곳을 방문했을 때 나는 그가 직접 설계한 주택과 정원, 서재 그리고 그가 아끼고 의미를 부여했던 물건에서 우주 만물의 조화 및 질서, 그 안에서 인간의 모습을 탐구하는 철학자의 숨결을 느꼈다. 그는 실로 책과 자연을 항상 가까이 두고 세상만사에 대하여 끊임없이 깊은 고찰을 했다. 그가 매일

거닐었던 정원을 거닐면서 대통령 중에 이런 사람이 다수 있다는 것이 미국의 힘의 원천이라는 생각을 했다.

나는 이 글을 쓰면서 몬티첼로를 방문한 기억을 짚어보고 그가 남긴 글을 다시 살펴보며 음미했다. 그리고 그에게 상류 인간의 책임 의식이 수반하는 망설임과 번뇌는 있었지만 맹목적인 목표 지향성이나 그저 성과를 달성하기 위하여 밀어붙이는 독단성, 저돌성은 없었다고 결론지었다. 그는 큰 꿈을 꾸었지만 욕망에 눈먼 사람은 아니었다. 그는 시대가 그를 불렀을 때 갓 태어난 미합중국이라는 공동체를 위해 타고난 재능을 발휘했을 뿐이었다. 벽에 '대통령'이라는 세 글자를 붙여놓고 야욕을 키우면서 권력이라는 세속적 목표를 향해 돌진한 사람이 아니었다.

대륙회의 대의원, 주지사, 국무장관, 부통령, 대통령으로 이어지는 화려한 정치 이력을 가진 그에게 정작 중요했던 것은 드넓은 정신세계와 깨어 있는 자각이었다. 한국의 근대 역사만을 놓고 봐도 한낱 인간에게서 그 이상의 재능과 덕목의 조합을 만나보기 힘들다는 것을 절감하게 된다. 종교나 신화가 아닌 실제 역사 속에서 말이다. 여기서 수사적 질문 하나를 던져본다. 해방 후 근대 한국에서 권력을 잡은 지도자 중 국민 대다수의 마음속 깊이 진정한 상류라 보편적으로 인식되는 인물이 누가 있을까.

미국은 그 역사는 비교적 짧지만 제퍼슨과 같은 걸출한 지도자를 많이 배출했다. 그들은 거의 반론을 제기할 여지가 없을 정도로 진정한 상류였다. 미국에서 가히 절대적인 존경을 받는 인물 중에는 역대 대통령

백악관으로 '줄여 이사 간' 대통령

뉴욕 주 하이드파크Hyde Park에 있는 프랭클린 루즈벨트의 저택. 루즈벨트는 대통령으로 당
선될 당시에 5,000만 달러가 넘는 자산(2010년 달러 가치 기준)을 보유했던 거부였다. 그에
게 대통령의 당시 연봉 7만 5,000달러는 자신이 보유한 자산에 비하면 용돈 수준이었다. 사
회비평서 『계급』의 저자 폴 퍼셀은 루즈벨트가 백악관에 입주하는 것은 집을 줄여 이사하는
것이었다고 촌평하기도 했다. 그는 자신이 대단한 부자였음에도 불구하고 철저하게 서민 지
향적인 정책을 펼쳤으며, 지금까지도 대부분의 여론조사에서 조지 워싱턴, 에이브러햄 링컨
과 함께 미국의 3대 위대한 대통령으로 꼽힌다.

중에서만 꼽아보아도 워싱턴, 제퍼슨, 링컨, 테디 루즈벨트와 프랭클린 루즈벨트, 아이젠하워 등 다수가 있다.

이들은 제퍼슨이 말한 천부적인 귀족다운 고결함을 지닌 사람이었고, 무심하지 않은 상류 인간이었다. 이들이 재능과 덕목을 겸비한 사람이었음은 방대한 역사적 자료와 증언이 말해주며, 이들의 치적과 어록만을 대충 살펴봐도 쉽게 납득할 수 있다. 물론 이들의 정책이나 이념을 비판할 수는 있다. 그러나 역사적 사실을 모두 부정하려 들지 않는 이상, 이들이 상류적 가치와 정신을 구현한 사람이었다는 것을 부정할 수 있는 근거는 희박하다. 강직성과 청렴성은 기본이고, 이들 중 누구도 공직을 이용해 사익을 추구했다는 의심조차 없다. 이들에게 권력을 이용한 축재란 촌스럽기 짝이 없는 발상이었다.

프랭클린 루즈벨트의 경우 당시 대통령 연봉 7만 5,000달러는 그가 소유한 재산에 비하면 용돈 수준이었다. 미국 역사의 권위자인 펜실베이니아대 폴 퍼셀 교수는 루즈벨트가 백악관에 입주한 건 집을 줄여 이사하는 것이었다고 촌평하기도 했다. 그만큼 루즈벨트는 돈 걱정이 없는 최고 상류층 출신이었지만 철저하게 허덕이는 서민의 편에 서서 대통령직을 수행했다. 이러한 인물은 미국이라는 나라의 정신적 기둥, 지금까지도 책임 의식을 가진 상류가 지향하는 삶의 표본이 된다. 중요한 것은, 앞에서 언급한 위인들은 전설의 인물이 아니라 근대 인물이라는 점이다. 그들은 수많은 미국 국민의 의식 속에 아주 친밀하고 구체적인 본보기로 자리 잡고 있다.

건국 초기부터 지금까지 이어져 내려오는 이른바 미국의 이상과 가치 체계는 어떻게 보면 미국을 하나로 묶어주는 유일한 정체성이다. 미국이라는 나라의 정체성은 공통의 조상이나 민족성에 기초한 것이 아니기 때문이다. 그렇기에 미국의 상류는 숭고한 이상과 가치를 각별히 소중하게 여긴다. 진정한 상류라면 재능과 덕목을 당연히 겸비해야 하고, 사회와 타인의 문제에 무심하지 않아야 한다는 상류적 가치관이 아직도 도도하게 흐르고 있다. 이것은 미국인이 다른 나라 국민에 비해 우수해서가 아니라 제대로 된 상류가 건국 초기부터 다져놓은 제도적 장치와 국가 이념이 그만큼 견고하기 때문이다. 그리고 국민은 그것이 높은 수준으로 유지될 것을 요구한다.

물론 상류의 자격은 갖추지 못한 채 완력과 편법과 반칙으로 세력을 키워가는 자들이 있다. 하지만 미국에서 그런 부류는 떵떵거리며 살지는 몰라도 상류 대접은 받지 못한다. 이들이 바로 제퍼슨이 인위적 귀족, 유해한 요소라 표현한 부류다.

03

계급 이야기

돈이 이겼다?

영국은 아마도 세계에서 계급에 가장 집착하는 사회일 것이다. 모든 것을 분류하여 등급을 매기는 성향 탓인지는 몰라도 영국인에게는 자신과 타인의 사회적 지위가 가장 큰 관심사이고, 그들은 서로의 계급을 끊임없이 평가하며 산다. 자유민주주의 국가이면서 왕을 모시는 입헌군주제 국가인 만큼 혈통과 계보를 중시한다. 영국 식민지였던 인도의 카스트 제도도 대영제국의 식민 지배 체제하에서 영국 정부에 의해 규제되기 시작했다.

영국의 계급사회에서는 현대의 그 어느 나라보다도 태생적이고 내재적인 측면이 강조된다. 『파리 대왕Lord of the Flies』으로 유명한 영국 소설가 윌리엄 골딩은 영국 사회에서 계층 이동의 경직성에 대해 이렇게 얘기했다. "한 언어를 다른 언어로 완벽하게 옮기는 것은 불가능하다. 계급은 영국의 언어이며, 영국에서는 어느 한 사람을 한 계층에서 다른 계층으로 완전히 옮길 수 없다."

최근 순전히 돈으로 외형적, 즉 물질적 신분 상승을 이루는 부류가 많아지면서 영국의 전통적 계급사회는 이제 막을 내렸다고 단언하는 사람도 있다. 지금은 미국에 살고 있는 영국 작가 마틴 에이미스는 얼마 전 BBC에서 방영된 다큐멘터리에서 "돈이 이겼다. 미국은 항상 돈이 이기는 나라였지만 이제는 영국에서도 돈이 이겼다"고 선언했다. 이제는 영국에서도 돈만 있으면 누구나 상류 행세를 할 수 있다는 것이다.

과연 그럴까. 한때 세계를 지배했던 나라의 문화와 기질이 그렇게 쉽게 바뀌지는 않을 터다. 앵글로색슨 문화와 전통에 대해 대단한 자부심을 갖고 사는 주류 영국인은 여전히 내면의 계급을 따진다. 돈의 위력이 대단하다고 해도 돈만 있으면 아무나 상류가 될 수 있다고 생각하는 사람은 이미 상류가 아니다. 전통적으로 영국에서의 사회적 지위란 돈이나 물질적인 것만으로 평가되지 않는다. 영국 상류 정신의 근간을 이루는 신사, 젠틀맨gentleman이란 개념은 감성과 지성, 예의, 기사도, 원칙성, 겸양 등 상류가 갖추어야 하는 기본적인 기품을 상징한다. 물론 재력 없이 상류가 되기는 힘들다. 그러나 상류의 기본적인 기품을 갖추지 못한 사람은 돈이 아무리 많아도 상류로 인정받지 못한다.

언어는 영국의 상류가 가장 따지는 계급의 징표다. 뻔한 소리 같지만 일상생활에서 사용하는 용어와 글쓰기 습관을 보면 사람의 교양과 사고의 수준을 엿볼 수 있다. 셰익스피어와 제인 오스틴을 배출한 나라임을 잊지 않는 영국의 주류는 유난히 어휘와 어법으로 사람의 계급을 평가한다.

1954년 언어학자 앨런 로스는 언어의 사용 행태가 계급의 징표가 된다는 주제의 에세이에서 상류U와 비상류non-U의 언어 용법을 비교하여 큰 반향을 일으켰다. 여기에서 'U'는 상류를 지칭하는 'Upper'의 약자다. 그가 주장한 언어의 차이는 지금도 영국인 사이에서 널리 '응용'되고 있다. 'U'와 'non-U'는 상류 사회의 은어로, 진정한 상류와 상류가 되고 싶어 하지만 명백하게 중산층 티가 나는 사람을 구별하는 말이다. 로스가 꼽은 용법의 예를 몇 가지 들자면 아래와 같다(영국에서는 발음도 무척 중요하지만, 일단 같은 표준 발음을 쓰는 상황임을 전제로 한다).

상류(U)	상류 지향적 비상류(non-U)	한국어
jam	preserve	잼/프리저브
false teeth	dentures	틀니/의치
They have a very nice house.	They have a lovely home.	그들은 좋은 집에 산다.
die	pass on	죽다/타계하다
rich	wealthy	돈이 많은/재산이 많은
What?	Pardon?	뭐라고?/다시 한번 말씀 해주시겠어요?
mad	mental	미친/정신이 이상한
napkin	serviette	냅킨/세르비에뜨

상류는 있어 보이려 하는 말을 되도록 쓰지 않음을 눈치챌 수 있다. 여기에 적용되는 룰이 있다면 상류는 의식적으로 교양 있어 보이려 할 필요를 느끼지 못한다는 것이다. 부자를 가리켜 재산이 많은wealthy 사람이라고 하면 뭔가 품격 있어 보일 것 같지만, 상류는 그저 돈이 많은rich 사람이라고 한다. 마찬가지로 종이 냅킨을 '세르비에뜨serviette'라고 하면 수준이 높아 보일 것 같지만 상류에게는 촌스럽게 들릴 따름이다.

어법과 어휘는 미국 상류 사회에서도 중요하게 여기는 부분이다. 2010년 미국에서 출간된 『올드머니 아메리카Old Money America』라는 책에도 미국의 오래된 부자 가문(올드머니old money) 출신과 신흥 부자(뉴머니 new money)가 일상적으로 쓰는 어휘 차이에 대한 내용이 나온다. 가장 눈에 띄는 부분은 롤스로이스를 '뉴머니'는 '롤스로이스'라고 하지만 '올드머니'는 그냥 '자동차'라고 한다는 대목이다. 이는 물건의 가격이나 브랜드를 강조하지 않는 올드머니의 근성, 아울러 매사 사물의 본질을 보는 태도를 말해준다.

이 밖에 올드머니는 고가품을 '소유할 가치가 있는 물건'이라고 하거나 골동품을 '좋은 물건'이라고 하는 등 물건의 금전적 가치를 상기시키는 표현은 삼간다. 같은 맥락으로 폴 퍼셀 교수는 미국의 계급사회를 파헤친 사회비평서 『계급Class』에서 거창한 단어나 무슨 뜻인지 잘 모르는 외래어를 즐겨 쓰는 것은 상류 지향적인 중산층 부류의 특징이라고 분석했다.

상류 사회에서 이런 일상적 어휘의 차이가 무척이나 중요한 이유는 언어가 사람의 감성과 지성의 징표가 된다는 인식이 상류 정신의 저변에 깔려 있기 때문일 것이다. 언어는 사람의 내면을 담아내고 사고와 철학의 깊이를 말해준다. 일상적인 표현 한마디에도 신중한 사람은 그 어떤 일에도 무심하지 않다. 이런 사람은 대부분 자신의 말과 행동에 있어서 스스로 높은 완성도를 요구하고, 예술과 문화를 소중하게 여기며, 타인과 사회에 대한 관심과 이해의 수준이 높다. 반면 일상 대화 속에 진정성 없는 어휘가 난무하고 정확한 뜻도 모르는 외래어를 아무 생각 없이 툭툭 내뱉는 사람에게서 얼마나 고매한 가치관을 기대할 수 있을까.

결국 돈이 많다고 해서 상류인 것은 아니다. 앞에서 말한 것처럼 상류의 기본 요소는 감성과 지성이다. 돈과 권력이 풍부한 감성과 지성을 보장해주지는 않는다. 총리라 할지라도, 대통령이라 할지라도 천박하고 진정성이 결여된 화법은 상류의 가장 기본적인 요소를 갖추지 못한 사람임을 드러낼 뿐이다.

영국의 상류가 계급을 따지는 데 있어 돈 이외의 요소를 얼마나 중요하게 생각하는지는 2013년에 BBC가 발표한 영국 계급 조사를 보면 금방 알 수 있다. BBC 홈페이지에 올라와 있는 '계급 계산기'에 재미삼아 이것저것 입력해보면, 같은 수입과 자산을 입력해도 평소 상종하는 사람의 직업이나 여가 활동, 취미 생활 등의 사회적, 문화적 자산에 따라 계급이 한두 등급씩 다르게 나온다. 여기에는 물론 허점이 많을 수밖에 없다. 하지만 설문에 응하면서 확실히 느낀 것은 이 계급 조사를 고안하고 수행한 영국의 상류는 돈이 차지하는 비중을 의식적으로 평준화하기 위해 노력했다는 사실이다. 이 조사는 계급이 경제적인 자산만으로 정해지는 것은 아니라는 영국인의 계급의식을 반영하고 있다.

미국의 계급 체계는 언뜻 보면 자산이 중심이다. 최소한 외형적으로는 그렇다. 건국 때부터 영국에 뿌리를 둔 앵글로색슨 상류가 나라를 지배해왔음에도 불구하고 영국과는 다분히 다른 성질의 계급 체계가 일찍이 자리를 잡았다. 출신은 중요하지 않고 오로지 노력으로 돈을 벌어 계급의 사다리를 오를 수 있다는 신화를 아직도 많은 사람이 믿는다. 따지고 보면 아메리칸 드림이란 전통적인 계급사회를 인정하지 않는 신분 상승의 꿈이다. 독립선언문의 '모든 인간은 평등하게 창조되었다'는 이념이 미국인의 상상력을 압도하는 바, 대부분의 미국인은 계급 이야기를 하는 것조차 거북해한다. 미국에는 계급이 아예 없다고 주장하는 이도 많다. 하지만 미국에는 겉으로 좀처럼 나타나지 않는 전통과 문화와 품격 중심의 계급사회가 존재한다. 미국의 오래된 상류는 영국 상류와의 친밀감이 강한 만큼 적어도 정신적인 차원에서 영국 상위층을 차지하는 계급과 유사한 미국 상류 계급이 분명 존재하는 것이다. 『계급』에서 퍼셀은 미국의 하층, 중간층, 상류층이라는 세 계급의 특징을 다음과 같이 정리했다.

하층 사람들은 대체로 돈을 얼마나 가졌느냐가 계급을 정의한다고 믿는다. 중간층 사람들은 돈이 상관있음을 인정하면서도 교육이나 하는 일도 똑같이 중요하다고 생각한다. 한편 상류 쪽에 가까운 사람들이 인지하고 있는 사실은 돈이나 직업이나 교육에 상관없이 취향, 가치관, 정신세계, 스타일, 그리고 품행이 계급을 말해주는 필수 불가결한 기준이라는 것이다.

이 책에서 퍼셀은 가진 돈보다는 취향과 지식과 지각력이 계급을 말해주는 징표라고 설명한다. 경제적으로는 똑같은 수준인 두 사람을 놓고 봤을 때 돈을 어떻게 쓰고 책장에 어떤 책이 꽂혀 있고 어떤 물건을 소중하게 여기느냐에 따라 두 사람은 전혀 다른 계급일 수 있다는 얘기다. 돈과 계급을 분리해서 생각해야 한다고 믿었던 작가 존 브룩스는 계급을 경제적 기준으로 따질 게 아니라 식견과 교양의 수준을 말하는 식자층highbrow, 중간급middlebrow, 무교양lowbrow 등의 세 부류로 나눠야 한다고 주장하기도 했다.

프랑스의 역사가 토크빌은 19세기에 미국을 둘러보고 나서 마치 노블레스 오블리주라는 상류적 가치는 아무 의미가 없는 듯한 신기한 사회라고 생각했다. 그의 눈에 비친 미국 사회에서는 상류와 부자가 같은 개념이었다. 돈은 노력하면 누구든 벌 수 있으니 부자가 자신이 부자라는 사실에 대해 수치심이나 양심의 가책을 느끼지 못하는 사회였던 것이다. 하지만 토크빌은 산업혁명으로 급성장하고 부유해진 미국의 물질적 발전에 현혹되어 전통과 문화를 중시하는 미국 상류의 정신문화를 놓친 듯하다.

미국은 봉건적 왕권 체제에 대항하여 영국과 싸워 독립했고, 새로운 국가 이념 아래 영국의 신분제를 버렸다. 하지만 미국이라는 나라를 세운 위인들은 태생적으로 귀족이 될 수 없는 사회를 만들면서 영국 상류 정신의 기틀인 젠틀맨의 개념은 버리지 않았다. 젠틀맨이란 겸양과 자신감을 겸비한 사람으로 말과 행동이 가볍지 않고, 유행을 좇지 않으며, 타인에 대한 배려가 깊고, 절대 가진 것을 과시하지 않는 사람이다.

사실 계급을 돈과 결부지어 생각하는 것은 사회학의 기능이론과도 배치된다. 미국 사회의 계급 체계는 여러 면에서 기능이론의 차원에서 이해해야 한다. 즉, 소득이 계급의 주요 요소 중 하나이긴 하지만 반드시 계급을 생성하는 요인은 아니다. 다시 말해, 어느 한 사람의 사회적 지위가 그의 소득으로 정해지는 것이 아니라 그 사람이 버는 소득이 그의 지위를 반영할 뿐이다. 소득과 명예는 사회의 중요한 자리를 가장 적합하고 의욕적인 사람으로 채우기 위해 주어지는 인센티브라는 얘기다. 이에 대하여 사회학자 윌리엄 톰슨과 조셉 히키는 그들의 저서 『소사이어티 인 포커스Society in Focus』에서 이렇게 말한다.

만일 계급이 돈과 재산만으로 결정되는 것이라고 한다면 마약 밀매업자, 로또 당첨자, 록 스타, 그리고 록펠러 가문의 일원이 모두 사회적 사다리의 같은 위치를 점하고 있을 것이다. 하지만 대부분의 미국인은 로또 당첨자나 록 스타를 미국의 가장 걸출한 가문 중 하나의 일원과 같은 지위에 올려놓는 것을 꺼린다. 부富는 사람의 계급을 결정하는 유일한 요소가 아닌 것이다.

이것은 단지 사회학자의 주장이 아니라 영국은 물론이고 미국에서도 일반인들 사이에 뿌리 깊게 자리하고 있는 의식이다. 돈이 곧 계급인 양 교양도 갖추지 못한 채 상류 행세를 하려는 사람은 미국 사회에서 완강한 저항에 부딪힌다. 아무리 돈이 많더라도 기품이 떨어지는 사람은 대접받기 힘든 법이다.

타락한 귀족

미국의 코미디계에서 아마도 가장 야한 농담이라고 할 수 있는 '귀족들The Aristocrats'이라는 조크가 있다. 정확한 유래는 알 수 없으나 주로 만담으로 먹고사는 스탠드업 코미디언 사이에서 전설적인 '더티 조크'로 회자된다. 사실 야하다기보다 퇴폐적인데, 2005년 이에 대한 다큐멘터리 영화가 나왔을 정도로 '역사적 가치'를 인정받은 만큼 미국 사회에서는 차세대로 전달될 밈meme(문화적 유전자)의 반열에 올라 있다고 할 수 있는 조크다.

다큐멘터리에는 로빈 윌리엄스, 존 클리즈, 조지 칼린 등을 포함한 헤비급 코미디언 20여 명이 출연하여 차마 입에 담기 힘든 이 조크를 제각기 신나게 재연하면서 그 충격적인 내용을 현장감 있게 전달한다. 주요 내용을 정리하면 이렇다.

가족 혹은 가족과 애완견으로 구성된 어떤 코미디 극단이 에이전트를 찾아가 자신들이 공연할 내용을 보여준다. 그들은 무대 위에서 근친상간, 강간, 수간獸姦, 대소변을 먹는 행위 등 온갖 변태적인 행위를 장황하게 그리고 매우 구체적으로 연기한다. 에이전트는 공연을 물끄러미 바라보다가 이윽고 공연이 끝나자 이렇게 말한다. "글쎄, 괜찮을 것 같기도 한데…… 대체 공연 제목이 뭡니까?" 이에 극단 대표인 아버지가 대답한다. "귀족들입니다!"

문화와 정서의 차이가 있어 느낌을 온전히 전달하는 것은 무리겠지만, 아무튼 이 조크는 사회에 건설적으로 기여하는 것은 하나도 없이 부

패하고 타락한 내면세계를 영위하는 귀족에 대한 신랄한 풍자를 담고 있다. 온갖 특권을 누리지만 개념도 관념도 없는 이들, 노블레스 오블리주와는 거리가 먼 삶을 사는 이런 부류는 차라리 짐승이나 마찬가지라는 것이다.

내면세계가 피폐한 특권층은 그 화려한 껍데기를 벗겨놓고 봐야 한다. 그래야 비로소 그들의 껍데기가 수반하는 헛된 권위로부터 자유로워질 수 있다. 서양에서는 오래전부터 귀족이라는 계급을 경외하지 않는 것에 다소 익숙하다. 영국의 경우만 보더라도 윤허允許하에 왕이든 왕자든 당사자를 면전에서 조롱할 수 있었던 어릿광대부터 왕가와 귀족의 옹졸하고 비열한 모습을 아름다운 글로 까발린 셰익스피어에 이르기까지, 권력과 권위 앞에서도 주눅 들지 않는 오랜 전통이 있다. 표현의 자유가 법제로 보장되기 훨씬 전부터 높은 신분을 가진 자에 대한 풍자와 패러디를 자연스럽게 받아들이는 상식적인 문화가 몸에 배어 있었던 것이다.

영국의 시인 매튜 아놀드는 1869년 문화비평서 『교양과 무질서Culture and Anarchy』에서 귀족을 '야만인'이라고 지칭하며 이들의 경우 "살아온 환경 탓으로 폭넓은 사고와 감성의 능력이 잠들어 있다"고 했다. 외형만 세련될 뿐 내면세계는 원시적인 야만인의 수준을 벗어나지 못한다는 얘기다. 퍼셀은 귀족이 대체로 평온한 삶을 살 수 있는 이유는 "마음을 불편하게 하는 어떤 관념도 가져본 적이 없기 때문"이라고 했다.

어쨌든 생각 없는 귀족은 사회 현실에 아랑곳하지 않으며 살게 마련이다. 상속받은 재산으로 제멋대로 사는 패리스 힐튼처럼 그 해악이 꼴사나운 구경거리 수준에 머물기도 한다. 하지만 미국의 43대 대통령 조지 W. 부시처럼 슈퍼파워의 수장이 되어 전 세계를 뒤흔드는 경우도 있다.

부시는 개념도 관념도 없이 사는 귀족의 좋은 예다. 그는 아버지 덕택에 한량의 인생을 살면서도 모든 것을 얻었다. 그에게서 철학적 고민이나 뉘앙스를 읽어내는 세심함이나 자책감, 죄의식을 느끼는 기색은 찾아보기 힘들었다. 그는 피츠제럴드가 말한 무심함의 화신이었다. 칼럼니스트 몰리 아이빈스는 부시의 무심함을 '계급 기반의 무의식'이라고 표현했다. 그의 분석인즉, 부시는 "자신의 행동과 결정이 사람들에게 미치는 영향으로부터 진짜로 단절되어 있는 사람이다. 부시 행정부의 정책이 사람들의 삶에 끔찍한 영향을 미치고 있건만 그는 워싱턴에서 내리는 결정과 사람들에게 일어나는 일 사이에 어떤 상관성이 있는지를 보지 못한다"는 것이었다. 그리고 부시가 사회 지도층의 도덕적 의무, 즉 노블레스 오블리주를 느끼지 못하는 이유를 이렇게 정리했다.

"더브야Dubya(조지 W. 부시의 별명)에게 노블레스 오블리주가 없는 것은 일평생 아버지의 이름을 물려받은 덕으로 살아왔다는 것을 스스로도 남에게도 인정하지 않기 때문이다. 그는 단지 자신이 아버지의 아들이라는 사실로 유리한 출발을 할 수 있었던 것만이 아니라 그 사실은 그의 인생을 통틀어서 단연 가장 핵심적인 부분이었다."

참고로 '아리스토크랫aristocrat'의 동의어는 '퍼트리션patrician'이다. 귀족을 지칭하는 가장 일반적인 말은 'aristocrat'(사람을 지칭)이나 'aristocracy'(계급을 지칭)인데, 미국의 오래된 가문 출신은 'aristocrat'

대신 'patrician'을 선호한다는 인식이 있다. 그 이유를 정확히 안다고 할 수는 없지만 전자는 흔히 쓰이는 말이기도 하고 앞에서 얘기한 조크에서처럼 일반인에게 다소 부정적으로 와 닿는 측면이 있음을 전혀 의식하지 않을 수 없을 것이다. 이에 비해 후자는 부정적인 의미로는 거의 쓰이지 않는 데다 고대 로마의 귀족을 지칭하는 라틴어 파트리시우스 patricius를 연상케 한다.

　앞서 언급한 바 있지만 미국의 점잖은 상류 중에는 워싱턴을 비롯한 건국의 아버지를 상류 인간의 표본으로 여기는 이가 많다. 『뉴욕타임스 매거진The New York Times Magazine』 전국부의 수석 기자를 지낸 마크 리보비츠는 언젠가 워싱턴의 정가를 주제로 열린 공영방송PBS 프로그램에 패널로 참석하여 "미국 건국의 아버지는 고대 로마의 귀족patricians처럼 부유한 지주였고, 주어진 시민의 의무를 다 하고 나서는 곧바로 자신의 농장으로 돌아갔다"고 말하며 "요즘의 공직자는 정치를 통해 생기는 것이 너무 많아 도무지 농장으로 돌아갈 생각을 하지 않는다"고 덧붙였다. 'patrician'이라는 최상위층 계급의 원조인 건국의 아버지의 본보기가 미국에서 오늘날까지 정치와 사회에서 얼마나 중요한 시금석이 되고 있는지를 말해주는 대목이다.

성공한 야만인

아놀드는 개념 없는 귀족을 야만인이라 지칭하면서도 그들을 환경 탓에 철없이 자란 부류쯤으로 여겼다. 귀족을 거칠고 난폭한 야만인보다는 사색 능력이 없는 미개인 정도로 본 것이다. 한편 베블런이 『유한계급론』에서 훨씬 박진감 있게 해부하는 야만인은 차원이 다르다.

베블런이 야만인이라고 부르는 인간은 침략과 약탈 본능이라는 우성인자를 가진 강인한 존재다. 이들은 단지 사회 현실에 무심한 인간이 아니라 잔인하고 부당한 방법으로 부를 획득하고 증식하여 사회의 상위층을 차지하고 마는 지배 계급이다. 무엇보다 중요한 것은 그들이 수단, 방법을 가리지 않고 부를 획득하려는 이유가 오로지 그것이 의미하는 자신의 지위를 증명하기 위함일 뿐이라는 사실이다.

베블런은 각별히 이윤만을 목적으로 불필요한 상품을 사고파는 비즈니스맨을 야만인의 전형으로 지목했다. 더불어 인간이 본질적으로 필요로 하는 필수품을 생산하는 '산업industry'과 소수의 금전적 이익만을 목적으로 존재하는 재화를 사고파는 '비즈니스business' 사이에는 중요한 차이가 있음을 강조했다. 베블런의 눈에는 소위 비즈니스맨이 지배하는 월가의 법칙과 정글의 법칙이 너무도 유사했다. 증권가나 금융가에서 작동하는 법칙하에서는 가차 없이 욕심으로 행동하는 야만인이 승자가 되었고, 괜히 망설이거나 선악善惡 따위를 고민하는 자들은 돈벌이 경쟁에서 낙오되었다. 베블런은 경제학을 제대로 연구하려면 포식동물과도 같은 무자비한 '성공한 야만인'의 행동 패턴이 반드시 고찰되어야 한다고 믿었다.

그의 핵심적 논거인즉, 사적 소유권의 쟁취와 확대에 목숨을 거는 현대의 지배 계층은 타인의 목숨과 물건을 폭력으로 강탈했던 원시시대

야만인의 후예라는 것이다. 인간은 한때 기본 의식주가 해결되는 데 만족했다. 그런데 어느 날 사적 소유라는 개념에 눈을 뜨면서 그보다 더 많은 것을 탐하게 되었고, 특출하게 호전적이고 약탈 본능이 강한 인간은 영토와 타인 소유의 동산動産을 강압과 물리력으로 빼앗기 시작했다. 이런 인간이 현대에 이르러 문명인의 탈을 쓴 부자로 변신했으니, 베블런은 이들을 이름하여 '유한계급'이라고 불렀다.

유한계급이란 쉽게 말하면 야만적인 수법으로 과대한 부를 획득한 속물이다. 이들은 자신의 성공을 자랑해야 하는 본능이 강하기 때문에 축적한 부를 불필요한 소비, 아니 낭비를 통해 끊임없이 과시한다. 건설적인 일은 거의 하지 않기에 남아도는 시간도 과시한다. 노동하지 않는 것을 큰 명예로 여기고, 피상적인 교양을 중시하며, 시상식, 시공식, 리본 커팅 따위의 의식성儀式性 행사를 분주하게 좇아 다닌다.

인간 사회가 기원전부터 그랬다고는 하지만, 현대 자본주의 사회는 특히 엄청난 욕심과 약탈적 본능을 겸비한 자가 가장 크게 먹는 구조로 굴러가고 있다. 궁극적인 문제는, 과대한 부를 차지하는 극소수의 인간 대부분이 수단과 방법을 가리지 않고 끌어모은 노획물을 보편적인 선善의 차원에서 어떻게 써야 하는지를 알지 못한다는 사실이다. 이들은 정신세계가 미천하기에 외형적으로 자신의 지위를 드러내는 데만 돈을 쓴다. 과시 소비가 유한계급의 핵심 행태인 이유다. 이들이 지배하는 사회에서는 소유 정도에 따라 서열이 정해지고, 구성원들은 그 서열에서의 자기 위치를 끊임없이 증명하며 살아야 한다. 베블런의 유한계급 이야기는 결국 야만적인 경쟁에서의 승패가 곧 인간의 가치를 말하는 사회와 그 상위층을 차지하고 있는 현대판 야만인의 이야기다.

보스턴에서 남쪽으로 100킬로미터 남짓 내려가면 항구도시 뉴포트가 나온다. 뉴포트는 이른바 '도금시대Gilded Age', 즉 19세기 말부터 20세기 초 베블런이 말한 유한계급이 초호화 저택을 지어 많은 시간을 보낸 곳이다. 따라서 뉴포트에서의 상류 가문의 풍속도를 보면 베블런이 관찰하고 한심하게 여겼던 유한계급의 실제 모습을 알 수 있다. 그때 그들의 모습은 지금 미국 사회의 큰 부자의 모습과 많이 달랐다.

미국의 사회평론가 밴스 패커드는 자신의 책 『지위 추구자The Status Seekers』에서 미국의 대부호들이 1930년대의 대공황 이후로 많이 성숙해진 결과, "부를 드러내는 것에 대해 조심스러워지고 거의 얘기조차 하기를 꺼리게 되었다"고 설명한다. 하지만 1890년대에 베블런이 관찰한 미국 부자의 모습은 사뭇 달랐다. 당시 뉴포트 같은 동네의 상류 사회에 입문하는 데 요구되었던 다음의 다섯 가지 기본 조건을 통해 그가 얘기한 그들의 야만적 문화의 실상을 짐작해볼 수 있다.

1. 재산

상류 사회에서 지위를 지키기 위해서는 상당한 수준의 지출이 필요했다. 저택의 여름 한철 유지비로만 1900년 당시 2,000~4,000달러가 들었다. 현재 가치로는 5만~10만 달러 정도 되는 금액이다. 『위대한 개츠비』에 나오는 연회를 한 번 치르기 위해 7만 달러, 현재 가치로 200만 달러 이상 되는 금액을 지출하는 것이 예사였다. 행사가 괜찮았다는 칭찬, 그러니까 상류의 절제된 표현으로 '낫 배드not bad'라는 평을 듣기 위

한 경쟁도 치열했다. 코넬리어스 밴더빌트 3세의 부인은 막대한 돈을 들여 당시 흥행하던 브로드웨이 쇼를 자신의 맨션 뒤뜰 극장에서 그대로 공연하도록 했다. 이 밖에 딸의 정략결혼에도 지금 돈으로 수천만 달러가 들어갔다.

2. 혈통

뉴포트의 대부호는 대부분 유럽계 가문 출신이었다. 그들은 같은 유럽계 가문만 상종하려 했다. 그중 가문과 혈통에 대하여 가히 병적으로 집착했던 사교계의 명사 새뮤얼 워드 매캘리스터는 상류 사회 입문의 조건으로 3대 이상 부자 가문 출신일 것, 현금으로 최소한 100만 달러 (현재 가치로 3,000만 달러)를 갖고 있을 것, 그리고 하는 일이 없을 것 등을 요구했다. 이 사람은 뉴욕 상류 사회의 '400인 명단'을 만든 장본인이기도 하다.

정략결혼도 많았다. 상류 사회에서 가문의 지위를 유지하거나 높이기 위해 딸을 유럽의 귀족에 시집보내는 경우도 적지 않았다. 당시에는 졸부 가문이었던 밴더빌트의 손자며느리 앨바 밴더빌트는 외동딸 콘수엘로 밴더빌트를 영국의 제9대 말보로 공작 찰스 스펜서 처칠에게 시집보냈는데, 지참금만 250만 달러(현재 가치로 7,000만 달러)였고 생활비로 평생 매월 10만 달러(현재 가치로 280만 달러)를 보내주는 조건이었다. 콘수엘로 밴더빌트와 스펜서 처칠은 1906년에 결혼해 아들 둘을 낳았지만 결혼한 지 11년 만에 별거에 들어갔고, 그 후 결혼은 무효가 되었다.

3. 동산과 부동산

비싸고 귀한 물건을 사들여 진열하는 것은 과시 소비의 기본이다. 여름을 지낼 별장이 없으면 상류 사회에 낄 수 없었다. 별장은 보통 유럽식 저택이었다. 뉴포트의 맨션 중에는 밴더빌트 2세가 르네상스 시대의 이탈리아 궁전을 본떠 짓게 한 '더 브레이커스' 맨션이 가장 유명했다. 그 밖에 유럽에서 들여온 고급 가구, 파리에서 디자인된 가운, 정교하게 만들어진 마차 등도 필수였다.

상류들은 미국에서 대량 생산된 물건은 되도록 쓰지 않고 유럽에서 직접 들여온 진품을 선호했다. 사실 당대 미국의 졸부 상당수가 유럽의 상류 문화를 동경하는 '유럽 귀족 워너비'였다.

4. 하인

부와 계급의 상징인 하인을 두는 것은 유한계급사회에서 '진짜' 상류로 인정을 받기 위한 중요한 요소였다. 미국의 상류는 유럽 귀족을 모방하기 위해 대부분 유럽 출신 하인을 고용했다. 집사는 영국인, 하녀는 아일랜드 출신, 가정교사는 프랑스인 이런 식이었다.

5. 유행

여성은 상류 집안에서 돈을 쓰는 역할을 담당했다. 하는 일이라고는 남편이 긁어모은 재산을 열심히 과시하는 것이었다. 남자들은 저택, 말, 마차 등 고가의 소유물로 자신의 부를 과시하는 한편, 여자들은 화려한 사교계 패션으로 부를 과시했다. 화창한 날 뉴포트의 거리를 나다니는

상류 여성은 마치 패션쇼의 모델을 방불케 했다. 하루에도 수차례씩 드레스를 갈아입었고, 옷장에는 최신 유행의 최고급 의상을 가득 채워두었다. 이것이 상류 행세를 하고자 하는 여성의 기본 요건이었다.

쓸모 있는 바보들, 중산층

생각해보건대 베블런이 말한 야만적 부류가 지배하는 사회의 풍속과 문화의 지속은 중산층 덕분이다. 기생체가 숙주를 필요로 하듯 야만인도 온순한 중산층이 있어야 사회를 지배할 수 있다.

지배 계층 위주로 만들어진 제도는 중산층을 앞세우면서 다수를 위한 것처럼 포장되어야 하고, 여론은 중산층의 힘이 실려야 사회를 움직일 수 있다. 정치인도 중산층의 지지 내지 암묵적 동의가 없으면 힘을 쓰지 못한다. 상위 1퍼센트가 지배하는 기업을 관리하는 것은 유능한 중산층 인재들이다. 권력 운용도 마찬가지다. 중산층은 사회의 풍속과 문화의 측면에서도 평균적 가치라는 당위성을 부여해준다. 야만적 부류의 약탈로 인한 계층 간 격차가 심해지더라도 명목상의 중산층이 최하층과 최상층 간의 정면충돌을 막는 완충 역할을 해준다. 무엇보다도 중산층의 집합적 구매력은 야만인 계급 위주로 굴러가는 경제를 받들어준다. 중산층은 현대 자본주의 사회의 연료이자 중화제인 것이다.

중산층이야말로 자본주의 사회에서 가장 다루기 쉬운 계급이 아닐까 한다. 아놀드는 『교양과 무질서』에서 중산층을 '속물philistines'(snobs의 동의어)이라 지칭하며 이기적이고 물질주의적이면서도 무기력한 상태에서 헤어나지 못하는 계급이라고 하였다. 이런 양면성을 지닌 중산층은 잘 먹여 살찌운 가축과도 같다. 울타리 안에 갇혀 있는 소는 사악한 주인이 자신을 사육하여 챙기게 되는 이익을 알지 못한다. 울타리 안에서 잘 먹고 살찌게만 해주면 도망가지 않는다. 먹고살기 위해 있는 자리에서 자기 할 일은 열심히 하지만 잘못된 사회를 변화시킬 생각은 하지 못한다.

중산층의 '묵묵히 먹고살기'는 흉악한 사회의 관성이 유지되도록 방조하는 거대한 힘이다. 수많은 중산층이 열심히 공부하고, 열심히 살고, 기업과 조직을 위해 열심히 일한다. 그들은 오로지 자신과 가족을 위한 일상생활에 성실하게 전념하는 것만으로 부조리한 사회 현상 유지에 조력한다. 그들은 야만적 지배 계층이 필요로 하는 '쓸모 있는 바보'다.

스스로 중산층이라고 하는 사람은 그럼으로써 무엇보다도 자신의 심리적 상태를 드러낸다. 자신의 실제 경제적 처지보다 중산층적 사고라고 할 수 있는 정신적 자세를 고백하는 것이다. 중산층적 사고를 가진 사람은 의식구조가 미시경제의 패러다임에서 벗어나지 못하는 사람이다. 경제 사정이 넉넉하든 넉넉하지 못하든, 중산층적 사고에 사로잡혀 사는 사람은 진정한 상류의 여유와 배짱이 없어 자신에게 씌워진 고정관념의 틀에서 빠져나오지 못한다. 경제 사정에 관계없이 여유와 배짱만 있어도 이미 절반쯤은 진정한 상류로 볼 수 있다.

중산층은 혹시 지금 있는 자리라도 지키지 못할까 봐 두려움에 젖어 있고, 자신보다 잘난 사람에게 끊임없이 상대적 박탈감을 느낀다. 벌고

또 벌어도 경제적 불안감을 떨칠 수 없어 단 하루도 편히 쉬지 못하는 경제 활동의 노예로 산다. 그런 면에서 노동자 계급이 중산층보다 낫다고 할 수 있다. 조지 오웰의 소설 『숨 쉬러 나가다Coming Up for Air』에는 보험회사 직원인 주인공이 자기가 사는 전형적인 중산층 동네의 따분한 풍경을 묘사하면서 이렇게 푸념하는 대목이 있다.

> 노동자 계급의 고통에 대해 빌어먹을 소리들을 많이 하는데, 나는 사실 그들을 별로 불쌍하게 생각하지 않는다. 노동자는 육체적으로 시달리기는 하지만, 일을 하지 않을 때는 자유인이다. 하지만 저 작은 (중산층 계급의) 집들 안에는 하나같이 곤히 잠들었을 때를 빼고는 절대로 자유롭지 못한 불쌍한 녀석이 있다.

안정된 직장을 다니며 안정된 생활을 하는 것처럼 보이지만 사실상 기업의 노예로 사는 수많은 중산층의 얘기다. 어떤 형태로든 기업의 이익을 도모하는 데 이용되는 그들은 용모가 단정해야 하고, 기업을 위하여 긍정적 이미지를 연출해야 한다. 몇년 전 한국의 어느 대기업 소속 연구원에서 기업 임원을 대상으로 제작한 동영상에 대한 기사를 흥미롭게 보았다.

동영상에 나오는 강의의 주제는 '비즈니스맨의 패션 연출법'이었다. 그 내용은, 구두는 잘 닦인 상태로 굽이 닳아 있지 않도록 하라, 바지 주름을 살려 다림질하라, 바지를 배꼽 위까지 올려 입는 건 금물이다, 재킷엔 항상 구김이 없어야 한다, 셔츠 깃은 재킷보다 1센티미터 위로 보이게 하라, 만년필과 볼펜을 항상 지참하라 이런 것이었다. 미국에서라면 실소를 자아낼 내용인데 한국의 신문은 이를 매우 진지하게 보도하였다. 솔직히 이에 대해 강한 연민이 일었다. 무슨 고등학생도 아니고, 기업의 임원이라는 사람이 이런 강의를 듣는 모습을 떠올리니 측은지심 같은 감정이 솟아올랐다. 연봉이 억대라 할지라도 깨어 있는 시간에는 노예인 사람들 아닌가.

성공적 이미지를 연출해야 한다는 발상의 저변에는 안정감보다 불안감이 도사리고 있다. 중산층적 사고를 가진 사람이 흔히 갖고 있는 지위불안증이다. 항상 윗사람의 눈치를 보고 타인의 시선을 의식하면서 살기에 이들에게는 자신감이 없다. 퍼셀은 "중산층은 중간 수준의 수입보다는 진지함과 심리적 불안감으로 알아볼 수 있다"고 했다. 진지함이란 '비즈니스맨의 패션 연출법'과 같은 강의를 통해 자신의 모습을 정비하려 하는 진지함일 테고, 이와 유사한 맥락에서 성공의 비결을 자기 계발서 따위에서 찾으려 하는 진지함일 것이다. 심리적 불안감이란 스스로 주인이 되지 못하는 삶 속에 배어 있는 불안감이다. 퍼셀은 샐러리맨의 심리를 이렇게 정리했다. "직장을 잃는 것에 대한 공포감에 사로잡혀 이들은 갈수록 수동적이 되어가고 자신이 한없이 거대한 구조물의 부품에 지나지 않는다는 자각에 도달하면서 인간미를 상실해간다." 인간미를 상실한다는 것은 속물이 되어간다는 얘기다. 속물의 특징은 사회적 지위와 인간의 가치를 똑같이 본다는 것이다. 퍼셀은 속물 인간을 중산층에서 가장 많이 만날 수 있다고 했다. 자신보다 높은 지위에 있는 자에게 짓눌려 사는 만큼 자기도 기회가 될 때마다 지위를 과시하고 싶은 것이다. 그리하여 중산층의 의식 속에서는 열등감과 우월감이 끊임없이

교차한다. 부자의 삶을 동경하기에 상대적인 박탈감에 시달리는 한편, 돈이 좀 생기면 자신도 타인과의 구별 짓기에 나선다. 퍼셀은 중산층에서 다음과 같은 속물적 특징을 흔히 볼 수 있다고 했다.

- 평상시에 노예처럼 살기에 감투, 족보, 상패 등과 같이 권위나 지위를 부여해주는 상징들을 갈망한다.
- 중산층 부인은 동네 가게에 나갈 때도 무시당할까 봐 잔뜩 차려입고 나간다. 백화점에 가보면 왜 그러는지 이해할 만도 하다.
- 부와 권력과 고상한 취향을 가졌다고 생각되는 사람과 친해지고 싶어 한다.
- 신용카드의 등급, 회원권, 학벌 등과 같은 특권과 명예의 외형적 상징에 민감하다.

외형적 상징을 갈망하기에 중산층은 무엇보다도 왕성한 소비자다. 과시 소비는 본래 유한계급의 행태지만 속물화된 중산층은 이를 충직하게 답습한다. 그 원리는 간단하다. 중산층은 사회적 지위를 갈망하고, 사람이 거느리는 재화는 사회적 지위를 암시하기 때문이다. 소비에 미쳐 있는 사회에서 주변 사람에 뒤질세라 사야 하는 신제품은 끊임없이 늘어난다. 능력이 되지 않아도 비싸고 새로운 것에 시선이 쏠린다. 소위 명품이라고 하는 물건의 품질은 절대 그 가격에 정비례하지 않는다. 하지만 비싸기 때문에 사고 싶다. 아니, 사야 한다. 최신 아이폰은 불과 1년 전에 장만한 것과 대동소이하지만 소비의 노예는 나오자마자 그것을 사기 위해 줄을 서서 기다린다. 이제 중산층이 열심히 일하는 이유는 더 많은 것, 더 좋은 것을 사기 위해서라고 해도 과언이 아닌 듯하다. 사람보다는 물건 중심의 삶, 이렇게 사는 반쪽의 삶은 이제 중산층이 능동적으로 선택하는 삶의 모드가 되었다.

그렇게 남에게 보여주기 위한 생활수준을 유지하려 맞벌이를 하고, 무리한 투자를 하고, 중산층의 주머니를 털기 위해 만들어진 금융 제도의 덫에 걸려 빚더미에 올라앉는다. 중산층의 전통적 조건, 즉 빚 없고 직장과 수입이 안정적인 덕에 무난히 지탱되는 삶은 이제 가시적 구매력이 징표가 되는 과시 소비의 '코스프레'로 바뀐 듯하다.

무한 경쟁이라는 살벌하기 짝이 없는 말이 난무하고, 너 나 할 것 없이 돈을 좇아 질주하는 사회에서 한자리에 가만히 있으면 바보가 된다. 문제는 유한계급, 즉 가진 게 돈밖에 없는 껍데기 상류뿐 아니라 서민 중에도 다른 모든 가치를 희생해서라도 그들처럼 되고 싶어 하는 사람이 너무도 많다는 사실이다. 실로 야만인이 반칙과 약탈로 상위층을 점하고 있는 사회, 노력과 대가가 비례하지 않는 사회에서 정직하고 성실하게 사는 중산층이 어찌 억울함을 느끼지 않을 수 있으며, 어찌 시니컬하지 않을 수 있으랴. 금융 사기꾼, 부동산 투기꾼, 인터넷 사기꾼 그리고 정치 모리배들이 판을 치고 그중 상당수가 부자가 되는 세상에서 말이다.

이제는 양심적으로 번 적당한 수입으로 소박하지만 만족이 있는 생활을 하고 그 안에서 존엄과 행복을 찾으려 하는 이는 만나기가 어렵다. 바야흐로 중산층도 중산층의 삶을 경멸하는 시대다. 한때 중산층은 어떤 존엄을 갖고 사는 것이 가능했다. 미국에서는 1980년대 초반까지만

해도 중산층의 징표가 단순했다. 큰 부자는 아니더라도 최소한의 위신을 지킬 수 있는 삶. 주택 모기지는 거의 다 갚은 상태고, 자동차 융자는 설사 있다 하더라도 큰 부담이 아니며 가계는 가장 혼자서 버는 돈으로 충분히 꾸릴 수 있고, 건강보험과 은퇴연금의 안전망도 보장되어 있었다. 거기에 약간의 여행을 즐기고 자녀를 대학에 보낼 수 있는 여유 자금도 있었다. 미래에 대한 공포심이 적고, 어느 정도의 선택이 가능한 삶이었다.

하지만 오늘날의 중산층은 지금 자신의 처지를 믿지 못한다. 자기가 서 있는 땅이 언제 꺼질지 몰라 있는 곳에 그대로 안주하려는 사람이 없다. 언제나 와신상담 중이고 행복은 현재가 아니라 항상 미래에 있다.

오늘도 중산층의 가장은 돈을 벌러 회사에 간다. 그중 수많은 사람이 지배 계급의 주머니를 불려주기 위한 세일즈맨 노릇을 한다. 한국에서는 국민 의식 속에 중산층이라는 개념조차 존재하지 않았을 1949년에 아서 밀러의 희곡 『세일즈맨의 죽음Death of a Salesman』이 세상에 나왔다. 미국인의 의식 속에 중산층과 아메리칸 드림에 대한 깊은 갈등과 성찰을 심어준 작품이다.

나는 8학년(중학교 2학년) 때 이 희곡을 처음 읽었다. 그때는 미국이라는 나라를 잘 알지 못했고, 작품 속에 담겨 있는 장엄한 비극의 깊이를 소화하기에는 아직 어린 나이였다. 하지만 열심히 살아도 낙오자가 될 수 있는 사회의 부조리를 어렴풋이 감지할 수 있었다. 주인공 윌리 로먼이 환갑의 나이에 느끼는 배신감과 환멸을 다 이해할 수는 없었지만 어떤 일이 있어도 삶에 속아서는 안 된다, 로먼처럼 되지는 말아야 한다는 것이 내가 받은 교훈이었던 것 같다. 그리고 로먼이 자살한 뒤 부인 린다가 보험금으로 주택 모기지를 갚고 남편의 묘에서 중얼거린 말이 쓸쓸하게 들렸던 것으로 기억한다.

오늘 집의 마지막 불입금을 냈어요. 오늘이요, 여보. 그런데 집에 있을 사람이 아무도 없네요. 이제 빚 다 갚았는데…….

지금 중년의 나이에 이 대사를 보니 중학생 때와는 비교할 수 없는 슬픔과 연민이 밀려온다. 실제로 작품이 나온 이래 흐른 65년의 세월 동안 이 대사를 보며 나와 비슷한 감정을 느낀 사람은 헤아릴 수도 없이 많으리라.

『세일즈맨의 죽음』은 전 세계적으로 유명한 작품이지만, 그 배경과 언어에 익숙한 미국인의 정서에 가장 직접적이고 깊은 영향을 남겼다. 미국 문학사상 가장 위대한 비극 중 하나로 자리 잡은 이 작품의 메시지를 모르는 미국인은 거의 없다. 밀러는 자서전 『타임벤즈Timebends』에 이 희곡을 통해 "(집) 저당권 해지 증서를 흔들어대며 마침내 승리했다고 하늘을 향해 외치는 중산층의 허망한 인생을 폭로하고 싶었다"고 썼다. 미국 중산층의 가짜 인생은 이렇게 일찍이 폭로되었고, 이를 계기로 경제의 노예가 되어 사는 가짜 인생에 대한 깊은 성찰의 씨가 뿌려졌다.

오늘날 적지 않은 미국인이 오로지 돈을 목표로 삼는 헛된 욕망을 경계한다. 이들 의식의 한구석에는 로먼의 환영이 어른거릴는지도 모른다. 1949년 이 희곡이 극장에서 처음 공연되었을 때 당시 언론은 로먼

이 자기 아버지의 모습이라며 하염없이 눈물을 흘리는 사람들의 모습이 목격되었다고 전한다. 헛된 욕망으로 채워진 삶이었지만 그래도 그 삶 속에서 어떤 인간미를 발견할 수 있었기 때문이리라.

실로 『세일즈맨의 죽음』은 미국 문학작품 중 미국인에게 가장 원대한 영향을 미친 희곡으로 평가된다. 로먼은 비인간적인 자본주의 사회의 아이콘, 수많은 중산층 미국인의 자화상으로 자리 잡았다. 그리하여 작품의 파급 효과는 일개 문학작품의 그것을 훨씬 능가했다. 작품의 영향으로 미국에서는 세일즈맨, 특히 외판원의 위상이 곤두박질쳤고, 아직도 회복되지 않고 있다. 수많은 미국인의 인식 속에서 로먼과 세일즈맨이라는 직업이 동일시되고 아울러 중산층의 아메리칸 드림은 허상이며 물신을 좇는 인생은 비극으로 끝날 수밖에 없다는 인식이 널리 퍼졌다.

물론 세상은 많이 변했다. 요즘 세대에게 로먼의 이야기는 또 다른 의미로 와 닿을 수 있다. 인간미와 문화적 소양과 감성이 남아 있는 일부 사람에게는 로먼의 모습이 지금도 뼈저린 수치심과 성찰을 불러일으키겠지만, 나머지 압도적인 대다수, 자본주의 환상에 영혼을 빼앗긴 좀비처럼 살아가는 중산층은 어떨까. 이들에게는 로먼이 가졌던 사랑과 존엄의 꿈이 오히려 '루저'에 대한 거부감을 불러일으킬지도 모른다. 경쟁에서 승자가 되지 못한 자들, 자본주의의 낙오자들은 이제 살 권리마저 없는 세상이 되었기에.

야만인이 영양가 있는 것은 죄다 먹어치우고 배 두드리며 상류 행세를 하는 세상에서 열심히 사는 중산층의 승리가 가능하기는 할까. 죽기 전에 빚을 다 갚는 것이 승리하는 것일까. 중산층의 삶이란 이것이 전부일까. 최신 스마트폰을 장만하고서도 돌아서면 금세 마음속에 메아리치는 공허함, 무리해서 할부로 뽑은 새 차를 몰다가도 문득 느껴지는 패배감, 치열하다 못해 살벌한 경쟁을 뚫고 얻은 일자리이건만 언제 야만인의 갑질 앞에서 무릎을 꿇는 봉변을 당할지 모르는 노예의 신세. 그래도 희망을 갖고 사는, 아니 살아야만 하는 중산층. 어떻게 할 것인가.

2부

책임을 다한다는 말

요즘 시대 사람들은 모든 것의 가격은 알지만,
그 어떤 것의 가치도 모른다.

_ 오스카 와일드

위대한 생각을 가진 사람들은 관념을 논하고,
평범한 생각을 가진 사람들은 사건을 논하며,
소인배들은 사람을 논한다.

_ 엘리너 루즈벨트

04

윗물이 맑은 나라

미국의 상류 정신

미국에서는 신문 지상이나 텔레비전에서 중요한 이슈에 대한 토론이 있을 때마다 '건국의 아버지' 또는 '헌법 기초자'가 심심찮게 언급된다. 일상 대화 속에서도 마찬가지다. 그만큼 미국인에게는 이 나라를 세운 이에 대한 존경심이 대단하다.

미국의 국부, 즉 건국의 아버지는 대략 50명 정도다. 그 가운데 조지 워싱턴, 알렉산더 해밀턴, 존 애덤스, 토머스 제퍼슨, 존 제이, 제임스 매디슨, 벤저민 프랭클린 등이 핵심 인물로 꼽힌다. 대다수 미국 국민에게 이들은 거의 예외 없이 모두 훌륭한 인물로 각인되어 있다. 건국의 아버지가 국민 의식 속에 정신적 지주로 남아 있지 않았다면 오늘의 미국은 상상할 수 없다.

　사회의 윗물인 상류의 구실은 사회 기풍의 선도 역할을 하고 가치와 규범의 표준을 제시하며 공정한 제도의 축이 되는 것이다. 아울러 성취와 노력의 잣대가 되어 바람직한 삶의 본보기가 되는 것이다. 제대로 된 상류가 건재하는 사회는 대체로 맑다. 상류다운 상류가 이끄는 사회는 자정自淨 능력을 지닌다. 한 나라의 상류를 보면 그 사회의 청탁清濁이 보인다. 미국이 그나마 지금까지 강대국의 명맥을 유지하는 것은 이 나라의 국부가 상류다운 상류의 표본이었기 때문이요, 아직도 수많은 국민과 지도자가 그들을 진정한 상류의 본보기로 삼고 있기 때문이다.

　미국의 국부는 지도력, 지성, 박식함 그리고 원대한 비전을 가진 위인으로 기억된다. 게다가 그들은 지혜와 도덕성까지 갖춘 사람이었다. 인류 역사상 이렇게 높은 수준의 덕목을 한꺼번에 갖춘 이들이 국가의 권력과 제도를 창출하는 데 협심한 적이 또 있을까.

　대부분이 지식인이었던 건국의 아버지가 세운 국가 이념의 기틀은 국가와 국민의 자세에 대해 불변의 표준을 제공함과 동시에 고매한 삶을 지향하는 개개인에게 상류적 가치의 기준을 제시한다. 미국의 국부는 모두 앵글로색슨이었지만 새로운 국가를 만들면서 조상이나 민족적 동질성은 일체 거론하지 않았다. 따지고 보면 대단한 발상이다. 미국의 진정한 특이 체질이 여기서 나타난다.

　이 나라의 국부들은 민족정신이나 애국정신 같은 뜨겁지만 위험할 수 있는 감정에 호소하지 않고, 어떤 상황에서도 변하지 않는 차가운 이성을 기반으로 국가 이념을 정립했다. 정치학자 마틴 립셋은 미국의 핵심적 이념을 자유, 평등주의, 개인주의, 대중주의, 자유방임 등 다섯 가지로 정리한 바 있는데, 이 역시 감정이 아닌 냉철한 이성에 기반을 두는 개념이다. 그 하나하나에 이데올로기와 도그마를 경계하고 인간 개개인을 존중하는 상류적 가치가 담겨 있다. 이런 견지에서 성조기를 흔들어대며 '유에스에이USA!'를 외쳐대는 미국인은 십중팔구 상류 정신과는 거리가 먼 사람이다. 이런 장면은 요새 트럼프의 유세장에서 흔히 목격된다.

아무튼 미국의 힘은 건국의 아버지가 상류다운 상류였다는 사실에 있다. 그들은 건국 초기부터 먼 앞날과 후대를 위하여 거의 완벽에 가까운 이상에 입각한 원칙을 세웠을 뿐 아니라 그 원칙을 행동으로 실천했다. 1789년에 취임한 조지 워싱턴을 비롯하여 2대 대통령인 존 애덤스, 3대 토머스 제퍼슨, 1817년에 퇴임한 4대 제임스 매디슨에 이르기까지 핵심 국부가 연달아 대통령을 지내며 자신들이 설계한 민주주의 체제의 견고함을 확인시켜주었다. 그리고 지금까지 230여 년 동안 정쟁이 없지는 않았지만 애초 짜놓은 틀 안에서 단 한 번의 예외도 없이 평화적으로 정권 교체가 이루어졌다. 2000년에 조지 W. 부시가 지극히 미심쩍은 대법원 판결로 앨 고어 후보와 500여 표 차이로 당선되었을 때도 그랬다. 미합중국의 제도는 역사에 길이길이 남을 '어른'이 만든 '지속 가능한' 시스템인 것이다.

건국의 아버지들은 권력이 진정으로 국민에게서 나오기를 원했고, 야욕으로 권력을 찬탈하려 하지 않았다. 워싱턴은 주변에서 그를 왕으로 추대하려 했으나 거절했다. 미국의 건국에 참여한 인물은 물론 역대 미국의 대통령 중 사익에 연연한 사람은 찾아보기 힘들다. 대통령의 부정 축재 같은 촌스러운 비리는 딴 나라 이야기다.

미국이라는 나라는 물론 노예제도라는 커다란 모순을 품고 출범했다. 노예를 수백 명씩 부린 워싱턴과 제퍼슨은 그 모순의 상징이다. 하지만 정상 참작이 되는 부분이 없지는 않다. 워싱턴은 유서로 노예를 풀어주었고, 제퍼슨은 노예 문제를 두고 일평생 고민하면서 살았다. 애덤스는 노예를 소유하지 않았고 노예제도를 도덕적 차원에서 반대했다. 프랭클린은 말년에 자신이 소유했던 노예들을 풀어주고 노예 해방 운동에 앞장섰다.

이들 핵심 인물 외에도 훌륭한 건국의 아버지가 다수 있었다. 그중에 인도주의적 성향이 유난히 강했던 의사 출신의 벤저민 러시는 흑인이 피부색 말고는 백인과 다를 게 없음을 과학적으로 증명하기 위한 논문을 발표하기도 했다. 러시는 "영국의 의회가 우리를 노예로 만들려는 것을 비난하면서 우리 자신이 단지 피부 색깔이 다르다고 같은 인간을 계속 노예로 삼는다면 우리의 노력이 다 부질없는 것이 된다"고 했다.

또 다른 건국의 아버지 로버트 카터 3세는 생전에 자신이 소유했던 노예 450여 명을 해방시켜주었다. 생각해보면 경제적으로나 당대 통념의 차원에서나 이것은 어쩌면 오늘날 한국의 대기업이 비정규직 직원을 모두 정규직으로 전환시켜주는 것보다도 훨씬 큰 용기와 결단이 필요한 행위였다. 건국의 아버지들의 행실을 종합적으로 고찰해보면 자신의 경제적 이익이나 시대의 흐름에 역행하면서까지 올바른 길을 선택한 상류 지식인의 양심을 엿볼 수 있다.

이렇게 숭고한 국가 이념과 가치를 몸소 구현한 선조의 뚜렷한 본보기가 의식 속에 자리 잡고 있으니 선민의식 같은 국가적 태도가 싹틀 만도 하다. 이런 태도는 미국 예외주의의 형태를 띠기도 하고 나아가 미국 우월주의로 변질되기도 한다. 하지만 미국 예외주의를 겸허한 자세로 받아들이는 미국인이 많고, 이들은 매사 "우리는 이래야 돼" 혹은 "우리는 이러면 안 돼" 하며 모범적으로 행동해야 한다는 의식을 갖고 있다. 또한 이런 사고를 갖고 있는 이들은 자신과 타인, 특히 고위 공직자에게 높은 수준의 도덕성과 사회의식을 요구한다. 미국에서 대법관이나 장관 후보가 낙마하는 이유는 개인적인 비리보다 거의 모두 중립성이 의심되는 과거의 이력이나 이데올로기 편향 때문이다. 부정 재산 의혹이 있으면 아예 후보로 지명될 가능성이 없다.

한국에서는 사회 환원이라는 개념이 돈을 창피할 정도로 많이 번 기업이나 재벌의 홍보용 문구쯤으로 통용되지만, 미국에서 사회 환원이라는 뜻의 일반적 표현인 '기빙 백giving back'은 조금이라도 여유가 있는 사람 사이에서 일상적으로 사용된다.

미국 사회에는 중산층 중에 돈과 사회적 지위의 유혹에 쉽게 물들지 않는 완고하고도 왕성한 부류가 있다. 제퍼슨이 얘기한 "재능과 덕목을 겸비한" 부류다. 이들은 전반적으로 교육 수준이 높고(학력과는 또 다르다) 능력이 있어도 돈벌이에 목숨을 걸지 않아 경제적으로는 대부분 중상류층 정도의 수준에 머문다. 하지만 작금의 소비지상주의, 빈부 격차, 인종주의, 소수자 차별, 환경 파괴 등에 경제력과 정치력으로 저항하는 무시 못할 세력이다. 이들은 사고가 유연하고, 문화와 지식을 광범위하

게 탐구한다. 물질보다는 정신세계를 중시하여 체질적으로 고급문화를 영위하고 다양성을 지향하며, 보통 사회적 약자에 지대한 관심을 갖는다. 그래서 대체로 보수보다는 진보 성향이 강하다.

2012년 퓨리서치센터의 조사에서 이념적 성향이 진보로 분류되는 그룹이 교육 수준이 가장 높고, 경제적으로도 가장 부유한 것으로 나타났다. 이들은 좌우 논리 차원의 이데올로기에는 치우치지 않지만, 사회정의에 대해 깊은 관심과 책임 의식이 있으며, 선거 때는 주머니 사정과 관계없이 사회적 약자와 소수자를 보호하는 쪽에 투표한다. 미국에서는 '상류 진보'가 하나의 계층으로 분명히 존재한다.

가장 위대한 세대

광란의 20년대가 1929년 10월 뉴욕 주식시장의 붕괴로 막을 내린 후 찾아온 대공황은 미국의 발전을 돌이킬 수 없이 후퇴시킬 수도 있는 사건이었다. 경제 위기보다도 국민의 사기가 저하되어 미국이 최소한 수십 년 동안 침체의 늪에서 헤어나지 못하고, 어쩌면 지금과 같은 슈퍼파워로 부상하지 못했을 것이라는 시나리오는 상상하기 어렵지 않다. 그런데 미국은 이 시대의 어려움을 딛고 일어섰을 뿐 아니라, 대공황 탈출 이후 반세기 동안 인류 역사에서 보기 힘든 수많은 위업을 달성했다. 이것이 어떻게 가능했을까를 곰곰이 생각해보니, 광란의 20년대는 미국 사회 일부에 국한된 현상이었다. 대도시 사람들이 아무리 흥청망청해도 온 국민의 정서를 바꾸지는 못했고, 나머지 묵묵히 전통을 이어가는 미국인이 다시 시민 정신의 중심을 찾아주었다. 이 위기를 함께 극복하면서 철이 든 미국은 제2차대전 전후 한 세대에 걸쳐 강대국으로서 자리를 군혔다. 미국의 본래 이상을 찾으려 하는 분위기가 다시 찾아왔고, 국민이 합심하여 열심히 일하고 공정한 사회를 만들어가기 위해 노력하는 사회 분위기가 오랫동안 지속되었다.

32대 대통령 프랭클린 루즈벨트는 그러한 사회 분위기의 주춧돌이 되었다. 루즈벨트는 1936년 민주당 전당대회에서 후보 재지명 수락 연설을 통해 놀라운 선언을 한다. 연설 중 나온 "이 세대의 미국인은 숙명과 약속이 되어 있다(This generation of Americans has a rendezvous with destiny)"는 말이 가장 유명하지만, 사실 이 연설은 미국 역사상 주요 정당 후보의 유세 연설 가운데 가장 진보적, 아니 급진적인 것으로 기억될 연설이었다.

루즈벨트는 이 연설에서 미국 근로자의 경제적 자유를 위협하는 경제 귀족주의자를 신랄하게 비판했다. 그리고 미국 사회에서 자유라는 개념이 어떻게 진화했는가에 대한 관점을 개진하고, 연방 정부가 국민의 삶에 있어서 수행해야 하는 역할에 대한 자신의 신념을 선포했다. 그의 연설은 국민의 공감대를 다시 한 번 응결시킨 하나의 설교였으며, 역사 강의이자, 미래 지향적 선언이었다.

1933년 첫 취임식 연설에서도 그랬듯이 루즈벨트는 공약을 남발하는 대신 모든 시민이 자발적으로 미국의 재건설에 나설 것을 촉구했다.

인간사에는 신비한 주기가 있습니다. 어떤 세대에는 많은 것이 주어집니다. 또 다른 세대로부터는 많은 것이 요구됩니다. 이 세대의 미국인은 숙명과 약속이 되어 있는 것입니다.

루즈벨트는 국민이 여전히 대공황의 늪에서 신음하고 있는 판국에 자신을 재신임해달라는 연설에서 업적에 대한 자화자찬이나 허구한 공약을 늘어놓지 않았다. 대신 국민에게 '자기 몫을 하라'며 또다시 힘차게 비이기적인 차원의 동기를 부여해주는 화법을 택했다. 국민은 그를 다시 대통령으로 뽑아주었을 뿐 아니라, 그를 미국 역사상 최초의 4선 대통령으로 만들어주었다.

그가 미국과 같은 민주주의 사회에서 이처럼 오랫동안 집권할 수 있었던 것은 무엇보다도 대다수 국민의 존경과 신뢰를 받았기 때문이다. 그는 자신이 대단한 부자였음에도 불구하고 양심 없는 부자들의 탐욕에 정면으로 대적하는 정책을 폈다. 루즈벨트는 지금까지도 역대 미국 대통령에 대한 다수의 권위 있는 여론조사에서 거의 일관되게 워싱턴, 링컨과 함께 3위 이내로 평가된다.

유명 뉴스 앵커인 톰 브로코는 1920년대에 태어난 '제2차대전 세대'를 미국 역사상 '가장 위대한 세대'라고 부른다. 이들은 미국이 역사상 가장 심각한 경제 위기에 처해 있는 상황에서 루즈벨트 대통령의 언행과 국정 운영을 보며 자라난 세대다. 특히 루즈벨트의 첫 번째와 두 번째 임기는 청렴하고도 강력한 지도자의 역할이 그 어느 때보다도 절실한 때였다. 브로코는 자신의 책 『위대한 세대The Greatest Generation』에서 어린 시절을 회상하며 "그때의 어른들은 모두 목적의식이 있는 듯했다"고 전한다. 이 책은 제2차대전 참전자를 중심으로 국가에 헌신한 미국 국민의 모습을 그린 것으로, 그 세대의 희생정신과 시민 정신에 관한 책이다. 브로코의 관점이 일면 단순해 보이기도 하고, 미국 태생이 아닌 사람에게는 그 노스탤지어의 무게가 부담스럽게 느껴지는 면도 있다. 하지만 그가 진지하게 그려내는 50여 명의 제2차대전 세대 미국인의 모습은 국가와 사회 지도층을 두텁게 신뢰했던 시기에 대해 잔잔한 감동을 자아낸다.

브로코는 가장 위대한 세대가 대공황의 경제 폐허를 딛고 일어서는 과정에서 다른 어느 세대에 비해서도 절도 있고 목적의식 충만한 삶을 살았다고 설명한다. 대공황에서 제2차대전 참전으로 이어지는 역경 속에서도 두고두고 본받을 희생정신과 애국정신을 보였다는 것이다. 미국이 대공황을 겪고 나서 온 국민이 자숙하고 겸허해지는 시대를 거친 것만은 분명한 사실이다. 루즈벨트 대통령 집권 이후 린든 존슨 대통령 시절까지 약 30여 년에 걸쳐 미국의 위정자들은 대공황에서 탈출하고 제2차대전과 한국전쟁을 치르는 와중에도 사회 보장 제도를 제정하고, 근무 시간 제한과 최저 임금으로 노동자를 보호하는 법을 마련했으며, 존슨 대통령의 임기 중에는 흑인 인권, 가난과의 전쟁, 연방 정부의 공립학교 지원, 그리고 메디케어법(노령자 건강보험법)이 주축을 이룬 위대한 사회Great Society 정책을 시행했다.

루즈벨트 대통령의 뉴딜New Deal 정책의 성과에 대한 평가는 엇갈린다. 하지만 제너럴모터스GM의 창립자를 비롯한 일부 갑부들이 "루즈벨트는 우리 계층의 배신자"라며 자유연맹이라는 조직까지 결성하여 뉴딜 정책에 결사반대했다는 사실은 오래된 귀족 가문 출신인 루즈벨트가 약자를 위한 정책을 매우 적극적으로 펼쳤음을 말해준다.

루즈벨트의 서민 정책에 보답하듯 제2차대전과 한국전쟁에 동원된 젊은이는 대부분 정의와 국가를 위해 기꺼이 희생해야 한다는 신념을 갖고 있었다. 노동자 계급은 근면성과 책임감을 중시했고, 이 시대의 유수 대학들은 취업을 위한 공장식 교육보다 사람 만들기를 최우선의 가치로 여겼다.

정가에도 당파적 분쟁을 떠나 예의를 지키는 분위기가 지배적이었고, 개인의 입신영달을 초월한 애국정신과 정의감이 살아 있음을 사회 도처에서 느낄 수 있었다. 이 시대를 배경으로 하는 영화와 구글과 유튜브 등에서 쉽게 찾을 수 있는 1940년대에서 1960년대까지의 미국 텔레비전 및 라디오 방송과 언론을 유심히 살펴보면 이 시절에는 예의 바르고 주제넘게 행동하지 않고 검소하고 자기선전을 하지 않는 자세가 일반 국민의 기본 정서였음을 익히 짐작할 수 있다.

브로코는 자신이 보고 배우며 자란 세대에 대해 이렇게 말한다.

20세기 말의 관점에서 세상을 바꿔놓은 그 격동적인 시대에 대한 평가가 어떠하든 이 세대는 특출한 공헌을 남겼다. 역사의 맥락에서 어느 한 세대 전체의 위대함에 대하여 판정을 내린다는 것은 시기상조일 수도 있겠지만, 그 세대에 어떤 공통적 특질이 있었음은 분명한 사실이다. 이 세대는 전반적으로 자신의 희생 덕분에 경제적으로, 정치적으로 그리고 문화적으로 번창하게 된 후세에게 그 어떤 경의의 표시도 요구하지 않았다. 이 세대는 위대한 업적을 이루면서도 절도 있는 품행을 견지했다.

이 말에는 브로코가 직접 보고 배운 한 시대의 어른들에 대한 공경심을 수반한 깊은 향수와 그 시대 사람 전반에 대한 예사롭지 않은 존경심이 담겨 있다. 사실 미국인도 아닌 사람이 브로코의 말에 감동할 의무는 없다. 그 평가에 동의할 필요도 없다. 하지만 일평생 진실되고 객관적인 보도를 생명으로 생각해온 언론인이 한 세대 전체에 대하여 이 같은 느낌을 피력한다는 것은 그 세대가 무언가 특별한 유산을 후대에 물려주었고, 후대에 이르러 그 유산에 대한 경의와 고마움을 표시할 수 있는 사회 분위기가 조성되어 있음을 말해준다. 이것은 오늘의 미국이 아직도 경제력과 군사력 이외의 보이지 않는 저력을 지니고 있는 이유 중 하나가 된다.

1년 전 버몬트 주에 살던 어느 90대 노인의 이야기가 많은 사람을 놀라게 했다. 야구 모자를 쓴 남루한 차림으로 근근이 생활을 유지해가는 가난한 노인으로만 보였던 로널드 리드의 이야기였다. 1922년에 태어난 그는 제2차대전 때 이탈리아 등지에서 복무한 참전 군인이었다. 그는 76세의 나이가 될 때까지 주유소에서 25년, 백화점 경비원으로 17년간 일했다. 타고 다니는 자동차는 초소형 중고차였고, 땔감으로 쓸 나뭇가지들을 줍고 다니기도 했다. 이렇게 살았던 그가 2014년 6월 사망한 뒤 남긴 재산이 800만 달러에 달한 것으로 뒤늦게 밝혀졌다. 더 중요한 것은, 그가 유서를 통해 600만 달러를 지역 도서관과 병원에 기부했다는 사실이다. 브로코가 말하는 위대한 세대의 묵묵한 희생과 절도 있는 삶이 물씬 느껴지는 이야기다.

미국에서 오래 살다 보면 브로코가 동경하는 위대한 세대의 시절에는 분명 상류다운 상류가 있었고, 제자리에서 본분을 다하는 사람이 많았음을 알게 된다. 미국 사회는 당시에 윗물이 맑았고 자정 능력을 갖추고 있었음에 틀림없다. 어쩌면 한 사회가 위대해지는 데 특별한 조건이 필요한 것은 아닐지도 모른다. 다수가 죄의식과 수치심을 알고, 반칙하는 사람이 소수인 사회. 미국에는 다수의 국민이 자신의 일에 성실하게 임하고, 그에 못지않게 윗사람도 좋은 본보기를 보인 시대가 있었다. 한 국가의 기풍에 있어서 그런 시대를 기억하는 것은 그런 시대가 있었다는 것만큼이나 중요하다.

레이건은 상류가 아니었다

미국의 제2차대전 세대가 가장 위대한 세대였다면, 베이비부머는 '자기중심의 세대'다. 미국 작가 톰 울프의 표현을 빌리자면 '미 제너레이션Me Generation'이다. 제2차대전 종료 직후부터 1960년대 초반 사이에 미국에서 태어난 이 세대는 베트남 전쟁, 석유 파동, 이란 인질 사건 등으로 국가의 자존심이 만신창이가 된 1970년대의 암울한 사회 분위기 속에서 성장했다. 이 세대는 가장 위대한 세대가 지향했던 사회적 책임과 절도 있는 삶보다는 자아에만 몰두하는 경향이 강하다. 자기 발견, 자아

실현, 자기만족 등이 이 세대의 키워드다. 헤드폰을 끼고 도심에서 혼자 조깅하는 여피족은 이 세대의 자기도취가 집약된 상징이다.

미국의 40대 대통령 로널드 레이건은 자기중심적인 베이비부머에 안성맞춤인 대통령이었다. 시장 중심 적자생존 이념의 정책화가 핵심이라고 할 수 있는 '레이거니즘Reaganism'이 베이비부머의 이기주의와 맞아떨어졌다. 레이건은 베이비부머가 30대 중반에 접어들 무렵인 1980년 대통령에 당선되었다. 1984년에도 이 세대의 폭넓은 지지로 넉넉하게 재선에 성공했다. 레이건의 집권 8년이 남긴 유산은 대체로 승리주의, 물질주의, 그리고 신자유주의로 요약할 수 있다. 지금 미국 정치를 장악하고 있는 극우 보수파의 대다수가 레이건을 정신적 지주로 여긴다.

레이건은 그러나 거의 모든 면에서 상류 인간은 아니었다. 퍼셀은 레이건을 '상층 노동자 계급' 정도로 봤다. 염색한 머리, 지나치게 신경 쓴 의복 스타일, 그리고 반지성주의적인 사고 등이 중산층보다도 약간 낮은 내면의 계급을 말해준다는 것이었다. 성장 과정이 유복하지 못했다거나 시쳇말로 가방끈이 짧은 것을 떠나 레이건에게서는 고매한 식견이나 원대한 역사의식, 복잡한 사안의 뉘앙스를 소화하는 지성이 감지되지 않았다. 레이건은 세상 보는 눈이 섬세하지 못했고 관심의 범위가 협소했다. 20세기 미국 대통령 중에서 가장 무심한 인물이었다고 봐도 큰 무리가 없을 것이다. 진정한 상류 의식의 발현이었던 프랭클린 루즈벨트와 케네디의 아량이라든지, 트루먼의 가식 없는 청렴성, 자신감에서 우러난 아이젠하워의 진솔함, 존슨의 자기 성찰과 사회의식, 닉슨의 지적 탐구력과 민첩성, 그리고 카터의 선행 본능 따위는 레이건과 거리가 먼 특질이었다.

레이건에게 타인에 대한 관심이나 감정이입 능력이 없었다는 것은 수많은 주변 사람의 증언을 통해 확인되었다. 특히 가난한 사람에게 연민을 전혀 느끼지 못했다는 것이 중론이다. 아들 론 레이건까지 "아버지는 가난한 사람이 가난한 이유는 그들 자신의 잘못이라고 생각하는 경향이 있었다"고 할 정도였다.

그는 또 경직된 사고의 소유자였으며, 반공주의, 작은 정부, 자유시장주의 등에 대하여 평생 지녔던 단순한 흑백논리를 버리지 못했다. 이데올로기의 지배를 받는 자가 대부분 그렇듯이 레이건은 현실과 진실을 중요하게 생각하지 않았고, 국민에게도 진실을 얘기할 필요를 느끼지 못한 듯했다. 그리고 현실이야 어떻든 그의 입에서는 항상 만사형통의 이야기만 나왔다. 전임자의 화법과는 아예 차원이 다른 '알맹이의 부재'가 있었다.

그에게 비판이나 반대 의견은 마이동풍이었으며, 그 어떤 제안도 자신의 움직이지 않는 세계관에 부합할 때만 귀에 들어왔다. 1988년 5월 4일자 『뉴욕타임스』에 그가 부인 낸시 레이건과 함께 점성술에 의지한다는 구체적인 정황이 보도됐을 때도 한심하긴 했지만 그다지 놀랄 일은 아니었다. 미신을 믿는 것 역시 퍼셀이 말하는 노동자 계급에 어울리는 특질 중 하나이기 때문이다.

1980년 12월 8일, 존 레논이 자신이 살던 맨해튼의 아파트 앞에서 저격당해 사망하는 사건이 일어났다. 나는 그날 밤 여느 때와 마찬가지로 라디오를 켜놓고 로큰롤 방송을 들으며 숙제를 하고 있었는데, 갑자기 음악이 끊기더니 디제이가 떨리는 목소리로 존 레논이 총에 맞았다며 울먹이기 시작했다. 그 기억이 아직도 생생하다. 그때 열일곱 살의 고등학생이었던 나는 로큰롤 음악에 심취해 있었고, 정치에는 관심이 없었다. 당시 대통령이었던 지미 카터가 영화배우 출신 후보에게 졌다는 것만 어렴풋이 알고 있을 뿐이었다. 아무튼 레논의 죽음에 대한 충격이 채 가시기도 전에, 한 달 후인 1981년 1월 20일, 레이건이 취임했다. 그때는 물론 이런 생각을 못했지만 되돌아보면 엄청난 변혁의 시초를 알리는 어떤 상징성을 지닌 사건이었다. 그나마 사회의식과 낭만이 살아 있던 1960~70년대의 저항 문화 정신이 막을 내리고, 우민화 정책을 골자로 하는 저속한 승리주의 문화가 그 자리에 들어서는 역사적 전환점이 아니었는가 말이다.

레이건의 취임을 신호탄으로 대통령과 정부가 이끄는 사회적 가치관의 뱃머리는 약자를 보살피는 '사회계약' 정신에서 강자 중심의 '능력주의' 쪽으로 방향을 틀었다. 그리고 점차 돈과 권력과 사회적 지위가 전부인 쪽으로 분위기가 변해갔다. 레이건의 8년과 그의 뒤를 이은 조지 H. W. 부시의 4년, 도합 12년 동안 미국 사회는 공동 책임이나 공익보다는 사익, 근로정신이나 가족 중심의 가치관보다는 부와 명성을 추구하는 이들에게 '제 물'이나 마찬가지였다.

레이건의 취임 후부터 전개된 미국 사회 근간의 변화를 '레이건 혁명'이라고 한다. 레이건 혁명이 낳은 현상은 올드머니의 점잖은 가치관이 변방으로 내몰리고 신흥 부자가 부상하면서 과시 소비와 빈부 격차가 극심해지고 금권 정치가 난무하게 된 '비정상의 정상화'였다. 가진 자를 위한 정교한 장치가 내재된 금융 시스템과 부자를 위한 교묘한 감세, 신자유주의적 규제 완화 등은 이른바 레이거노믹스의 근본이었다.

레이건은 현실과는 너무도 동떨어진 낙관적 선언을 반복하면서 대중의 의식을 잠재우고 돌아서서는 철저하게 기득권층의 편에 선 극우 이데올로그였다. '혁명적 대통령' 레이건은 '1퍼센트를 위한 나라'를 창시한 국부였던 셈이다. 레이건의 통치하에 가진 자에게 유리하도록 조작된 금융자본주의가 확고히 뿌리를 내렸고, 국경도 윤리도 없는 헤지펀드와 사모펀드가 판을 치기 시작했다.

레이건은 서민 출신이었는데도 서민의 고통을 외면했다. 미국의 1980년대는 탐욕과 이기주의, 낭비와 과시 소비 그리고 무책임과 무심함이 부활한 제2의 도금시대와도 같았고, 레이건이 그 수장이었다. 오늘날 이기주의와 소비지상주의 문화를 추종하는 속물의 선조先祖인 여피는 레이건 대통령 시절에 탄생했다. 구매력으로 무장한 여피의 개념과 함께 돈 중심의 가치관을 말해주는 '고급upscale', '민영화', '기업 인수' 같은 정글 자본주의 용어가 일상적으로 통용되기 시작한 것도 이때부터다.

레이건은 사람이 만족할 줄 모르는 물욕을 가지는 것이 당연하다고 생각했다. 1983년 6월 28일의 기자 회견에서 "제가 무엇보다도 바라는 것은 이 나라가 누구든 언제나 부자rich가 될 수 있는 나라로 남는 것입니다"라고 말했는데, 그는 '리치rich'라는 단어를 삶의 질 차원이 아니라 돈이 많다는 의미로 썼다. 상류적 정서를 가진 지도자의 입에서는 좀처럼 나올 수 없는 말이다. 공식 석상에서의 천박한 물질주의 표현의 사용은 미국의 이상을 물질주의적 차원에서 이해하는 하류 계급의 사고를 보여주는 것이었다.

어쨌든 레이건의 비속한 가치관은 물질만능주의가 체질에 맞는 무리의 원동력이 됐고, 그로 말미암아 1980년대 중반부터 베블런이 말한 과시적 소비가 다시금 무섭게 창궐했다. 이 시대 과시적 소비의 얼굴인 트럼프는 자신이 부자임을 온 세상에 알리기 위해 건물, 비행기, 요트 따위에 자기 이름을 닥치는 대로 처발랐다. 본질적으로는 레이건의 정서도 이와 크게 다르지 않았다.

우선 사치 일색이었던 첫 번째 취임식은 그의 '나아갈 길'에 대한 우렁찬 선언이었다. 나흘 동안 예산 800만 달러를 들인 각종 연예인 무대와 취임 축하 무도회가 자그마치 아홉 건이나 열렸고, 샴페인만 1만 5,000병이 터졌다. 당시 『뉴욕타임스』는 이러한 상황을 전하면서 "검소한 공화당원은 잊어야 할 듯. 올해는 밍크가 대세"라고 비꼬았다. 화려한 취임식은 시작에 불과했다. 영부인 낸시 레이건은 백악관에 입성하자마자 20만 달러어치 식기 세트를 주문했다.

1984년 LA 올림픽 때는 개막식에만 600만 달러를 들인 화려한 쇼를 개최함으로써 애국심을 선동하는 한편, 인근의 노숙자들은 소개疏開시키기에 바빴다. 1986년 3,000만 달러를 들인 자유의 여신상 100주년 기념식에서는 레이건 부부의 얼굴이 자유의 여신상의 몸통을 휘감는 동안 다른 한편에서는 레이건이 지시한 극빈자 지원 프로그램 삭감이 착착 진행되고 있었다.

진정한 상류였던 루즈벨트의 절도 있는 모습과 서민 지향적 통치와는 너무도 대조적이었던 레이건. 레이건 때부터 많은 사람이 부자의 인간적인 품격보다 그들이 가진 돈의 매력에 우선적 가치를 두기 시작했고, 자유시장의 절대성과 물질을 통한 신분 상승의 환상을 믿기 시작했다. 『워싱턴 포스트』의 칼럼니스트 헤인스 존슨은 "레이건의 임기 동안 사치가 국가의 목표로 재출현했다"고 논평했다. 건국의 아버지로부터 내려오는 숭고한 이상보다는 탐욕과 욕망의 정서가 사회를 지배하기 시작한 것이다.

1987년의 블랙 먼데이나 2008년 금융 위기 등의 근원이 레이거노믹스였는지의 여부는 2차적인 문제다. 가장 중요한 것은 레이건이 공화당의 지원 사격 속에 최상위 부자와 투자가 위주의 정책을 폈다는 사실이다. 빈부 격차 역시 레이건 집권하에 엄청나게 벌어졌다. 연방 빈곤 기준 이하의 수준에서 생활하는 인구가 1979년 2,610만 명에서 1988년 3,270만 명으로 늘어났다. 그 와중에 부자의 재산은 엄청나게 불어 레이건 퇴임 무렵 상위 1퍼센트가 국부의 39퍼센트를 차지하기에 이르렀다.

레이건은 사회적, 문화적으로도 많은 영향을 미쳤다. 정교분리를 노골적으로 무시하고 기독교 집단을 부추겨 세움으로써 기독교 우파의 정치 세력화를 조장했다. 기독교 우파는 지금 진화론 교육에서부터 기후 변화에 대한 대응에 이르기까지 광범위한 이슈에 걸쳐 미국의 정치에 입김을 행사하고 있다. 이것은 교육 수준이 높은 유권자를 가장 무서워하는 보수의 반지성주의, 반엘리트주의와 맥을 같이한다.

레이건은 또한 단순한 애국심에 호소하여 매우 능숙하게 미국인의

'람보Rambo 정서'를 확대시킨 장본인이다. 하기야 그는 베트남전이 숭고한 대의大義를 위한 전쟁이었다고 주장했던 사람이다. 그레나다 같은 아무 힘도 없는 나라를 두들겨 패면서 '미국은 무조건 이긴다'는 패권주의를 고취시켰다.

20세기 들어 미국 대통령이 일부 국민만을 위해서 특정 부류를 움직이는 이데올로기 중심으로 나라를 운영한다는 의혹을 다수의 국민이 갖게 된 것은 레이건 때부터다. 레이건은 자신의 이데올로기를 밀어붙이기 위해서는 그 어떤 반칙도 불사했다. 서민적인 몸짓을 취하면서 실제로는 영화 각본과도 같이 치밀한 우민화 정책을 폈다. 레이건의 통치하에 양산된 프로파간다는 정치와 교육 시스템과 정부의 공익성 정책에 대한 불신을 가져왔고, 종국에는 너도나도 사익을 추구하는 것만이 살아남는 유일한 방법이라는 생각을 심어주었다. 그 토양 위에서 애초부터 중도 우파였던 민주당마저 더욱 우측으로 기울기 시작했다는 것은 놀라운 일이 아니다.

지난 30여 년간 진행되어온 미국 정치의 우경화, 구체적으로 말하면 치밀하게 기획되고 자금을 무한대로 지원받는, 오로지 집권이 목표인 우경화는 레이건 혁명의 직접적인 소산이다. 레이건 때부터 나라의 안녕보다는 이데올로기 중심으로 권력을 장악하는 것만이 공화당의 목표가 됐다. 국부들의 정신과 링컨의 정신을 근대 상류가 이어받아 정착시킨 미국의 현대 진보주의가 '사회주의'의 오명에 시달리게 된 것도 레이건의 집권으로 시작된 뉴라이트의 전투적 정치 선전과 밀접한 관련이 있다. 미국에서 대화의 본질을 호도하는 기만전술이 정치의 주요 수단으로 자리 잡은 것도 레이건 때부터다.

개구리 올챙이 적 생각 못한다고 했던가. 레이건이 대공황 시대에 자라날 때 그의 가족은 루즈벨트 대통령의 뉴딜 정책의 수혜자였다. 하지만 레이건은 자신이 성공하고 나자 뉴딜 정책의 연장선에서 생겨난 빈곤층 지원 프로그램들을 못마땅하게 생각했다. 그는 대통령이 되기 훨씬 전부터 정부가 가난한 사람을 너무 많이 돕는다고 생각했다. 그리고 대통령 후보로 출마하면서 가난한 사람을 위한 정부 지원 예산 삭감을 중요한 공약으로 내세웠다. 그러면서 '복지 여왕' 스토리를 들고 나왔다. 가짜 신원 수십 개를 만드는 방법으로 복지 혜택을 받아 캐딜락을 타고 다닌다는 시카고의 어느 여인 이야기로 반복지 정서를 이끌어낸 것이다.

어김없이 흑인 여성을 떠올리는 '복지 여왕'의 무임승차 스토리와 자연스럽게 이어지는 감세 공약은 레이건을 대통령으로 만드는 데 결정적으로 기여했다. 하지만 훗날 복지 여왕은 실제 존재하지 않는 인물로 확인됐다. 레이건은 복지 여왕 이야기를 날조함으로써 소수자에 무임승차 낙인을 찍는 기만전술을 30여 년 전에 보여주었던 것이다.

미국도 이제 서서히 야만인이 승자가 되는 사회로 변해가고 있음은 부정할 수 없는 현실이다. 불과 반세기 전만 해도 위용을 떨쳤던 미국의 위대한 세대에 향수를 느끼는 이들은 오늘날 미국의 일그러진 모습을 개탄해 마지않는다. 레이건의 취임으로 시작되어 지난 30여 년 동안 진행중인 미국의 타락이 한국 천민자본주의 성장기와 거의 일치한다는 사실이 공교로울 따름이다.

로널드 레이건의 담배 광고

잘생긴 데다가 성격도 좋아 보이는 이른바 훈남형 남성의 대명사가 바로 레이건이었다. 그
는 퇴임시에도 지지율이 높았을 정도로 많은 국민의 사랑을 받았다. 하지만 레이건은 거의
모든 면에서 진정한 상류의 기질과는 거리가 먼 사람이었다. 가진 자들만을 위한 물질주의
와 신자유주의를 기반으로 한 '레이거노믹스' 정책이 가져온 막대한 빈부 격차와 국가 부채
는 오늘날까지 미국의 부담으로 작용하고 있다. 화려한 담배 광고처럼 겉보기와 실상은 다
를 수 있는 것이다.

외롭지 않은 진보

베블런은 유한계급이 보수적일 수밖에 없는 계층이라고 했다.『유한
계급론』에서 그는 타인의 노동력으로 부를 증식하는 이가 사회로부터
진정 얻고자 하는 것은 "생산보다는 취득, 유용성보다는 착취"이며, 따
라서 자기들의 경제적 우위를 보장하는 제도가 확립되면 그것을 고수
하기 위하여 "사회적 진보 내지는 발전이라 불리는 환경에 대한 적응을
방해하는 행동을 하게 마련"이라고 설명했다. 즉, 돈 많은 보수는 자신
을 부자로 만들어준 체제를 유지하는 것을 지상과제로 삼기 때문에 변
화에 저항할 수밖에 없다는 것이다.

미국은 20세기 초반부터 60여 년에 걸쳐 시어도어 루즈벨트, 우드로
윌슨, 프랭클린 루즈벨트, 해리 트루먼, 존 F. 케네디, 린든 존슨 등이 이
끈 진보적인 정책을 기반으로 가히 혁명적인 정치적, 사회적 발전을 이
루었다. 하지만 재계는 오랫동안 이런 정책에 저항했다. 20세기 말까지
만 해도 미국의 부자들은 대부분 공화당을 지지했다. 2000년 대통령 선
거를 앞두고 부자들이 모인 만찬에서 조지 W. 부시가 참석자에게 "가
진 자들과 더 많이 가진 자들 여러분. 어떤 이들은 여러분을 엘리트라고
하지만, 나는 여러분을 지지층이라고 합니다"라고 말한 것은 미국 재계
의 전통적인 보수 편향을 단적으로 보여주는 사례다.

하지만 어느덧 미국 정치의 힘의 균형이 뒤바뀌었다. 지난 20여 년간
영향력 있는 자본의 중심이 월가에서 실리콘밸리로 꾸준히 이동하고,
상류층의 전반적 정치 성향이 진보 쪽으로 상당히 기울었기 때문이다.

우선 토양이 진보적인 IT와 벤처 사업으로 돈을 번 억만장자들이 『포브스Forbes』 선정 400대 부자 명단에서 차지하는 비중이 크게 늘었다. 이 명단을 일별하면서 가장 눈에 띄는 추세는 전반적으로 높아진 교육 수준이다. 1982년에는 대학 졸업자가 400명 가운데 50여 명에 불과했으나, 2006년에는 그 수가 244명으로 늘었다. 그리고 3분의 1이 넘는 132명이 석사 이상 학위 소지자다. 미국에서 학력과 진보 성향은 분명한 연관성을 보이며, 지식인은 대다수가 진보로 분류된다. 스스로 진보라고 하는 대학교수의 비율이 72퍼센트, 아이비리그 대학의 경우 그 비율이 87퍼센트다.

지금 한국에서 보수와 진보 세력을 각각 뒷받침하는 자금과 세력의 비율이 10 대 1 정도라고 들은 적이 있다. 이게 수치상 얼마나 정확한지는 알 수 없지만, 그다지 과장된 결과는 아닐 것이라는 생각이 든다. 지금 미국은 어떨까. 미국에서는 민주당을 위한 선거 자금 후원금 이외에도 보수 진영에 흘러들어가는 자금의 규모에 결코 뒤지지 않는 막대한 자본이 진보적 운동에 지원된다. 생계형 정치인은 논외로 하고, 진보 활동가들은 투표권 행사나 정치 활동에 있어서 자기 주머니 사정을 위주로 움직이지 않는다. 그 주장하는 바의 당위성 여부를 떠나 진보 성향의 인간은 대체로 개인의 이익보다는 사회정의에 최고의 가치를 둔다.

금융 재벌 조지 소로스의 경우 지난 30여 년 동안 인권, 독립 언론, 공공 보건, 교육 등 광범위한 분야에 걸쳐 80억 달러를 기부했다. 조지 W. 부시 대통령 시절에는 이라크 전쟁에 반대하는 기명 칼럼을 여러 매체에 기고하기도 했다. 소로스가 돈을 버는 방법(환투기 등)에 대해서는 논란의 여지가 있지만, 그가 사익을 위해 진보 활동을 한다는 주장은 설득력이 없다. 소로스를 포함한 진보 재벌이 2005년에 설립한 '민주주의 동맹'이라는 단체는 지금 미국 정치에 막대한 영향력을 행사하고 있다. 현재 100여 명의 자선가가 가입해 있는 기부 알선 단체로, 페이스북 공동 창립 멤버인 크리스 휴스, 버크셔 해서웨이 부회장의 아들 필립 멍거 등이 그 회원이다.

이 단체는 주로 유권자 등록, 흑인 및 히스패닉 단체 지원, 여성 권리 신장, 바른 언론 등을 위해 캠페인을 벌이는 단체를 지원한다. 각 지원자는 매년 최소한 20만 달러를 진보 단체에 기부해야 하는데, 이 단체는 설립 이래 대략 5억 달러에 달하는 기부금을 움직였다.

2013년에 사망한 보험업계 재벌 피터 루이스도 진보 운동에 수억 달러를 지원한 사람이다. 루이스가 설립한 프로그레시브Progressive라는 굴지의 보험회사의 이름도 '진보'라는 뜻이다. 투자가 데이비드 겔바움은 민권 옹호 단체인 미국시민자유연대에 9,400만 달러, 대표적 환경 단체인 시에라클럽에 2억 달러를 각각 지원했다.

2008년 대선을 앞두고 민주당 대통령 후보들은 거의 모두가 부자 증세와 전 국민 의료보험을 공약했다. 여기에는 진보 억만장자의 자금을 지원받는 여러 싱크탱크가 내놓은 보고서의 영향이 컸다. 오바마 정부는 보수들의 결사적인 반대에도 불구하고 역사적인 의료법을 시행했다. 허점투성이인 탓에 장기적인 성과는 두고 봐야겠지만, 분명한 것은 '오바마케어'라고 불리는 의료 개혁법이 간접 증세 등 부의 재분배 장치를 통해 저소득층으로 혜택을 몰아주고 있다는 사실이다. 이건 보수의 주도하에서는 상상도 할 수 없는 개혁이며, 진보 억만장자의 자금 지원이 있었기에 실현 가능했다.

미국에서 진보의 힘은 최소한 경제력에 있어서는 보수에 절대로 뒤지지 않는다. 현재 의회에서 가장 재산이 많은 의원 열 명 중 일곱이 민주당 의원이다. 버락 오바마는 2008년 대선에서 가장 부유한 지역구 열 군데 중 여덟 군데에서 승리했다. 그리고 LA와 뉴욕 맨해튼의 어퍼이스트사이드 등 가장 부유한 하원의원 선거구 중 다수에서 민주당 후보가 가볍게 당선되었다. 물론 2008년 대선에서 연 소득 1만 5,000달러 미만 저소득층의 70퍼센트 이상, 그리고 흑인의 95퍼센트가 오바마를 찍는 등 전통적인 계층적 투표 성향은 아직 뚜렷이 존재한다. 그리고 양당제로 굴러가는 미국에는 아직도 진정한 진보 정당이 차지하고 있는 의석이 하나도 없다. 연방의회에서 진보적 가치를 불완전하게나마 대변하는 당은 민주당뿐이다. 오바마의 첫 임기 동안 민주당이 상하원 양원의 다수당을 차지하고 있지 않았다면 의료 개혁법은 휴지 조각이 되었을 것이다.

미국이 진보 성향의 지도자들이 세운 나라라는 것은 객관적인 사실이다. 미국의 국부는 자유주의 이론가인 존 로크를 비롯한 계몽주의 시대 철학가의 정신적 후예다. 그들은 당대에는 자연법처럼 여겨졌던 군주제, 세습적 신분제 그리고 제도화된 종교를 타파하고 오로지 자유민주주의 이념에 기초한 국가를 세웠다.

미국의 건국이념은 진보적 기틀 위에 세워졌고, 국가의 제도는 진보적으로 발전하도록 장치가 마련되었다. 미국의 권리장전은 모든 시민에게 법 아래 평등, 종교의 자유, 표현의 자유, 언론의 자유, 평화로이 집회할 수 있는 권리, 그리고 불만의 구제를 위하여 정부에게 청원할 수 있는 권리 등을 보장한다. 이것은 자유주의 철학가가 주창한 시민의 자유와 권리의 핵심이다.

사실 어떤 사람이 보수인지 진보인지를 나누는 척도는 이러한 자유와 권리가 얼마나 평등하게 그리고 보편적으로 적용되어야 한다고 생각하는지, 다시 말해 이러한 자유와 권리를 얼마나 절대적이고 신성하게 여기느냐 하는 것이다. 처음에 흑인과 여성이 제외됐다는 것이 큰 오점이기는 하지만 미국의 역사는 건국 때 마련된 진보 친화적 기반 위에서 국민의 의식이 꾸준히 앞으로 나아가 오늘에 이르렀다.

미국의 진보 정신의 뿌리가 의심된다면, 역사학자의 평가에서 역대 최고의 대통령으로 꼽히는 대통령이 대부분 진보적 성향을 가진 인물이었다는 사실을 음미해볼 필요가 있다. 미국에서 진보 정신이란 국가 정체성과 불가분한 관계다. 미국의 역사는 진보적 가치를 구현한 위인들로 점철되어 있고, 지금도 이념적 지형에서뿐만 아니라 자금력에서도 든든한 진보의 아성이 구축되어 있다. 그러므로 미국의 진보는 외롭지 않다. 케네디는 자신에게 진보 딱지를 붙여 폄하하려는 보수 세력의 시도에 이렇게 응수했다.

진보란 뒤를 보지 않고 앞을 보는 사람이고, 경직된 반응을 보이지 않고 새로운 아이디어를 받아들이는 사람이며, 시민들의 안녕, 즉 그들의 건강, 주택, 학교, 직장, 인권 그리고 시민적 자유에 관심을 갖는 사람입니다. 만약 이런 것이 그들이 말하는 '진보'라면, 나는 '진보'라고 자랑스럽게 말하겠습니다.

케네디의 이 말을 상기시키듯 현대 인물 중에서 대표적인 진보 지식인으로 꼽히는 『뉴욕타임스』 칼럼니스트 폴 크루그먼은 자신의 책 『새로운 미래를 말하다The Conscience of a Liberal』에서 이렇게 말한다. "나는 기관들의 뒷받침으로 지나친 부나 빈곤이 제한되는 비교적 평등한 사회를 신봉한다. 나는 민주주의, 시민의 자유 그리고 법치주의를 신봉한다. 그래서 나는 진보이며, 이것을 자랑스럽게 여긴다."

철학이 있는 자본

역설 같지만 지금 한국이 '어른 없는 나라'가 된 현실의 원인은 선비사상 탓이라고 할 수 있다. 선비사상의 중심에는 청빈, 비타산성非打算性, 재물 기피, 그리고 경제와 산업을 천시하는 태도가 자리한다. 『선비의 의식구조』의 저자 이규태는 "비타산성에 가치를 부여한 선비사상이 서민에까지 침투해 있으며 한국인의 민족성으로 정착했다"고 설명한다.

선비사상은 지금의 한국식 자본주의와는 융화될 수 없는 사상이다. 민족성과 분리해서 생각할 수 없는 사상이 국가의 사회체제와 상충된다는 것은 근본적인 가치의 혼란을 의미한다. 전도된 가치 체계 속에서 '선비 체질'을 가진 이들은 필연적으로 어느덧 보잘것없는 신세로 전락한다. 흡사 정글과 같은 시장경제 속에서 '선비 같은 사람'은 이제 '능력

없는 인간'의 동의어나 마찬가지다.

아무리 고매한 정신세계를 영위하는 사람일지라도 돈이 없으면 존경받지 못한다. 지금 한국 사회에서 큰돈과 권력은 대부분 사상과 철학 따위에 구애받지 않는 부류의 몫이다. 이는 근대화의 필연적인 부작용일 수도 있지만, 전쟁의 폐허 위에 다시 세워진 한국이 무턱대고 수용한 자본주의가 철학과 사상의 기반이 확립되지 못한 채 출발했다는 사실 역시 외면할 수 없다.

영리와 재물을 기피하는 선비사상이 지배했던 한국과 달리 미국에서는 애초부터 상업 활동과 부의 축적이 상류 사이에서 자연스럽게 받아들여졌다. 미국의 국부들은 경제와 친숙한 인물이었다. 그들은 대부분 사업을 하거나 전문직에 종사하는 상류였다. 제퍼슨도 젊어서부터 대농장을 운영했다.

국부들은 자연스럽게 경제와 윤리를 함께 생각했다. 그들에게 애덤 스미스의 『국부론』은 신생 국가의 체제를 확립하는 데 있어 중요한 사상의 틀을 제공해주었다. 그들은 사회학적, 경제학적 사상을 내면화한 사업가로서 상업을 멀리하지 않는 한편 상업 윤리를 체계적으로 생각했다. 이들이 남긴 수많은 글에서 돈과 상업에 대한 숙성된 자본주의 철학을 볼 수 있고, 이러한 글은 후대 사업가에게도 큰 영향을 미쳤다. 건국의 아버지를 포함한 미국 상류층의 사고방식에서 영리 활동과 고매한 정신세계 사이에 큰 괴리가 없었다는 것은 이제까지 미국의 수많은 부자가 실천해온 사회 환원의 철학을 이해할 수 있는 단서가 된다.

스미스는 『국부론』에서 재화를 취득하는 데 있어 상인이나 비즈니스

맨은 법적 그리고 문화적 제재를 필히 인정해야 하며, 비난과 수치심을 수반하는 행동을 자제해야만 한다고 했다. 강도와 상인은 타인으로부터 재화를 취득한다는 부분에 있어서는 같지만 윤리와 도덕적 차원에서는 차별화된다는 것이다. 정직하고 떳떳한 사업가의 이상과 부에 대한 철학을 정립하는 데 있어서 상업 행위에 대한 이 같은 정교한 합리화와 논리 정립의 과정이 있었다는 것은 매우 중요하다. 상인을 천시하는 선비 사상이 지배하는 사회에서는 부와 고결성의 공존이 불가능하거나 불편할 수밖에 없다. 반면 사업가의 이상이 정립되고 부에 대한 철학이 뿌리를 내린 사회에서는 당당한 부의 축적이 가능하고, 나아가 공익을 위한 큰 에너지로 작용할 수 있다.

프랭클린은 당당한 부의 축적을 거의 완벽하게 구현한 '이상적인 사업가'였다. 아이러니컬하게도 그는 애덤 스미스와 막역한 사이였다. 인쇄업으로 부자가 된 그는 자서전에서 자신을 가난한 무명인, 풍요를 누리고 세상에서 어느 정도의 명성을 얻게 된 사람, 즉 아메리칸 드림을 이룬 사람의 전형이라고 했다. 프랭클린은 부나 명성을 누린다는 것은 전혀 부끄러운 것이 아니라고 생각했지만, 대신 부를 공익과 대의大義에 써야 한다고 믿었다. 실제 그는 사업에 성공하여 42세의 젊은 나이에 인쇄업에서 은퇴한 후 여생을 시민사회, 과학 그리고 자선사업 등 공익과 대의를 위한 일에 바쳤다. 프랭클린의 자서전은 미국의 학교에서 가장 많이 읽히는 자서전 중 하나다.

물론 자본가의 탐욕과 반칙의 사례는 얼마든지 있다. 자유시장경제에서 자본가의 탐욕은 끊임없이 경계하고 길들여야 하는 야수野獸와 같다. 이런 견지에서 미국 자선사업의 선구자인 앤드루 카네기는 좋은 사례가 된다. 젊었을 때 그에게는 돈을 버는 것이 우선이었다. 돈을 버는 과정에서는 임금 착취와 위험한 작업 환경, 그리고 무자비한 파업 탄압 등의 악덕 행위에서 자유롭지 못했다. 하지만 소년 시절부터 인문학적 성향이 강했던 그는 부자에게는 가난한 자를 보살펴야 하는 책임이 있다는 기본적 의식을 품고 살았다. 영혼의 타락을 항상 걱정하며 살았다고 해도 과언이 아니다. 1868년 카네기가 자신이 결심한 바를 정리한 다음의 메모에서 영혼을 타락시키는 물욕에 대해 그가 얼마나 고심했는지 알 수 있다.

사람은 우상이 필요하다. 부를 축적하는 것은 가장 나쁜 우상 숭배에 속한다. 돈을 숭배하는 것보다 사람을 천하게 만드는 것은 없다.

품격을 최대한 고양시키는 삶을 신중하게 선택해야 한다. 오랫동안 계속 사업에 신경 쓰는 것에 압도되고 최단기에 더 많은 돈을 버는 방법에 정신의 대부분을 쏟는다면, 영영 회복의 희망이 없을 지경까지 나를 타락시킬지도 모른다.

미국의 역사에서 대표적 재벌로 꼽히는 사람이 부의 축적을 "가장 나쁜 우상 숭배"라 생각하고, 가히 존재론적 차원에서 "품격을 고양시키는 삶"을 고민했다는 것은 미국이라는 나라의 심리를 제대로 이해하는 데 반드시 참고해야 하는 사실이다. 카네기는 이 메모를 쓰고 난 후에도 족히 20여 년은 계속 치열하게 돈을 벌었다. 하지만 그를 괴롭혔던 번뇌는 그림자처럼 따라다녔다. 그리고 자신이 갈수록 미국 금권 정치의 원흥이 되어가고 있음을 느끼면서 자신이 늘 천명했던 이상과 자신의 사업 관행 사이에 존재하는 괴리감을 떨칠 수 없었다. 이윽고 그는 마음으로만 항상 이루겠다고 생각했던 사회 개혁이 사업가로서의 본능과 정면 상충됨을 깨닫게 된다. 결국 자신의 이상과 사업의 병행을 포기하고, 벌 수 있을 때 돈을 번 다음 재산을 사회에 환원하기로 결심한다.

카네기는 1889년에 쓴 『부의 복음The Gospel of Wealth』에서 사람이 가족을 먹여 살리는 데 필요한 만큼 이상의 개인 재산은 사회의 공익을 위해 쓰여야 할 신탁 자금으로 간주해야 한다고 말했다. 그리고 1901년에 철강 사업을 정리하고 죽을 때까지 전례를 찾아볼 수 없는 자선사업에 나섰다. 죽기 전 20년 동안은 자선사업에 전념하면서 고등교육, 도서관 보급, 음악 문화와 음악인 육성, 그리고 흑인 교육 등 미국 문화의 창달에 막대한 지원을 했다. 카네기의 돈으로 설립된 도서관은 미국에만 1,600여 개가 있고, 전 세계적으로는 2,500개가 넘는다. 이것이 설사 과대망상의 소산이었다 한들 어떤가. 그가 후대를 위해 남긴 위대한 업적은 그가 악덕 기업인으로서 지은 죄를 벌충하고도 남는다.

카네기가 만년에 비로소 자신이 품고 있던 이상을 실천했다면, 노예 해방 운동으로 유명한 루이스 타판은 사업과 사회정의 운동을 병행하였다. 형과 동업하여 일찍이 부자가 된 타판은 1841년에 형 아서 타판과 함께 오늘날의 기업신용평가 회사 던앤브래드스트리트Dun & Bradstreet의 전신인 시장정보 회사 머컨타일 에이전시Mercantile Agency (상업흥신소)를 세웠다. 두 형제는 일찍 사업에 성공했고 당대 최고의 부자였으나, 반노예제도 운동에 막대한 자금을 지원했고 빈털터리로 생을 마감했다.

1839년 아미스타드호Amistad號 사건에서 두 사람은 능력 있는 변호사들이 이 배에 탑승했던 아프리카인들을 변호하도록 모든 자금을 댔으며, 생존자들이 아프리카로 돌아갈 수 있도록 모든 편의를 제공했다. 타판 형제는 아미스타드호 사건 이외에도 일평생 쉼 없이 사회정의 활동을 했다. 아울러 다른 부자 자선가 상당수를 설득해 그들이 가난한 사람을 돕는 프로그램에 거액을 지원하도록 이끌었다.

이렇게 좋은 일을 하면서 살았음에도 불구하고 루이스 타판은 말년에 카네기와 비슷한 번뇌에 빠진다. 죽기 얼마 전인 1869년에 '부자가 되는 것은 옳은 것인가(Is It Right to Be Rich?)'라는 제목의 소책자를 펴냈는데, 여기서 그는 끊임없이 부를 추구한 데 대해 깊은 회의를 드러내며 "가정을 소홀히 하고, 자신의 영혼과 타인의 영혼을 소홀히 하게 하며, 많은 경우 육신과 영혼을 망치게 하는 열광적이고 거의 미친 투기 정신"을 비난했다.

오늘날 미국 부자의 대규모 자선사업을 보면 그들이 카네기와 타판의 주식을 조금씩은 갖고 있다고 느껴진다. 그들이 탐욕을 모두 버렸다고 생각되지는 않아도 인도적인 가치가 무엇인지를 진지하게 고민하며 사는 사람일 개연성이 높다는 생각이 드는 것이다. 지금 억대 부자들이 재산의 절반 이상을 사회에 환원하도록 유도하는 기부서약을 주도하고 있는 빌 게이츠와 워런 버핏은 카네기와 타판의 정신적 후예라고 할 수 있다.

영국의 경제학자 존 메이너드 케인스의 경제철학 좌우명은 '탐욕이 아니라 필요need, not greed'였다. 그는 1930년 미국 대공황이 한창일 때 발표한 '우리 손주 세대의 경제적 가능성'이라는 에세이에서 먹고사는 문제가 해결되고 나서도 여전히 남아 있는, 수단이 아닌 목표로서의 "돈에 대한 사랑"은 "준범죄적이고 준병리학적인 성향"이라고 규정했다. 극단적인 견해였지만 실질적으로 당시만 해도 미국 사회에서 탐욕은 사악하고 부도덕한 것이라는 데 동의하는 분위기가 지배적이었다.

1908년 하버드대에 경영대학원이 설립될 당시 총장이었던 A. 로런스 로웰은 경영대학원을 설립하는 전제 조건 중 하나가 사업가들이 "사익보다 더 숭고한 동기를 갖는 것"이라고 했다. 또 초대 대학원장 에드윈 프랜시스 게이는 한 교수직 지원자에게 "우리 학교의 교육은 젊은이가 돈벌이꾼이 되도록 가르치는 것은 포함하지 않는다"고 말했다고 한다. 최소한 설립 취지에 있어서 경제학보다 도덕과 사회적 책임을 더 중시했다는 얘기다.

부자가 되는 것은 옳은 일인가? 이것은 빈부 격차가 심각한 사회에서는 한없이 중요한 물음이며, 미국의 건국 초기부터 끊임없이 제기되어 온 물음이다. 경제학적 차원이 아닌 도덕론적 물음으로, 자유시장 체제 하에서 어떤 가치관을 영위해야 하는가 하는 '문과적' 고민의 발현이다. 미국에서는 이러한 인간적인 성찰이 오늘날에도 부자들의 인식 속에 자리하고 있으며, 그 성찰은 기부서약 같은 거대한 행동으로 옮겨진다.

정말 정승같이 쓰는 부자들

빌 게이츠와 워런 버핏의 주도하에 2010년 출범한 기부서약에는 현재 10억대 부자 128명이 참여하고 있다. 참여자가 게이츠나 버핏 앞으로 간단한 편지 한 장을 보내면 편지의 스캔본이 기부서약 홈페이지 (htttp://www.givingpledge.org)에 그대로 게시된다. 대중에 공개되는 이 편지 한 통 외에 다른 계약서는 없고 서약 자체에 법적 구속력이 있는 것도 아니어서 일부 동참자의 진정성을 의심하는 사람도 있다. 하지만 남부러울 것 하나 없는 이들이 만천하에 드러날 허위 서약으로 자신의 명예를 스스로 실추시키는 행위를 할 가능성은 희박하다고 봐야 할 것이다. 그리고 실제로 기부서약 동참자의 대부분은 이미 별도로 자선사업에 거금을 희사해왔다. 오라클의 CEO 래리 엘리슨은 재산의 95퍼센트를 자선사업에 기부한다는 계획 아래 오래전 비공개로 자선신탁을 개설한 바 있으나 기부서약에 공개적으로 참여하면 다른 부자에게 본보기가 될 수 있을 것이라는 버핏의 말에 동참하기로 결정한 경우다.

이 밖에 기부서약 홈페이지에 올라와 있는 참여자의 편지에는 '경제를 끝낸' 사람의 차분한 정서와 사회에 대한 '어른다운' 책임 의식이 담겨 있다. 지극히 단편적인 것임을 전제로 현재 기부서약에 참여하고 있는 몇몇 거부의 이야기를 간단히 소개한다.

– 워런 버핏(버크셔 해서웨이 CEO)

올해 84세인 버핏은 재산의 대부분을 죽기 전에 또는 죽은 뒤 기부하겠다고 서약했다. 현재 순자산은 723억 달러에 달한다(이하 순자산은 『포브스』 추산 기준).『포춘Fortune』지에 따르면 현재 재산의 83퍼센트는 이미 빌앤멜린다 게이츠 재단에 기부하기로 서약되어 있다. 버핏에게는 자녀가 셋 있는데, 이들에게 각 20억 달러 규모의 재단을 하나씩 만들어준 것으로 재산 상속은 이미 끝이 났다. '20억 달러씩이나?'라고 할 수도 있겠지만, 세 자녀 몫을 다 합쳐도 보유 재산 10퍼센트에도 못 미치는 금액이다. 버핏은 게이츠 재단에 보낸 편지에서 이렇게 말했다. "나는 아이들에게 무엇이든 할 수 있다는 자신감을 가질 수 있을 만큼만 물려주고, 아무것도 하고 싶지 않을 만큼은 물려주고 싶지 않습니다."

– 마이클 블룸버그(전 뉴욕 시장)

언론 재벌 블룸버그는 2001년 뉴욕 시장에 당선된 후 뉴욕 시 재정난을 극복하기 위한 예산 삭감의 일환으로 임기 12년 동안 연봉 1달러만을 받은 사람이다. 현재 순자산은 350억 달러. 기부서약에 보낸 편지에서 자산의 대부분을 자신의 블룸버그 재단에 기부할 것이라고 밝혔다. 모교 존스홉킨스대에 이미 10억 달러 이상을 기부한 바 있고, 두 딸에게는 재산의 아주 적은 일부만 상속할 계획이다.

"가장 좋은 재정 계획은 장의사에게 준 수표를 부도내는 것"이라는 농담을 한 적이 있는데, 이는 사실 비슷한 형태로 부자들 사이에 심심찮게 회자되는 농담이다. 돈을 쌓아두고 죽는 것처럼 어리석은 게 없다는 부자 철학이 담겨 있는 말이다.

– 빌 게이츠(마이크로소프트 공동 설립자)

현재 순자산은 793억 달러이며, 세 자녀에게는 1,000만 달러씩만 물려줄 계획이다. 영국 신문 『더 선The Sun』과의 2010년 인터뷰에서 "돈을 아이들에게 물려주는 것이 좋은 생각이 아니라는 것을 깨달았다. 그것은 아이를 위해서도 사회를 위해서도 좋지 않을 것"이라고 말했다. 부인 멜린다와 함께 1994년 빌앤멜린다 게이츠 재단을 설립하였으며, 현재 재단의 자산은 400억 달러로 보건 의료 확대와 빈곤 퇴치 중심의 혁신적이고 왕성한 자선사업에 투자되고 있다.

– 피에르 오미디아(이베이 설립자)

올해 47세로 현재 81억 달러의 순자산을 보유하고 있으며 자신이 설립한 자선사업 투자 회사인 오미디아 네트워크에 이베이 주식을 기부하고 있다. 사회 개혁과 경제 정책 쪽에 애정을 갖고 있으며 벌써 10억 달러를 기부했다. 인신매매산업 퇴치 운동에 개인 기부자로는 가장 큰 규모의 기부금을 지원한 인물로 알려져 있다. 얼마 전 자선사업에 대해 흥미로운 얘기를 했는데, 이베이는 신뢰를 기반으로 하는 장터였고 이 사업을 통해 사람들이 대체로 올바른 일을 하려 한다는 확신을 갖게 되었으며, 이것이 자신의 자선사업에 동기를 부여해주었다는 것이다.

– 척 피니(DFS그룹 공동 설립자)

올해 83세인 피니는 '기부 왕'으로 알려져 있는 사람이다. 그는 '살아 있을 때 나눠주기' 정신의 화신으로, 실제 게이츠와 버핏이 기부서약을 설립하도록 영감을 제공한 사람이다. 공항 면세점 사업으로 1980년 대에 이미 억대 부자가 된 피니는 1984년부터 30년에 걸쳐 자그마치 75억 달러를 기부했다. 하지만 자기선전에 인색하여 기부 사실을 공개하지 말라는 조건을 단 탓에 10여 년 뒤에야 비로소 그의 기부 활동이 세상에 처음 알려졌다. 1980년대 후반에는 자신이 설립한 애틀랜틱 재단에 자산을 전액 이전했다.

영국 『데일리 메일Daily Mail』에서 보도하기로 피니는 대학에 다니는 자식들이 아르바이트로 직접 학비를 벌게 했다. 본인도 자동차를 소유하지 않고, 비행기를 탈 때는 일반석 티켓을 끊으며, 옷차림 역시 항상 허름한 데다 15달러짜리 카시오 시계를 차고 다닌다. 그는 『뉴욕타임스』 인터뷰에서 "나의 마지막 수표가 부도나는 게 내 희망"이라고 했는데, 그가 이제까지 살아온 전력을 보면 결코 농담처럼 들리지 않는다. 『포브스』와의 인터뷰에서는 자선사업에 대한 자신의 철학을 이렇게 말했다.

내가 내린 결론은, 자신을 위해 한몫을 챙기는 데 집착하면 항상 그 몫에 대하여 걱정해야 한다는 것입니다. 사람들은 나를 즐겁게 해주는 것이 뭐냐고 묻곤 하는데, 내가 하는 일이 다른 사람에게 도움이 될 때는 행복하고, 내가 하는 일이 다른 사람에게 도움이 되지 않을 때는 불행하다고 하겠지요.

05

상류의 특질

가격이 아니라 가치다

진정한 상류의 가장 중요한 특질은 사람이나 물건을 돈으로 평가하지 않는다는 점이다. 이 책에서 그 무엇보다 중요한 메시지가 바로 이것이다. 사람 품격의 고저高低는 돈을 얼마나 갖고 있느냐 하는 것보다 가진 돈을 어떻게 쓰느냐 하는 것으로 가늠할 수 있다. 그리고 어떤 물건을 놓고 볼 때 그 가치를 어떻게 평가하느냐 하는 것 역시 내면의 계급을 말해주는 중요한 징표가 된다.

진정한 상류란 물건이 비싸든 싸든 그 가격에 무심할 수 있는 사람이다. 이런 사람은 물건을 선택할 때 그것이 마음에 드는지, 그리고 자신에게 어울리는지만 생각한다. 다른 사람이 그 물건을 어떻게 보느냐 하는 점은 중요하지 않다. 그렇기에 진정한 상류는 비싼 물건을 쓰는 한편, 값이 싼 물건이라도 마음에만 들면 거리낌 없이 쓴다.

미국에서는 부자들이 타이멕스 시계를 차는 것을 흔히 볼 수 있는데, 실제로 『이웃집 백만장자The Millionaire Next Door』의 저자 토머스 스탠리가 조사한 결과, 백만장자들이 가장 선호하는 3대 시계 브랜드는 세이코 (19.5%), 롤렉스(15.4%), 타이멕스(10.8%)였다. 정말 자신감과 여유가 있는 상류는 자동차든 옷이든 시계든 무작정 비싼 티만 나는 것을 제일 싫어한다. 그들은 튀려면 반대쪽으로 튄다.

1999년 7월 16일 존 F. 케네디 2세가 자가용 비행기 사고로 사망한 날, 공항 주차장에 세워져 있던 그의 자동차는 1997년형 흰색의 현대 티뷰론이었다. 당시 그가 맨해튼에서 단 한 대뿐인 흰색 티뷰론을 타고 다닌다는 것을 뉴욕 시 경찰들이 다 알고 있었기에 열쇠를 꽂아놓은 채 아파트 앞에 하루 종일 세워놓아도 아무 일이 없었다고 한다.

진정한 상류는 물건을 감정과 감성의 차원에서 대한다. 가격은 2차, 3차의 문제다. 낡았더라도 추억이 배어 있는 가구, 선친이 아껴 쓰던 소품 이런 것들을 가장 소중하게 여긴다. 돈만 주면 똑같은 것을 살 수 있는 물건은 큰 가치가 없다. 선물도 마찬가지다. 상류적 가치를 영위하는 사람, 또는 없는 물건이 없는 부자에게 선물을 할 때 '얼마짜리'는 전혀 중요하지 않다. 대신 그 사람 고유의 가치관을 배려하는 마음과 물건에 담긴 성의와 의미, 진실성, 시의時宜 이런 것들이 선물의 가치를 좌우한다.

다음 표는 2014년 8월 4일자 『워싱턴 포스트』에 실린 자료를 발췌하여 정리한 것이다. 오바마 대통령이 취임 후 3년 동안 세계 각국으로부

5대 최고의 선물

순위	국가 (연도)	선물	비고
1	멕시코 (2012)	순은純銀 아즈텍 달력	진기하고 시의적절함. 2012년 아즈텍 문명에서 유래된 지구 종말론이 열풍이었을 때 받은 선물
2	뉴질랜드 (2011)	녹옥의 마오리족 전통 곤봉	신비스럽고 진기함
3	영국 (2012)	특수 제작 탁구대	영국의 대표적 기업인 던롭 스포츠에서 제작한 것으로 양측 구석에 각 나라의 국기가 인쇄되어 있음. 2012년 런던 올림픽을 앞둔 시의적절한 선물
4	멕시코 (2009)	트렁크에 담긴 테킬라 4병	테킬라는 멕시코산이 최상품임. 포장이 특이함
5	체코 (2009)	스테인리스 시계, 브로치, 도자기 개 밥그릇	오바마의 반려견까지 배려한 선물

5대 최악의 선물

순위	국가 (연도)	선물	비고
270	러시아 (2010)	목재 진열장에 담긴 블루레이 디스크 세트	성의도 의미도 없어 보임
271	대한민국 (2010)	삼성 갤럭시 탭	선물 준비하는 것을 깜박하여 급하게 사온 듯함
272	싱가포르 (2010)	크리에이티브 MP3 플레이어, 유고고 전기 마사지기	전자 제품, 특히 MP3 플레이어는 실용 가치, 소장 가치가 없음
273	러시아 (2009)	CD 홀더와 CD 세트	상대방을 무시하는 듯함
274	폴란드 (2011)	게임 '더 위처 2' 세트	자국 상품의 선전 효과를 노리는 듯함

금전적 가치 대비 평점

국가	선물의 금전적 가치 합계	선물 (순위, 연도)	평점 평균
뉴질랜드	$3,200	뉴질랜드 원주민 전통 무기 (2, 2011)	80
자메이카	$2,216	자메이카 예술가의 도자기 머리 조각, '자메이카 1952~2012'라고 새겨진 라펠 핀 (15, 2012)	74
알제리	$500	알제리산 대추야자 4박스와 와인 12병 (19, 2009)	73
잠비아	$484	개스톤 공예가가 만든 독수리 모양의 벽난로 스크린 (20, 2010)	72
네덜란드	$1,480	2인승 오렌지색 바타부스 자전거 (25, 2009)	70
중국	$43,131	흰색 페이거 전기 자전거 (39, 2010)	42
대한민국	$3,861	금 핀, 팔찌, 삼성 갤럭시 탭 10.1 (162, 2012)	28
덴마크	$1,213	덴마크 왕자가 서명한 나무 액자와 왕 자 사진, 덴마크 역사에 관한 책 (246, 2009)	24

터 받은 생일 선물을 평가하여 평점과 순위를 매긴 자료다. 중상류층으로 분류될 수 있는 기자의 주관이 당연히 들어 있겠지만, 그보다는 미국 대통령의 위신에 걸맞은 상류적 가치관이 투영되어 있는 것으로 보아야 할 것이다.

상류적 취향에 한 가지 패턴이 있다면, 첨단 기술(전자 제품 등)보다는 구식 물건(원주민 무기 등)을 선호하고, 인조 재료보다는 목재, 천연 섬유 등 자연에 가까운 재료로 만든 물건을 선호한다는 것이다.

한국 정부에서 전자 제품을 두 차례나 선물했다는 것은 성의가 없음은 물론 상상력의 빈곤을 말해준다. 그것도 버전만 다를 뿐 같은 회사의 같은 제품을 두 번 선물했다는 것은 정부가 특정 기업을 선전하려 한다는 느낌을 갖게 한다.

그렇다면 미국의 대통령은 어떤 선물을 할까. 오바마의 경우 2014년 3월 프란치스코 교황을 예방할 때, 백악관 텃밭에서 사용하는 과일과 야채 씨앗이 담긴 수제手製 씨앗 상자를 선물했다. 교황의 여름 별장인 카스텔 간돌포의 정원을 일반인에게 개방하기로 한 교황의 결정에 착안한 것이었다. 씨앗을 담은 상자는 미국산 가죽과 미국에서 가장 오래된 가톨릭 성당 중 하나인 볼티모어의 성모승천대성당의 내부 복구공사 현장에서 나온 나무로 제작되었다. 이 선물에는 돈으로 계산할 수 없는 성의, 의미, 시의 그리고 진실성이 모두 담겨 있다.

올드머니와 와스프

미국의 전통적 지배 계층은 크게 '올드머니old money'와 '와스프WASP'라는 두 가지 그룹의 교집합으로 볼 수 있다. 백인 앵글로색슨 개신교도를 뜻하는 와스프는 건국 때부터 미국의 지배 계층을 점해온 그룹이다. 앵글로색슨이라는 정의가 절대적이지는 않아 미국에 오래전 뿌리를 내린 서유럽계 백인도 통상 와스프로 분류된다. 하지만 아일랜드계, 동·남유럽계, 유태인, 여성 등은 제외된다. 미국의 역대 대통령 중 비와스프非WASP였던 대통령은 아일랜드계 가톨릭이었던 케네디와 흑인인 오바마 정도다.

올드머니는 앵글로색슨계 백인 외에도 서유럽계 이민자와 유태인 등을 포함한 상류층 가문으로 20세기 전후부터 큰돈을 벌어 대대손손 부를 유지해온 가문이다.

남북전쟁 이후의 산업 팽창으로 자본가가 차지하는 부의 몫이 급격히 늘어남에 따라 절대 주류인 와스프 중심의 거부巨富가 미국 사회의 자본가 귀족으로 부상했다. 이들은 20세기 중반 미국의 전성기 때 정치, 경제, 교육 전반의 발전을 주도하는 견인차 역할을 했다.

재산의 규모를 떠나 미국의 오래된 지배 계층을 특징짓는 기질은 강한 책임 의식과 윤리의식이다. 올드머니나 와스프로 분류되는 사람들은 대부분 스스로 지배 계층이라는 자아의식이 강하고 특권 의식도 지니지만 사회에 대한 책임 의식 역시 강하다. 전통과 윤리적 덕목에 어긋나는 행동은 삼가려는 자세가 몸에 배어 있다. 백인 고유의 우월 의식의 소산인 측면도 없지 않을 것이나, 이들이 자기가 항상 유지해야 하는 어떤 내면의 기준을 신성하게 여기는 자세는 미국의 오래된 상류층을 이해하는 데 있어 매우 중요한 근간이 된다. 그리고 이는 한국의 선비와 유사한 점이기도 하다. 하지만 선비가 돈을 멀리하는 반면 미국의 올드머니는 엄청난 부를 소유해도 정체성에 문제 될 것이 없다. 대대로 물려 내려오는 막대한 재산은 오히려 그들 정체성의 큰 부분을 차지한다.

올드머니는 선조 덕분에 '경제를 끝낸' 가문이며, 이제 그들에게 가장 중요한 것은 가진 것을 어떻게 품위 있게 지키고 명예롭게 쓰느냐 하는 것이다. 실제로 그들 삶은 대부분 경제 활동과는 거리가 멀어 보인다. 올드머니가 노골적으로 돈벌이에 나서는 모습은 보기 힘들다. 올드머니는 돈을 초월하는 가치 추구를 기본으로 여긴다.

미국 최고의 정치 명문 케네디 가문에는 조셉 P. 케네디 1세가 증권, 영화 사업, 부동산 투자 등으로 막대한 재산을 모아 가문의 기반을 다진 이후 이렇다 할 경제 활동으로 알려진 인물이 없다. 케네디 가문의 일원은 거의 모두가 금전적 보상과는 거리가 먼 정치나 진보 성향의 공익성 활동으로만 알려져 있다. 지금 케네디 가문에 남아 있는 일원 중 로버트 F. 케네디 2세는 환경법 전문 변호사이자 환경 운동가이며, 오바마 대통령의 열성 후원자였던 캐롤라인 케네디는 현재 주일 미국 대사다. 2009년 사망한 에드워드 케네디는 민주당 상원의원 중에도 가장 진보적인 의원에 속했다. 1999년 사망한 존 F. 케네디 2세가 추진했던 공익성 사업에 협력했던 제시 잭슨 목사는 케네디 2세가 사망한 후 『제트Jet』지에서 케네디 가문에 대해 이렇게 말한 적이 있다.

어떤 면에서 존 F. 케네디 2세는 국익과 공익을 위해 가문의 부를 썼던 가족의 뒤를 이어가는 삶을 살았다. 크게 성공한 그들은 부를 사적인 만족에만 쓰지 않았다. 그들은 자신의 부를 서민을 위한 공공 정책의 실현을 위해 투쟁하는 데 썼다.

올드머니의 인식 속에서는 프렙스쿨도 두 가지 종류로 분류된다. 하나는 그로톤이나 세인트폴, 세인트마크, 미들섹스와 같이 전통적 가치와 품격 수양 교육에 역점을 두는 학교, 다른 하나는 필립스 엑시터나

앤도버처럼 업적과 성취를 강조하는 학교다. 이제는 아이비리그 대학도 모두 철저한 영리 집단의 생리에 젖어 학업의 성취를 강조함에 따라 이런 차이의 의미가 많이 희석되기는 했지만, 한 세대 전만 해도 이런 가치관의 차이는 매우 중요했다. 그 연장선에서 말하자면, 올드머니의 관점에서 이재를 밝히는 것은 수치스러운 일이었다.

올드머니는 시장 지향적인 것을 체질적으로 거부하며, 그래서 모든 것에 가격이 매겨지는, 즉 가격이 곧 가치로 환산되는 '장바닥 문화'를 멀리한다. 그래서 그들은 브랜드를 요란하게 선전하는 제품을 거부한다. 나는 돈이 많지만, 모두가 돈에 미쳐 있으며 개나 소나 부자가 되는 작금의 자본주의 세태는 못마땅하게 여기는 것이다. 쉽게 말해 속물이기를 거부한다.

와스프가 주를 이루는 전통 상류층은 큰 부자는 아닐 수 있지만, 전반적으로 교육 수준, 문화 자본 그리고 인맥이 남다른 미국의 백인 지배 계층이다. 이들의 세력은 주로 동부 연안에 집중되어 있다. 프렙스쿨 출신이나 지방의 우수 사립학교 출신이 많으며, 이른바 '빅3'라고 하는 하버드, 예일, 프린스턴과 '기타'로 취급되는 아이비리그의 나머지 대학 그리고 이른바 '소小아이비'와 '세븐시스터즈'로 불리는 15개 명문 리버럴아츠 대학 등의 학벌이 와스프 지도층의 핵심적 요소 가운데 하나다.

1950~60년대까지만 해도 이들은 치명적인 하자가 없는 한 가문의 후광이나 인맥으로 명문대에 입학할 수 있었다. 두뇌 역량보다는 계보가 중요한 시절이었다. 아무리 공부를 잘해도 탄탄한 배경이 없다면 명문대 진학에 큰 결격 사유가 됐다. 실제로 20세기 초반에 명문대들, 특

히 빅3 대학은 이런 무형 요소를 빌미로 학업 능력이 뛰어난 유태인의 입학률을 인위적으로 억제할 수 있었다.

와스프 엘리트들은 계보를 중요하게 생각하는 만큼 사람의 됨됨이를 따진다. 이들에게 학벌이란 학업 능력이기보다 든든한 배후와 연대감의 징표다. 어떤 면에서 그 배후에 깔려 있는 인맥은 의무와 책임 의식을 종용하는 규범의 족쇄 같은 것이기도 했다.

이들은 신뢰와 명예를 중요하게 생각하며, 강직하고 진지한 자세를 견지하는 한편 기회주의를 천시하고 맹목적인 발전을 위한 변화나 혁신을 달가워하지 않았다. 미국에서 진정한 의미의 보수는 와스프 엘리트와 그들의 가치관을 답습한 부류다. 이들은 자신감이 넘치다 못해 도도하기까지 하면서도, 괄목할 만한 사회적 책임 의식을 지녔다. 보수 언론인 리처드 브룩하이저는 『와스프의 인생관The Way of the Wasp』이라는 책에서 와스프의 가장 중요한 특질로 "성공에 의무감을 불어넣는 시민 정신과, 성공을 즐기는 것을 절제하는 반관능주의와, 모든 것을 지켜보는 양심"을 꼽았다.

와스프의 이러한 특질은 특히 공공 생활에서 진면목을 발휘했다. 이른바 위대한 세대의 전반적인 청렴성의 뿌리를 여기서 찾을 수 있다. 20세기 후반까지도 이들은 핵심 정부기관, 특히 국무부와 중앙정보국CIA의 요직을 차지했다. 제2차대전 전후 미국의 전성기 시절에 와스프 엘리트들은 미국 지도층의 본보기가 되었으며, 그중 다수가 아직도 훌륭한 인물들로 기억된다.

미국 외교계의 대표적인 인물인 딘 애치슨, 조지 케넌, 찰스 볼런, W.

애버럴 해리먼, 로버트 러벳, 존 맥클로이 등은 대외 정책의 '현자'라 불린다. 이 현자들과 그 외 인물이 세계 질서를 미국의 주도하에 이끌려고 한 것은 사실이다. 하지만 그 신념의 당위성 여부가 어떠하든 중요한 것은 이들이 하나같이 개인의 입신영달이 아닌 국익을 위해 헌신함으로써 미국인 사이에서는 거의 예외 없이 존경을 받는 애국자였다는 점이다.

전통과 기품과 책임 의식을 중시하는 올드머니와 와스프 문화가 사회를 이끄는 시대가 저물면서 미국도 이제 능력주의 사회가 되었다. 올드머니와 와스프의 전통적 가치관을 영위하는 이들은 최근 한 세대에 걸쳐 사회 전반에 자리 잡은 능력주의를 개탄한다. 전통적 올드머니와 와스프 문화에서는 돈과 학벌이 반드시 책임 의식을 수반했다. 이런 전통을 아직도 이어가려 하는 이들의 관점에서 볼 때 작금의 능력주의는 예전의 올드머니와 와스프 엘리트들이 지향했던 것과는 너무도 다르다.

이들이 볼 때 오늘날 능력주의로 출세한 이들의 절대 다수는 공익보다 사익을 앞세운다. 개인의 입신영달이 우선인 이들의 리더십은 예전의 올드머니와 와스프 지도층의 역할을 이어 나가기에는 역부족이다. 인성과 덕목을 가르치지 않는 능력주의 시스템이 배출하는 출세주의자에게는 자기 몫 챙기기와 경쟁에서 승자가 되는 것이 전부다. 전통 상류의 눈에 이기주의를 뛰어넘지 못하는 능력주의 시대의 욕망은 천박하고 촌스럽기만 하다.

서브프라임이라는 변태적 금융 개념 등이 초래한 부동산 폭락과 금융 위기는 국가와 사회는 차치하고 고객까지도 안중에 없이 철저하게 개인의 탐욕과 실적에 혈안이 되어 있는 자들에 의해 자행된 스캔들이었다. 그리고 이 스캔들의 뿌리에는 하나같이 전국에서 최고라는 명문대와 경영대학원을 나온 월가의 수재들이 있다. 이들은 능력주의 시스템의 승자이지만 신뢰와 명예와 책임 의식을 중시하는 올드머니와 와스프 엘리트들이 가장 못마땅해하는 인간형이다.

어느 '명문 고등학교'와 능력주의의 촌스러움

나는 1978년부터 1982년까지 맨해튼에 있는 스타이브센트고Stuyvesant 高에 다녔다. 이 학교는 같은 뉴욕 시에 있는 브롱스 과학고Bronx High School of Science와 함께 미국에서 능력주의 교육의 우수성을 상징하는 가장 대표적인 학교로 꼽힌다. 가족 배경이나 인맥은 물론 중학교 내신 성적, 과외 활동, 추천서 따위는 일체 필요 없고, 학군에 상관없이 뉴욕 시에 거주하는 학생이라면 무조건 응시할 수 있으며, 오로지 입학시험 점수 하나만으로 합격 여부가 정해진다. 매년 3만 명 가까이 응시하여 900명 정도가 합격한다. 합격률이 3퍼센트 정도인 것이다. 하버드대 교내신문 『하버드 크림슨The Harvard Crimson』은 스타이브센트를 전국에서 하버드 입학생을 가장 많이 배출한 3대 공립고로 꼽았다. 내가 졸업한 1982년에는 졸업생 800여 명 중 하버드에 합격한 20여 명을 포함하여 200명 이상이 아이비리그 대학과 스탠퍼드, MIT, 그리고 캘텍 등 11개교에 합격했다.

내가 그 학교를 다녔을 당시에는 한국계 학생이 전교 3,000여 명 중

50명이 채 안 됐다. 백인과 유태인 학생 수가 가장 많았던 때의 이야기다. 지금은 공식 발표된 수치로 2014년 현재 아시아계 학생이 전체 학생 수의 72퍼센트를 차지한다. 한국계 학생만 수백 명이다. 그런데 상식적인 생각을 갖고 있는 사람이라면 이런 수치를 접할 때 거북한 느낌이 들지 않을 수 있을까. 동남아에 있는 무슨 국제도시도 아니고 미국을 대표하는 도시에 있는 특수 공립학교 학생 중 열의 일곱이 동양인이라는 사실은 분명 이상하다.

뉴욕 시의 아시아계 인구가 불과 11.8퍼센트(2010년 기준)라는 것을 생각할 때 이 학교의 아시아계 학생 수 비율은 어떻게 봐도 비정상적이다. 아시아인이 타민족에 비해 일곱 배 이상 우수해서일까? 아니면 아시아계 학생이, 정확히 말해 아시아계 부모를 둔 학생이 다른 인종에 비해 일곱 배쯤 극성스럽다는 얘기일까?

직관적으로는 스타이브센트가 상징하는 능력주의가 계보를 따지고 인맥이 동원되는 전통 사립학교의 입학 제도보다 공정하겠지만, 시험 하나로 학생의 진로를 결정하는 능력주의는 살벌한 제도다. 이는 오로지 시험을 '정복'하기 위해 수단과 방법을 가리지 않는 극성스러운 이들에게 가장 유리한 제도이며 여기에 인간적 가치나 덕목은 설 자리가 없다. 극성스러움은 기품과 공존하기 힘들다. 극성스러움은 맹목성을 낳고, 맹목성은 도덕 불감증을 낳는다. 영어로 극성스럽다는 말인 'overeager'는 점잖지 못하다는 뜻을 내포한다. 이는 앞에서 말한 세인트폴이나 그로톤 같은, 어떤 면에서 전통과 도덕성 그리고 인간의 품격을 성적만큼이나 아니, 어쩌면 그 이상으로 중시하는 명문 프렙스쿨이 지향하는 상류의 가치와 너무도 다른 것이다.

여하간 한국인을 비롯한 아시아계의 극성스러운 교육열은 미국 교육 시장에까지 적지 않은 영향을 미쳤다. 지금 미국의 소위 일류 대학의 아시아계 학생의 비율은 그들이 전체 인구 중 차지하는 비율의 네다섯 배에 달한다. 아시아인의 가히 초인적이라고 할 수 있는 성적 관리와 스펙 쌓기의 결실이다. 대부분의 아시아인은 물론 이를 자랑스럽게 여긴다. 그런데 이 같은 성공 신화는 다소 촌스럽고 건전하지 못한 경쟁 문화를 수반한다.

한국의 극성스러운 교육열은 한국인 이민자와 함께 미국에 상륙했고, 살벌한 입시 위주 교육 방식의 폐해가 뒤를 이었다. 이제는 한국의 학원 문화가 미국에도 동양인이 많이 사는 곳마다 깊숙이 침투해 있다. 한국을 떠나 미국으로 이민한 이들은 대도시의 생활권에서 사는 이상 한국식 사교육의 부담감에서 자유롭기 힘들다.

언론인 톰 앨런은 2012년 8월 12일자 『뉴욕 데일리뉴스New York Daily News』에 기고한 '스타이브센트의 해로운 문화'라는 제목의 글에서 1980년대 중반 한국인이 운영하는 학원에서 학생을 가르쳤던 경험을 소개했다. 앨런은 한국인 교포가 운영하는 학원에 최초로 스카우트된 스타이브센트 교사였다.

그는 자신이 1986년에 뉴욕의 특목고 입학시험 준비를 위해 학원에 나온 초등학교 3학년 학생 26명을 가르치기 시작했고, 5년 뒤 그중 25명이 합격했다고 회고했다. 그러면서 스타이브센트가 이제 시험만 잘 보는 학생들이 몰리는 학교로 변했고, 교육과 지식보다는 입시 요령과 성적, 대학 진학이 우선인 "영혼 없는 곳"으로 변했다고 단언했다. 결국 열 살짜리 아이를 특목고 입시 학원에 보내는 한국인의 교육 문화가 뉴욕 한복판에 도입된 것이 이 같은 '비정상의 정상화'가 시작된 계기라는 것이다.

가치와 덕목의 계도를 받지 않는 능력주의는 반칙을 낳게 마련이다. 2012년에는 스타이브센트 학생이 대대적으로 리전트 시험의 답안을 문자로 전송한 사건이 있었다. 학교 측은 관련자를 징계하고 자율 윤리 규율을 제정하는 등 일련의 행정적 태도를 취했다. 하지만 그렇다고 철저하게 성적 중심인 학교 문화의 근본이 변할 수는 없다.

스타이브센트의 교지 『스펙테이터The Spectator』가 학생 2,045명을 대상으로 설문을 실시한 결과 80퍼센트가 성적을 위해 부정행위를 범한 적이 있다고 답변했다. 사실상 학교의 전통이나 마찬가지인 입시와 성적 위주의 가치관이 어디로 가겠으며, 애초부터 그렇게 교육을 받으면서 자란 학생이 바뀌면 얼마나 바뀌겠는가.

성적 중심의 가치관과 부정행위에는 분명한 인과관계가 있지만 스타이브센트의 부정행위 문화가 한국인 때문에 생겨난 것은 물론 아니다. 다만 이 학교의 오래된 기풍이 점수에 집착하는 한국계와 아시아계 학생의 정서에 안성맞춤이라는 생각은 든다. 다시 나의 고등학교 시절을 돌이켜보건대 그때도 스타이브센트의 아시아계 학생 수는 일반 인구 분포에 비해 월등히 많았다. 친구 중에는 한국계 학생도 있었고, 인도계와 중국계, 유태인도 있었는데, 그들은 하루에도 수차례 평점을 계산하고, 수시로 서로의 성적을 체크하고 비교했다. 성적 1점 차이 때문에 선생

님과 한 시간 이상 싸우는 학생도 있었다.

그러나 무엇보다 중요한 것은 이곳에서는 학생에게 도덕성이나 사회의식은 전혀 강조하지 않았다는 사실이다. 선생님도 도덕이나 윤리 따위는 아예 언급하지 않았다. 뉴욕 시에서 가장 우수한 학생을 모아 미래의 지도자를 배출한다는 학교였지만, 졸업 후 사회의 일원으로 사는 방법에 대해서는 모두 관심 밖이었다. 운동이나 과외활동은 거의 예외 없이 대학 진학을 위한 '스펙용'이었다(그때는 '스펙'이라는 천박한 용어가 등장하기 한참 전이었다).

성적에 대한 불안감과 경쟁심이 하루하루를 지배했고, 실력으로 95점을 받을 수 있는 학생도 95점보다는 100점을 받기 위해 부정행위를 했다. 대다수의 학생이 숙제 베끼기와 표절을 하나의 기술로 여겼고, 먼저 시험을 본 친구가 문제를 알려주는 것은 예사였다. 심지어 교사의 수납장에서 시험지를 훔치는 학생도 있었다. 간단히 말해, 점수를 위해 무슨 짓이든 하지 않는 학생은 바보가 되는 기풍이 그 학교에 뿌리 깊게 자리하고 있었다.

위에서 스타이브센트의 합격률이 3퍼센트라고 했다. 한국인은 이런 경쟁적 수치를 유독 좋아한다. 그 3퍼센트 안에 들 수만 있다면 물불을 안 가리는 것이 한국인을 지배하는 가치관이다. 한국인은 합격률, 아이큐, 점수, 차석, 랭킹 등 단순한 수치만으로 사람을 비교하는 사고방식을 좀처럼 버리지 못한다. '몇백 대 1의 경쟁을 뚫고'라는 말을 한국인은 유난히 즐겨 쓴다. 한국인에게는 대학이든 직장이든 합격률이 낮은 데가 무조건 좋아 보인다. 이것은 인품보다 인물, 하는 일보다 직위, 그리고 가치보다 가격을 훨씬 더 중요하게 생각하는 한국인의 가치관을 대변한다.

스타이브센트 같은 학교는 따지고 보면 우수한 수험생의 집합소일 뿐이다. 하지만 한국인은 그 학교에 다니는 학생을 우수한 인간이라고 착각한다. 물론 그 학교 학생이 대부분 똑똑하고 수완 좋다는 사실은 부정할 수 없다. 그러나 그들의 신뢰나 명예, 책임 의식의 수준은 어떨까? 그들에게서 개인의 사적 욕망을 초월한 시민정신을 얼마나 기대할 수 있을까? 이는 사회의 지도층을 꿈꾸는 젊은이에게 반드시 던져야 하는 질문이다.

한국인을 비롯한 아시아인의 교육열은 나름대로 상류 진입을 위한 몸부림임에 틀림없다. 그러나 그 교육열의 저변에 깔려 있는 가치관은 미국의 올드머니와 와스프의 전통적 가치관과 사고방식에서 나타나는 상류의 정서와 한없이 멀어 보인다. 거기에는 비주류의 열등감과 조급함, 그리고 워너비의 따라잡기 정신이 배어 있다. 그들에게 중요한 것은 최고의 성적, 아이비리그 학벌 그리고 고소득일 뿐이다. 사회에 대한 주인 의식이나 책임 의식은 안중에 없다.

스타이브센트라는 '명문고'에서 뚜렷하게 나타나는 근본 없는 능력주의의 폐해는 하나의 예시에 불과하다. 한국계 학생을 포함한 아시아계 학생이 대부분 공부밖에 모르는 점수 벌레라는 선입견은 미국 전역, 아니 전 세계의 광범위한 경험적 증거를 기반으로 생겨났다. 2011년에 출간된 후 적지 않은 선풍과 논란을 일으켰던 중국계 에이미 추아의 『타이거 마더Battle Hymn of the Tiger Mother』에 나오는 중국식 주입 교육 이야기는 그런 선입견을 더욱 강화시켰다.

수많은 한국계 부모는 이 책의 일류지상주의에 공감했겠지만, 미국의 점잖은 부류의 시선은 결코 곱지 않았다. 이 책에서 내세우는 가치란 세속적인 성공과 출세를 향해 무섭게 돌진하는 극성스러움과 맹목성이기 때문이다. 성공과 출세를 최고의 가치로 삼는 부류는 대부분 도덕이나 윤리나 책임 의식 따위에 구애받지 않는다. 그러나 무엇보다 눈에 거슬리는 것은 그런 부류의 촌스러움이다.

프리우스, 신분의 상징

지금 한국인의 의식 속에 자리하는 상류의 개념은 철저하게 속물적 의미임을 누구도 부정할 수 없을 듯하다. 한 사회의 수준은 대다수 구성원이 어떤 가치를 상류적 가치로 여기는가 하는 것으로 가늠할 수 있다. 속물적 가치가 지배하는 사회일수록 신분의 상징으로 여겨지는 물건의 비싼 가격이 강조된다. 하지만 진정한 상류는 어느 물건이든 가격과 상관없이 그 내재적 가치와 의미를 중요하게 생각한다. 미국의 점잖은 상류들이 값만 터무니없이 비싼 명품보다 낡았지만 유서 깊은 물건을 아끼는 것은 그들이 물건의 가격과 가치를 동일시하지 않기 때문이다. 그들의 눈에는 어떤 물건이든 그 비싼 가격이 강조될수록 촌스럽고 천박해 보인다. 환경이나 자연의 파괴를 상징하는 물건이라면 더더욱 그렇다. 미국에서 밍크코트를 걸치고 다니는 것은 '나는 천박하고 무식한 사람'이라고 선전하고 다니는 것이나 마찬가지다. 반면에 어떤 물건이든 자신이 소중하게 생각하는 어떤 정신이나 가치관을 나타내는 것이라면 그 가격과 상관없이 소유할 가치가 있는 물건이 된다.

기이한 현상으로 보일지도 모르겠으나 요즘 미국에서는 하이브리드 자동차 프리우스가 하나의 신분의 상징으로 여겨진다. 프리우스는 3만 달러대의 차다. 럭셔리와는 거리가 멀다. 인테리어도 평범하고 디자인도 다른 하이브리드 차종에 비해 세련되지 못했다. 오히려 과장되었다 싶을 정도로 투박하게 생겼고, 자동차 전문가도 '멍청하게 생겼다'거나 '가전제품을 연상시킨다'거나 아예 '못생겼다'고 평가하는 차다. 고급차를 밝히는 족속은 이 차에 전혀 매력을 느끼지 못한다. 2012년 전국보험범죄국의 통계를 보면 도난율도 0.2퍼센트로 전국 최저다.

프리우스를 차별화하는 것은 전혀 섹시하지 않은 특이한 모양새와 미국에 시판된 최초의 대량 생산 하이브리드 자동차라는 상징성이다. 현재 미국에서 돌아다니는 하이브리드 차량의 절반가량이 프리우스다. 프리우스의 존재 가치는 브랜드의 과시 효과나 주행 성능에 있지 않다. 단지 우수한 연비를 보장하는 경제적인 교통수단이라는 데 있을 뿐이다. 그런데 이렇게 따분한 이미지가 바로 진취적 성향을 가진 미국의 수많은 부유층이 프리우스를 좋아하는 이유다. 환경 의식적 시민 행동을 나타내는 명예의 훈장과도 같기 때문이다. 의식이 있는 부자는 프리우스를 몰고 다니면서 부가 아닌 자신의 사회적 책임 의식을 과시하는 것이다. 참고로, 도요타는 프리우스를 출시하기 전부터 이미 미국 백만장자들이 두 번째로 선호하는 자동차 브랜드였다.

자전거를 타는 디카프리오

레오나르도 디카프리오는 할리우드에서도 유명한 환경주의자다. 자신이 소유한 여러 대의 자동차 가운데 유독 프리우스를 타고 다니는 모습이 자주 파파라치에게 찍힌 것은 우연이 아니다. 심심치 않게 자전거를 애용하는 모습 또한 그가 말로만 환경을 생각하는 것이 아님을 상징적으로 보여준다.

프리우스는 실리콘밸리를 중심으로 미국 서부의 고소득자 사이에서 인기가 높다. 특히 캘리포니아에서는 부유층 사이에서의 점유율이 벤츠와 BMW를 능가한다. 구글 공동창업자 래리 페이지와 CEO 에릭 슈밋도 한때 프리우스를 탔다. 진보 성향 할리우드 스타 중에도 프리우스를 타는 이가 여럿 있다. 또한 자동차 전문 웹사이트인 트루카는 미국에서 가장 부유한 동네 열 곳 중 세 곳에서 프리우스가 등록 대수 1위 또는 2위를 차지한다고 발표했다.

올드머니와 와스프 엘리트들의 전통적 헤게모니가 저물어가면서 요즘에는 교육 수준 높은 진보 성향의 중상류층이 사회 분위기를 선도한다. 프리우스 차종의 인기는 이들이 가장 중요하게 생각하는 이슈 중 하나가 환경 문제임을 반영하는 것이다. 2012년의 퓨리서치센터 조사 결과, 스스로 진보라고 응답한 미국인의 49퍼센트가 대졸 이상의 고학력자였으며, 이들 중 41퍼센트의 가계소득이 7만 5,000달러 이상이었다. 여기서 중요한 것은 학력이 아니라 의식의 수준이다.

프리우스와 관련된 통계가 시사하는 것은 미국에서 의식 수준이 높은 고소득자 중 상당수가 시장가치보다는 사회와 지구에 대한 책임 의식을 반영하는 제품에 강한 매력을 느낀다는 것이다. 이런 현상에 대해 '과시 환경 보전conspicuous conservation'이라는 용어까지 등장했다. 이것은 사회 전반에서 구성원의 사회적 책임 의식을 중요하게 생각하는 가치관이 오래 축적되었기에 가능한 것이다. 사회적으로 부유층의 의식 있는 구성원 사이에 자연과 환경 친화적인 물건에 대한 소비 패턴이 나타날 정도로 책임 의식이 강조되는 분위기인 것이다.

'갑질'은 아주 점잖게

얼마 전 미국 주간지 『애틀랜틱The Atlantic』에 '땅콩 회항' 사건의 여파를 다룬 기사가 실렸다. 재벌 딸의 기내 횡포가 국민의 공분을 불러일으킴에 따라 한국 사회에서 감지되는 사회 변화의 조짐을 다룬 기사였다. 기자는 '갑질'이라는 표현을 'gabjil'이라 표기하고 영어로 대략 '하이 핸디드니스high-handedness' 정도 되는 뜻이라고 해석했다. 한국말로 다시 번역하면 '고압적인 행태'쯤 되겠다. 그런데 아무래도 우리말의 어감을 전달하기에는 좀 부족함이 있다.

영어에도 'overbearing(고압적인)', 'demanding(요구 사항이 많은)', 'difficult(까다로운)' 등 피곤하게 구는 고객을 지칭하는 다양한 수식어가 있다. 하지만 『애틀랜틱』 기사는 갑질의 의미를 정확하게 전달하지는 못했다. 그만큼 상식적이지 못한 세태의 산물이기 때문일 것이다.

한국의 금전만능주의 사회에서는 '갑'과 '을'의 관계가 상하 관계와 마찬가지인 변태적인 관계로 발전했지만, 미국에서는 계약서의 'A'와 'B'에 해당하는 상호 책임과 의무 관계일 뿐 우열의 의미가 전혀 없다. 물론 '을'을 뜻하는 B의 입장이 전반적으로 더 아쉬운 처지인 것은 마찬가지겠으나 그렇다고 고객인 A 앞에서 굽실대는 것은 비정상적인 행동이며, 고객 앞에서 무릎을 꿇는다는 것은 상상도 할 수 없는 일이다.

오래전 업무와 관련하여 검토했던 자료에서 한국의 어느 대기업과 협력 업체 간에 오간 메일을 본 적이 있는데, 대기업 간부가 협력사인 공급업자에게 회의를 요청하면서 '실례를 무릅쓰고 일정을 임의로 정했다'는 내용이 있었다. '갑'이기에 상대방의 의견을 구하지도 않고 일방적으로 무조건 나오라는 얘기였다. 한국의 갑질 문화에서는 예사로울 수도 있지만 미국에서는 지극히 비상식적인 일이다.

『애틀랜틱』에서 말한 'high-handedness'보다 갑질과 더 가까운 표현이 있긴 하다. 미국에서는 보기 드문 일이지만 간혹 고객을 '불리 커스터머bully customer'라고 하는 경우가 있다. '약자를 괴롭히는 고객'이라는 뜻이다. 하지만 이렇게 불리는 고객은 상식에 너무도 어긋나는 행동을 하는 사람이기에 정상적인 고객으로 대접받지 못한다. 또 '골칫거리'를 뜻하는 '페인 인 더 넥pain in the neck', '페인 인 더 버트pain in the butt' 그리고 가장 속된 말로 '페인 인 디 애스pain in the ass'라는 표현도 있다. 마지막 표현의 경우 'PITA'라는 약어로 통용되기도 한다. PITA로 분류되는 고객에 대해서는 을에 해당하는 납품 업체나 하청 업체가 은근슬쩍 'PITA 할증'을 적용하기도 한다. 아무튼 중요한 것은 미국에서는 을이 고객의 횡포에 절대로 당하고만 있지 않는다는 사실이다.

어쨌든 한국에서 횡행하는 갑질은 미국에서는 생소한 개념이다. 미국에서 갑과 을의 관계를 계급의 상하 관계처럼 본다면 정신이상자 취급을 받는다. '고객은 항상 옳다'는 말은 미국에서 처음 생겨났지만, 이는 서비스 제공자의 입장에서 취하는 합리적인 영업의 태도일 뿐 이를 고객이 노골적으로 요구하면 낭패 보기 십상이다.

미국에서는 갑이 무슨 주문이나 부탁을 할 때 의례적으로 공손하게 묻는다. 패스트푸드 식당에서 햄버거 하나를 주문할 때도 많은 이들이 "햄버거 하나 주시겠습니까?(Can I have a hamburger?)"라고 한다. 미국에서는 갑의 입장인 사람의 입에서 "Would you please~(~ 해주시겠습니까)", "Can you~(~ 할 수 있습니까)", "I'm sorry, but~(미안하지만~)" 따위의 표현이 서슴없이 나온다.

한국에서는 이른바 전문직 '사師' 자 직업군, 즉 의사와 변호사, 심지어 목사까지 영원한 갑처럼 행세하는 것이 정상적으로 받아들여지는 듯하다. 미국에서는 목사는 물론 변호사와 의사는 전문직 중에서도 가장 겸손하고 친절한 축에 속한다. 나는 나이 드신 부모를 모시고 미국인 의사가 있는 병원에 자주 간다. 정기적으로 찾아가는 전문의만 여섯 명인데, 이들은 대부분 자기 분야의 권위자다. 이들 의사의 공통점은 하나같이 자신의 소견을 친절하게 얘기해주고, 무슨 질문이든 경청한 뒤 자세히 답변해준다는 것이다. 그중 한 의사는 내게 매번 와줘서 고맙다고 말한다. 내가 동행하지 않았을 때 의사소통이 쉽지 않았던 때문이기도 하지만, 의사 대부분이 지니고 있는 진솔하고 겸손한 태도의 발현이기도 하다. 이렇게 행동한다고 해서 권위가 떨어지는 것이 아닐뿐더러 오히려 더 존경을 받는다는 상호 존중의 상식이 통하는 사회이기 때문이다.

06

정신적 지주

건국의 힘, 농장으로 돌아간 대통령

역사의 수많은 혁명은 주동자의 정신세계가 척박하여 실패하거나, 성공한 경우에도 타락한 지배 계층을 낳은 경우가 허다하다. 혁명으로 출발한 국가 중 미국의 독립혁명은 이런 견지에서 독보적이다. 독립혁명을 주도한 미국의 국부들은 남다른 정신세계의 소유자였다. 현대인의 관점에서 일부 잘못된 생각이 있었다 하더라도 그들이 당대의 현실에 비추어 비범한 덕목을 갖춘 사람이었음에는 틀림없다.

현재에 이르기까지 미국의 국부들에 대한 역사가의 평가는 압도적으로 긍정적이다. 그들의 지혜와 선견지명, 그리고 민주성과 공정성을 지향하는 본능은 200년이 넘는 세월이 흐른 지금에도 미국인이라면 거역하기 힘든 국가 이념의 근본이 되었다. 그들이 다소 이상화된 인물이라는 것을 감안하고, 심지어 시니컬하게 역사적 사실의 진위를 일부 의심한다 하더라도 이 나라 국부들의 본보기에 대하여 오늘날 좀처럼 흔들리지 않는 국민적 합의가 있다는 것은 부정할 수 없다. 그들이 남긴 이상과 본보기가 미국인의 의식 속에 매우 구체적인 형상으로 자리하고 있다는 것은 미국인에게 적지 않은 영감을 제공한다.

조지 워싱턴은 미국 건국이념의 완성을 상징하는 인물이다. 그는 수도 이름에서부터 일반인의 지갑에 가장 많이 들어 있는 1달러 지폐의 초상에 이르기까지 국민의 의식 속에 아주 아늑하게 자리하고 있다. 독립전쟁 후 은퇴하고 자신의 농장으로 돌아갔던 워싱턴은 본래 대통령이 되기를 원하지 않았지만, 자신이 대통령이 되지 않으면 나라가 와해될 것이라는 위기감에 이끌려 결국 대통령직을 맡았다. 그리고 대통령에 당선된 후에는 모든 언행에 있어 좋은 선례를 남기기 위한 치밀성으로 일관했다. 호칭 문제를 둘러싼 뒷이야기가 좋은 예다. 미국 최초의 대통령일 뿐 아니라 선거로 당선된 세계 최초의 대통령을 무슨 호칭으로 불러야 하는지에 대한 전례가 없어 격렬한 토론이 일어났던 것이다.

'영귀하신 전하His Exalted Highness'부터 '대통령 폐하His Majesty the President'까지 거창한 아이디어가 오갔다. 며칠간의 토론 끝에 헌법을 면밀히 검토한 한 의원이 헌법상 작위는 금지된다고 지적하자 의원들은 마침내 워싱턴을 그냥 '대통령님Mr. President'이라고 부르기로 결정했다. 먼발치에서 지켜보던 워싱턴은 이 호칭을 만족스러워했고, 후에 "이런 이야기가 다시는 안 나왔으면 좋겠다"고 말한 것으로 전해진다. 이 사례가 확고부동한 전례가 되어 지금까지 미국에서는 대통령을 두고 '미스터Mr.' 이외에 다른 호칭을 사용하는 법이 없다. 권위주의가 국가 차원에서 배척당한 것이다.

대통령의 호칭을 둘러싼 격렬한 논쟁에는 중요한 부수적 효과가 있었다. 예일대 역사학자 할로우 자일스 엉거는 미국 대통령직이 형식적인 자리가 될 수도 있었다고 설명했다. 호칭에 대한 토론이 심하다 못해 의회 기능이 마비될 지경에까지 이르렀는데, 이러한 광경을 지켜보면서 대통령의 강력한 리더십이 필요하다고 판단한 워싱턴은 이를 계기로 헌법에 명시되지 않은 외교, 국방, 정부 재정, 법 집행 등 대통령의 권력을 광범위하게 강화했다. 이는 오늘날까지 미국의 대통령이 행사하는 행정 권력의 벤치마크가 되고 있다.

연봉에 대한 이야기도 음미해볼 가치가 있다. 의회는 대통령 연봉으로 2만 5,000달러(현재 가치로 64만 7,000달러)를 책정했지만 워싱턴은 처음에 이를 사양했다. 워싱턴은 당대 미국 최고의 부자였기 때문에 돈에 구애받지 않았다. 하지만 연봉에 대하여 제도 차원에서 재고한 후, 부자가 아닌 사람도 대통령이 될 자격이 있음을 보여주기 위해 연봉을 받기로 했다. 또한 공식 행사나 의식에 있어 행여 유럽의 궁중을 연상케 하는 지나친 장관壯觀이 되지 않도록 무척 신경을 썼다. 공직을 출세욕이 아니라 시민의 의무 차원에서 수행한 뒤 홀연히 자연인으로 돌아간 로마제국의 킨키나투스를 본보기로 삼은 것이 이 같이 세세한 부분에까지 영향을 미쳤던 것이다.

워싱턴은 1793년에 첫 임기가 끝나고 마운트버논으로 다시 귀농하려 했지만, 그만두면 신생국가에 분명 혼란이 올 것이라고 판단했다. 그래서 다시 한 번 대통령에 출마하여 다시 한 번 만장일치로 당선되었다. 그는 두 번째 임기를 마친 뒤에야 국가의 기강이 어느 정도 다져진 것으로 판단하고 마침내 정치 생활의 종료를 선언했다. 이때 고별사를 통해 후대를 위한 '양반다운' 충언을 남겼다. 유럽의 전쟁에 휘말려들지 말 것, 어느 나라와도 영구적 동맹을 맺지 않을 것 등을 종용했다. 그리고 지금은 순진한 얘기 같지만 정당도 없는 것이 좋다고 했다.

1799년에 사망한 워싱턴은 유서를 통해 버지니아의 노예 해방법에 따라 자신과 부인이 소유한 노예를 부인 사망 후에 모두 풀어주도록 했다. 그리고 고령이거나 지병이 있는 노예를 죽을 때까지 자신이 남긴 자산으로 먹여 살리도록 했다. 워싱턴이 노예를 소유했던 문제를 두고 할 말은 많지만, 분명한 사실은 생전부터 노예제도에 대한 그의 인식의 변화가 있었고, 법적인 의무가 없었음에도 노예를 해방시켜줌으로써 인식의 변화를 실천으로 보여주었다는 것이다.

오늘날 미국에는 수백 개의 지명과 도로, 학교, 공원 등에 워싱턴의 이름이 붙어 있다. 영웅 숭배의 대표적인 아이콘인 러시모어 산 조각상의 맨 앞에도 워싱턴의 얼굴이 있다. 미국처럼 표현의 자유가 보장되어 있는 사회에서 200년 전에 사망한 워싱턴에 거부감을 느끼는 사람은 거의 찾아볼 수 없다. 이것은 미국이 갖고 있는 국가적 자긍심의 중요한 근간이 된다.

미국의 건국 역사가 일부 미화된 부분이 있다 하더라도, 워싱턴이 상류다운 상류였다는 데는 의심의 여지가 없는 증거와 정황이 존재한다.

프랑스의 정치가 자크 피에르 브리소는 1788년 워싱턴의 농장이 있는 마운트버논을 방문한 후 이렇게 썼다. "많은 이들이 워싱턴을 킨키나투스에 비교하는데, 그러한 비교가 정당함에는 의심의 여지가 없다. 이 명망 높은 장군은 지금 불철주야 자신의 농장을 돌보면서 경작을 개선하는 데 여념이 없는 성실한 농부일 뿐이다."

그 어느 나라의 대통령과 비교해도 이만큼 완벽에 가까운 인물을 찾아보기 힘들다. 미국이라는 나라에 대한 생각이 어떠하든, 최소한 조지 워싱턴이라는 초대 대통령이 이 나라의 역사에 있어 '잘 꿰어진 첫 단추'였다는 사실만은 부정하기 어렵다.

대통령의 약자 편향

미국의 국부들이 독립혁명을 일으킨 후 국가 안위를 명분으로 남미나 아프리카, 아시아의 여러 나라에서처럼 독재 내지는 과두 정치의 본색을 드러냈다면 미국은 지금 어떤 나라가 되어 있을까. 예컨대 워싱턴을 왕으로 추대하고, 대륙회의 의원이 권력을 장악하여 자기네끼리 나눠 먹는 제도를 만들었다면 말이다. 그리고 19세기 중반에 링컨이라는 지도자가 나오지 않았다면 미국의 노예제도는 언제쯤 청산되었을까.

미합중국 역사의 전환점마다 등장한 걸출한 인물들의 영성靈性과 마음가짐이 조금만 달랐더라도 오늘날 미국이라는 나라의 모습은 여러 면에서 지금에 비해 자못 미개한 수준이었을 것이다.

저급한 인격의 소유자가 이끄는 나라에서는 진정한 발전을 기대할 수 없다. 저급한 인격의 소유자에게는 근본적으로 국가와 국민과 대의大 義를 앞세우는 역량이 없다. 반면 훌륭한 지도자가 나라를 이끌면 진정한 변혁의 원동력이 위에서부터 아래로 전달되어 국민의 마음을 움직인다. 미국의 역사를 보면 기득권과 소시민, 가진 자와 못 가진 자의 싸움에서 진보적 가치를 지향하는 대통령이 번번이 기득권층의 반대를 무릅쓰고 약자의 편에 섰다.

미국 근대 진보주의의 시초는 26대 대통령 시어도어 루즈벨트의 신민족주의New Nationalism 정책으로 거슬러 올라간다. 이어 프랭클린 루즈벨트의 뉴딜, 해리 트루먼의 페어딜Fair Deal, 존 F. 케네디의 뉴프런티어New Frontier 그리고 린든 존슨의 위대한 사회 등 진보적 목표 의식을 가진 대통령이 반세기에 걸쳐 서민과 약자를 위한 광범위한 개혁 정책을 펼쳤다.

그중 사회적 약자를 위한 제도를 실현시키는 데 가장 큰 업적을 남긴 지도자는 프랭클린 루즈벨트다. 그의 가장 큰 업적은 미국의 현대 복지 국가 기반을 확립한 것이지만, 수치로 계량할 수 있는 것보다 더 중요한 것은 힘을 가진 자가 약자를 수호하는 정신을 확립했다는 것이다.

그는 엄청난 부자였지만 어렵게 사는 소시민을 위한 정책을 최우선으로 생각했다. 그는 대통령이 되지 않았더라도 부나 가문 모든 면에서 상위 0.01퍼센트에 속하는 특권층이었지만, 그 어느 서민 출신 권력자에게서도 기대하기 힘든 서민 편향적인 정책을 펼침으로써 서민들에게 용기와 의욕을 심어주려 했다.

미국이 대공황의 깊은 늪에 빠져 있던 1933년 3월, 루즈벨트는 32대 대통령 취임식에서 "우리가 두려워할 것은 두려움 그 자체밖에 없다"는 유명한 말로 기억될 불후의 명연설을 했다. 그런데 사실 그 연설의 백미는 다음의 획기적인 선언이었다.

상품의 거래를 지배하는 자들은 자신의 아집과 무능 때문에 실패했고, 그 실패를 인정했으며, 자신의 자리에서 물러났습니다. 부도덕한 금융업자의 관행은 이제 여론의 법정에서 심판을 받았고, 사람들의 마음에서 더 이상 설 자리가 없습니다.

금융업자는 우리 문명의 신전의 높은 자리에서 도망쳤습니다. 우리는 이제 그 신전을 고대의 진리로 복구시킬 수 있습니다. 그 복구 작업의 척도는 우리가 한낱 금전적 이익보다 더 숭고한 사회적 가치를 얼마나 반영시키는가 하는 것에 달려 있습니다.

성공의 기준으로서의 물적 부富의 허위성을 인지하는 것은 공직과 정치의 높은 자리가 그 지위와 사리私利의 기준에 있어서만 가치를 지닌다는 허위 신념을 포기하는 것과 밀접한 관련이 있습니다.

'한낱 금전적 이익'이라고? '물적 부의 허위성'이라고? 민주 자본주의의 첨병인 미국의 대통령 입에서 이런 말이 나왔다는 게 믿기 힘들 정도다. 루즈벨트가 이 연설에서 한 말은 지난 한 세기 동안의 어떤 연설과 견주어도 놀라운 선언의 연속이었다.

온 국민의 생계가 위협받고 있는 준엄한 국가 위기 앞에서 루즈벨트는 서민의 주머니 사정을 직설적으로 언급하기보다 "고대의 진리"를 상기시키고 "금전적 이익보다 더 숭고한 사회적 가치"의 필요성을 설파했다. 국민 생계의 해결을 가볍게 약속하기보다 사회에 팽배해 있는 정서와 가치관의 개조를 과감하게 제시한 것이다.

수많은 보수와 기업 친화적 인사는 뉴딜 정책을 사회주의 정책으로 여겼다. 민주당 소속 케네디까지 1946년 하원의원 유세에서 "루즈벨트는 우리나라의 자본주의에 종말을 고하는 데 기여했다"고 할 정도였다.

여기서 다시 한 번 강조되어야 하는 사실은 루즈벨트가 그 누구도 부럽지 않은 미국의 최상류층 출신이었다는 사실이다. 중산층 출신의 초조함이나 자격지심으로부터 자유로웠던 그는 상류다운 상류답게 큰 그림을 보았고, 지도자다운 지도자답게 국민을 설득시켰다. 이 취임식 연설 후 여러 매체에 보도된 한 여성의 소감은 당시 미국 국민의 압도적인 호응을 대변한다. "이런 시대에 저렇게 말할 수 있는 사람은 진정한 미국 국민이라면 보낼 수 있는 모든 지지를 받을 자격이 있습니다." 좌절에 빠져 있는 국민에게 영감을 불어넣은 대통령의 연설이었던 것이다. 이 연설은 대공황의 늪에 빠져 날이 갈수록 희망을 잃어가던 국민의 자긍심과 애국심에 불을 지폈다.

그때 당시에는 그 누구도 자신할 수 없었겠지만, 미국은 얼마 후 세계의 슈퍼파워로 부상하게 된다. 루즈벨트 대통령의 임기를 시작으로 거의 반세기 동안 계속된 미국의 혁혁한 발전의 시초에는 상류적 가치를 영위하는 대통령이 일반 소시민에게 심어준 상류적 비전의 원동력이 있었던 것이다.

존 F. 케네디 역시 뼛속까지 상류였다. 그는 루즈벨트 못지않게 자신감과 여유가 넘치는 사람이었고, 좀팽이 같은 언행을 체질적으로 거부했다. 한 예로, 그가 연방 하원의원 시절 텔레비전에 나온 리처드 닉슨(당시 연방 상원의원)을 보면서 옆에 있던 친구에게 "저 친구 품격이 한참 떨어지는군" 하고 말했다고 한다. 이는 닉슨의 사회적, 경제적 지위가 아니라 그에게서 풍기는 중산층 분위기의 열등감과 쩨쩨해 보이는 품성을 두고 하는 얘기였다.

케네디도 최상위 특권층이면서도 약자 편향이었다. 그리고 소외 계층과 서민과의 교감을 어떻게 이끌어내고, 그들에게 어떻게 영감을 주고 동기를 부여해야 하는지 정확히 간파한 사람이었다. 1960년 대선 유세 중 닉슨이 미국이 잘살고 있다는 얘기를 하자 케네디는 이렇게 응수했다. "지금 직장이 없는 400만 명 그리고 파트타임으로 일하는 300만 명에게 그렇게 얘기해보십시오. 세계에서 가장 부유하다는 나라에서 한 달에 20달러의 식비로 먹고살아야 하는 500만 명에게 그렇게 얘기해보십시오."

케네디는 결국 닉슨을 누르고 당선되었고, 취임식 연설에서 이렇게 말했다. "자유 사회가 수많은 가난한 사람을 돕지 못한다면, 몇 안 되는 부자도 구제할 수 없을 것입니다." 그는 빈곤 퇴치를 위해 인간에 대한 투자, 즉 직업교육뿐만 아니라 초등학교 때부터의 교육, 의료 보조, 인권, 지역사회 활성화와 소시민의 사기土氣 고취 등을 목표로 광범위한 구조적 개혁을 위한 정책을 준비하던 중 갑자기 암살당했다.

이후 대통령직을 승계한 린든 존슨은 케네디가 다 이루지 못한 뉴프런티어 어젠다를 망라한 '위대한 사회' 계획에 착수한다. 1964년 솔직하고 열정 넘치는 연두교서에서 가난과의 전쟁을 선포하고 민권과 서민

복지가 주축을 이루는 이 정책을 구체적으로 제시했다. 그의 연설에는 대통령의 연두교서에서 만나기 드문 가슴 절절한 소박함이 있었다. "나는 제국을 건설한 대통령이 되고 싶지 않습니다. 나는 어린아이들에게 세상의 신비를 가르친 대통령이 되고 싶습니다. 가난한 사람들이 다시 일어설 수 있도록 돕고, 모든 시민이 모든 선거에서 투표할 수 있는 권리를 보호한 대통령이 되고 싶습니다."

그리고 약속대로 고령자와 저소득층을 위한 의료보험 프로그램과 사회보장 혜택 확대, 푸드스탬프 프로그램 재가동, 그리고 청소년 취업 프로그램 등 광범위한 빈곤 퇴치 정책을 본격 시행했다. 미국이 월남전의 수렁에 깊이 빠져들면서 정책의 상당 부분이 본래의 목표를 달성하지 못했지만, '위대한 사회' 정책의 일환으로 실현된 민권법과 투표권법은 존슨의 위대한 업적으로 남았다.

존슨은 의회를 다룰 줄 아는 탁월한 정치인이었지만 단기적인 정치적 승리보다 대통령으로서 후대에 남겨줄 위대한 유산이 무엇일까를 생각했다. 그가 1964년 민권법에 서명한 후 보좌관에게 한 말은 유명하다. "이제 민주당은 아마도 30~40년은 남부에서 지지를 받지 못할 걸세." 자신의 정치생명과 민주당의 당운을 걸고 민권 개혁을 이끌었다는 얘기다.

존슨의 업적이 과연 그렇게 대단한 것인지 의심스럽다면, 남아프리카공화국에서 흑인이 다수 인종이었음에도 불구하고 1994년에야 비로소 아파르트헤이트가 폐지되었다는 사실을 상기해볼 필요가 있다.

상류들의 의식 수준

어느 사회든 양심과 의식이 살아 있는 구성원의 목소리가 얼마나 큰지를 보면 그 사회의 건강 상태를 짐작할 수 있다. 한국에서는 기득권과 비기득권의 싸움이 일방적이다. 힘없는 지식인, 1인 시위, 철탑 농성, 분신, 촛불 든 서민, 그리고 언제 문 닫을지 모르는 독립 언론이 그 싸움을 짊어지고 있다. 한국의 기득권은 거의 예외 없이 기득권 편이다. 기득권자가 사회정의를 위하여 자발적으로 양심적 행동에 나서는 것은 한국에서 보기 드문 현상이다.

가재는 게 편이니 기득권이 기득권 편을 드는 것이 당연하지 않느냐고 하겠지만, 미국 기득권층 중에는 의협심을 가진 이가 상당히 많다. 사회 전반에 걸쳐 전개되는 기득권층의 광범위한 액티비즘은 각종 사회운동에서 무시할 수 없는 비중을 차지한다. 여러 분야에서 명망 있는 인사들이 약자 편을 들고 정의를 위해 싸우는 모습을 흔히 볼 수 있다. 기득권과 비기득권의 싸움에서는 수많은 기득권층 인사가 적극적으로 비기득권층을 대변한다. 사회의 다양한 이슈에 대하여 높은 의식 수준을 보여주는 상류의 본보기는 수도 없이 많다. 물론 돈과 권력에 취해 정신 못 차리는 특권층 부류도 당연히 있지만, 미국에는 전반적으로 기득권층이 사회적 책임을 외면하기가 오히려 더 힘든 사회적 분위기가 조성되어 있다. 영화 「스파이더맨」 시리즈의 모티프가 된 "대단한 힘은 대단한 책임을 수반한다"는 대사는 미국 사회 전반에 스며 있는 사회계약 정신을 반영한다. 상위층의 많은 구성원이 이 같은 책임 의식을 내면화하고 있다.

미국에서는 건국 초기부터 의식 있는 위인들의 지도력이 사회를 진보시켜왔다. 우선 노예 문제만 놓고 봐도, 건국의 아버지 중 하나이자 뉴욕 주의 2대 주지사였던 존 제이부터 펠프스 스토크스 가문에 이르기까지 다수의 최상위층 주류가 앞장서서 노예제도 폐지 운동을 펼쳤다.

일부 역사가가 남북전쟁 발발의 기초를 다진 소설이라고 평가하는 『톰 아저씨의 오두막Uncle Tom's Cabin』의 저자인 해리엇 비처 스토는 중상류층 집안 출신으로 노예제도 폐지 운동가였다. 그리고 1930년대 미국 남부의 극심한 인종 불평등을 고발한 역작 『앵무새 죽이기To Kill A Mockingbird』의 저자 하퍼 리도 중상류층 가정 출신이다. 두 저자의 작품은 미국 중상류층 백인의 행동하는 양심을 보여주는 대표적 사례다. 두 작품은 한국의 중상류층 출신 작가가 아프리카에서 이주한 노동자의 관점에서 소설을 쓰는 것보다도 더 비범한 상상력과 연민의 웅비雄飛가 필요했던 작품이라고 할 수 있다. 그래서 유복한 가정의 기득권층 백인 저자가 보여주는 흑인에 대한 연민의 깊이가 생각할수록 경이롭게 느껴진다.

미국에서 상류층 인사가 부와 지위와 영향력을 사회적 선善을 위해 쓰는 모습은 전혀 낯설지 않다. 상류층에 속하지만 철저하게 약자 편에 서서 사회정의와 평등을 위해 싸우는 유명인을 족히 수십 명은 꼽을 수 있다. 재계, 학계, 정계 등 사회 각 분야의 수많은 저명인사가 빈부 격차에서 인종차별에 이르기까지 사회의 가장 큰 문제를 여론화시키고 해결책을 이끌어내기 위하여 발 벗고 나선다.

평균적으로 미국 재벌의 사회적 책임 의식 수준은 한국 재벌에는 견주어 비교할 수 없을 정도로 높다. 미국 최고의 부자 2인방인 게이츠와 버핏의 활동상은 이미 언급한 바 있다. 버핏에 대해 한마디 덧붙이자면, 그는 2007년 상원 재무위원회에 증인으로 출석해 부자들의 세금 부담율을 올려야 한다고 주장했다. 부의 세습은 능력주의의 적이라며 민주주의의 금권정치화를 억제하려면 누진적이고 의미 있는 상속세 제도가 필요하다고 강조했다. 버핏은 이같이 자신의 양심을 공개적으로 표명함으로써 부자 증세의 필요성을 여론화하는 데 큰 역할을 했다.

버핏 외에도 자신의 금전적 이익과 관계없는, 또는 아예 상반되는 액티비즘에 나서는 재벌이 수두룩하다. 그중 환경운동가로 유명한 헤지펀드 매니저 톰 스타이어(순자산 16억 달러), 교육과 예술에 재산의 대부분을 기부하겠다고 선언한 통신 재벌 해롤드 렌페스트(순자산 12억 달러) 그리고 벤처캐피털리스트 닉 하나워(순자산 10억 달러) 등을 꼽을 수 있다.

하나워의 경우 단순히 재산을 자선사업에 기부하는 데 그치지 않고, 공동 저술한 책까지 펴내며 최저임금 인상 등 빈부 격차를 줄이기 위한 매우 구체적인 방안을 제시했다. 하나워의 액티비즘은 미국의 많은 억대 부자를 불편하게 만들고 있다. 2012년에는 그의 빈부 격차 관련 '테드톡스TED Talks' 강연 내용이 너무 편파적이라는 이유로 방영이 취소되어 큰 논란이 일기도 했다. 하나워는 또 2014년에 온라인 매체『폴리티코Politico』에 기고한 '동료 억만장자 제위에게'라는 글에서 최고 부자들이 힘을 모아 빈부 격차를 해결하고 중산층을 회생시키지 못한다면 엄청난 사회적 재앙이 올 것이라고 경고했다. 이에 보수 경제지들은 작심하고 그를 비난했다.

2010년에 설립된 '애국적인 백만장자'라는 단체도 부자들의 의식 있는 액티비즘의 사례 중 하나다. 구글에서 퇴직한 엔지니어 등 세 명이 설립한 이 단체는 설립과 동시에 연 100만 달러 이상 소득자의 세금을 올리도록 의회에 촉구하는 캠페인에 나섰고, 이를 여론화하는 데 성공하여 2년 뒤 일부 부자 세율을 인상한 2012년 세금 구제법이 통과되는 데 적지 않은 힘을 보탰다. 이 협회는 부자 증세를 촉구하며 의회에 계속 '로비'를 하고 있다.

회원인 리오 힌더리 2세(순자산 10억 달러)는 AP통신과의 인터뷰에서 이렇게 말했다. "상위 10퍼센트가 국민소득의 절반을 차지하는 마당에 아메리칸 드림이라는 것을 어떻게 믿을 수 있습니까? 이건 부도덕하고 비윤리적일 뿐 아니라 경제적으로도 해롭다고 생각합니다." 또 이렇게 덧붙였다. "지금 나는 없는 옷이 없고, 없는 자동차가 없다는 사실을 모릅니까? 나한테 있을 건 다 있습니다. 돈은 그냥 써버리게 되지요. 부자들은 더 큰 부자가 될 뿐입니다."

억대 부자는 아니지만 백만장자인 경제학자도 이와 같은 액티비즘에 앞장선다. 클린턴 대통령 시절 노동장관을 지낸 진보 경제학자 로버트 라이시가 대표적인 예다. 라이시는 강연, 방송 토론, 블로그 등을 통해 소득 재분배, 부자 증세, 최저임금 인상, 대기업 조세 회피 등을 주제로 양심 없는 자본가를 신랄하게 비판하는 한편 중산층과 힘없는 서민을 위한 정책을 주장한다. 그의 글과 인터뷰를 보면 참으로 열정적이고 투쟁적이다.

그리고 『뉴욕타임스』의 칼럼니스트 폴 크루그먼을 빼놓을 수 없다. 노벨상 수상자이자 미국에서 가장 유명한 경제 칼럼니스트인 크루그먼은 대기업의 탐욕과 부자만 감싸고도는 보수 정치인의 협잡과 궤변을 끊임없이 폭로하고 비판한다. 라이시와 크루그먼 모두 기득권의 폐해에 대항하고 철저하게 약자 편을 드는 정의의 투사들이다. 중요한 사실은 이들의 목소리가 '광야에서 외치는 소리'가 아니라는 것이다. 두 경제학자의 목소리는 주류 사회에서의 여론 형성에 상당한 영향을 미친다.

그 밖에 현대 인물 중 의식 있는 행동으로 유명한 상류 인사를 몇 명 더 소개한다.

– 지미 카터(39대 대통령)

미국의 정계를 살펴보면 지난 한 세대만 돌이켜보아도 투철한 책임 의식을 행동으로 옮긴 인물이 수두룩하다. 2009년에 사망한 테드 케네디가 그랬고, 지금은 재야에 있는 카터 전 대통령이 그렇다.

카터는 1981년 퇴임한 후 지난 35년 동안 세계평화, 남녀평등, 총기 규제, 인종 문제, 이스라엘-팔레스타인 분쟁, 개발도상국의 경제 발전 등 세계적인 문제에 대해 사심 없고 양심적인 발언과 행동으로 일관해 왔다. 그의 인간성과 순수성을 의심하는 사람은 거의 없다. 아흔의 나이에도 여전히 사회 공헌 활동을 계속하는 카터는 지금 역사상 가장 위대한 전 대통령이라는 평가를 받는다.

– 놈 촘스키(MIT 교수)

촘스키는 현재 세계에서 가장 영향력 있는 지식인 중 하나다. 촘스키는 뼛속 깊이까지 사회적 약자와 약소국의 편이며, 기득권과 거대 자본과 국가 차원의 범죄를 고도의 논쟁술로 공격한다. 특히 자신이 유태인임에도 이스라엘의 전쟁범죄와 미국의 이스라엘 지원에 대하여 신랄하게 비판한다. 심지어 미국을 '세계 유수의 테러 국가'라고까지 한다. 강자의 횡포에 대한 그의 가차 없는 규탄은 온건파 입장에서는 물론 상당히 부담스러운 부분이다. 그럼에도 불구하고 촘스키가 세계 굴지의 대학에서 가장 존경받는 교수 중 하나로서의 자리를 확고히 지키고 있다는 사실은 반대 의견과 표현의 자유를 신성하게 여기는 미국의 정신적 풍토를 말해준다.

– 랠프 네이더(정치운동가)

몇 차례 대통령에 출마한 바 있는 네이더는 미국의 대표적인 정치운동가다. 프린스턴대와 하버드대 법대 출신으로, 1965년 『어떤 속도로도 안전하지 않은Unsafe at Any Speed』이라는 자동차 안전에 대한 선구적인 책을 펴내 선풍을 일으켰다. 이 역작의 영향으로 그는 일약 소비자보호운동의 기수이자 정신적 지주가 되었고, 지금까지 소비자보호, 노동자 권리 보장, 환경보호, 보건 정책, 세제 개혁, 기업 범죄 등 기득권에게 부담이 되는 사회운동을 전개하고 있다. 독선적이라는 비판도 있지만, 그의 독선은 소비자와 약자 보호를 무엇보다 우선시하는 신념의 표출로 받아들여진다. 미국에서 네이더만큼 소비자 의식을 제고시키고 상품의 안정성 향상을 위한 개혁을 이끌어낸 사람도 드물다.

A급 할리우드 스타의 액티비즘도 빼놓을 수 없다. 로버트 레드포드는 미국에서 둘째가라면 서러울 환경운동가다. 조지 클루니는 아프리카 다르푸르에서 자행되는 '인종 청소'의 참상에 세계의 시선을 집중시키기 위해 열정적인 캠페인을 펼쳐왔다. 최근에는 다르푸르 문제를 방치하는 국제사회를 비판하는 글을 『뉴욕타임스』에 기고하기도 했다.

그 밖에 앤젤리나 졸리, 브래드 핏, 맷 데이먼, 바브라 스트라이샌드, 벤 애플렉, 스티븐 스필버그 등 할리우드 최고의 스타와 감독이 세계 각 지역의 사회정의와 약자를 돕기 위한 다양한 프로젝트에 의미 있게 관여하고 있다. 실제로 많은 할리우드 스타들이 클루니나 졸리에게서 영감을 받고 보람 있는 사회운동 프로젝트를 찾아 그것을 효과적으로 진행하기 위해 자선사업 컨설턴트의 자문을 구하고 있는 것으로 알려졌다. 애플렉의 경우 최근 연방의회의 해외 원조 공청회에 빌 게이츠를 대동하고 패널로 출석하여 아프리카에 대한 지속적인 지원의 중요성을 호소했다.

생각의 크기

어느 사회든 하위문화와 상위문화가 있게 마련이다. 문제는 각 스펙트럼이 그 사회에서 차지하는 비중과 영향력이다. 그 배합은 사회의 평균 수준을 결정한다. 하위문화가 주류를 장악하면 대화의 수준이 낮고, 단순 논리가 지배하고, 사회 전체의 시야가 좁아진다.

인간에게는 자신과 가족을 보호하는 동물적 본능을 넘어 사회를 생각하고, 사회를 넘어 국가와 역사를 고찰하고, 국가와 역사를 넘어 지구와 세월을 지질학적 차원에서, 즉 수십억 년 단위로 상상하는 능력이 있다. 이 능력은 나아가 갈릴레오, 뉴턴, 아인슈타인처럼 우주의 원리를 찾아내는 추리력과 상상력의 스케일을 지닌다. 진정한 상류가 지배하는 사회에서는 이러한 상상력을 지닌 사람을 알아보고 대접해준다. 그런데 한국 사회는 이런 상상력이 인정받지 못하는 사회 같다. 그런 상상력을 지닌 사람들이 없을 리는 만무하지만, 상상력보다는 기능성과 생산성만 강조되는 사회여서 큰 생각을 하는 이들이 빛을 보지 못하고 있는 듯하다. 한국에서 상상력과 창의력이 사장되는 것은 대부분의 사람이 아직도 '잘 살아보세', 아니 '더 잘 살아보세'가 거의 전부인 물욕 중심의 단세포적 패러다임 속에 갇혀 있기 때문이 아닐까. 욕망만 다스릴 수 있다면 충분히 살 만하겠건만, 한국 사회의 그 답답한 패러다임은 상상력과 창의력이 제대로 발달하지 못한 부분적 장애인을 끊임없이 양산해내는 것 같다. 미국과 한국을 오가면서 객관적인 시각으로 보면 우수한 민족을 자처하는 한국인의 비좁은 시야에 가끔씩 경악하지 않을 수 없다.

한국에서는 왜 큰 생각을 하는 사람이 두각을 나타내지 못할까. 여기서 '큰 생각'이란 거시경제나 한반도의 통일 문제보다 더 큰, 국경을 초월한 지구의 문제, 나아가 지구를 초월한 우주와 생명의 기원을 고찰하는 그런 거대 담론이다.

한국을 생각해보면, 항상 서로끼리만 비교하고 우물 안에서 치고받다 보니 거대 담론의 부재가 당연할 수밖에 없는 것 같기도 하다. 먹고살기가 너무도 힘들기에 거대 담론을 생각하는 것조차 귀찮을 수밖에 없는 것일까.

하지만 그건 평계에 불과한 것 같다. 인류 역사의 위대한 사상가와 과학자 중에도 먹고살기 힘들었던 이들이 많다. 더 근본적으로 생각해보면, 어쩌면 앞장서지 못하고 항상 뒤만 좇는, 모방 본능이 강한 민족성 탓이 아닌가도 싶다. 아니면 대체로 소인배와 모리배가 주류를 이루어 룰과 제도를 만들기 때문일까.

이유야 어쨌든 지금 한국 사회에서는 당장 눈앞에 보이지 않는 것을 생각하는 여유가 있는 사람을 만나기가 힘들다. 우주의 기원 따위를 얘기하면 돌아오는 답이 대부분 "우주가 밥 먹여주나"다.

미국에서는 종교와 윤리, 우주론, 창조론과 진화론 등 거대 담론에 대한 토론회가 대학과 연구기관 등에서 자주 열린다. 이런 토론회에는 보통 대학생뿐만 아니라 일반인까지 수많은 청중이 몰려들고, 초빙되는 연사는 지식인 사이에서 연예인과 맞먹는 수준으로 인기가 있는 스타다. 그중 대표적인 인물이 언론인 크리스토퍼 히친스(2011년 사망), 신경과학자 출신 철학자 샘 해리스, 인지과학자 대니얼 데닛 그리고 칼텍 교수인 우주론학자 숀 캐럴 등이다. 배우 모건 프리먼도 우주론에 깊은 관심을 갖고 있는 것으로 널리 알려져 있고, 애니메이션 프로그램 「패밀리가이」의 제작자로 유명한 세스 맥팔레인도 우주론과 진화론 등 '존재의 큰 그림'에 유난히 열정적인 관심을 갖고 있다. 이들은 전국의 대학을 비롯한 지식의 장을 순회하며 우주와 과학과 생명의 기원 등 거대한 주제에 대해 진지한 토론을 벌이고, 그 토론에 대중을 참여시킨다.

지금 살아 있는 과학자 중 가장 유명한 천체물리학자 닐 디그래스 타이슨은 그의 대통령 출마를 종용하는 페이스북 페이지가 개설될 만큼 대중에게 인기가 높다. 그만큼 일반인 사이에 과학과 우주의 신비에 대한 관심이 고취되어 있고, 이런 사람들이 큰 생각이 요구되는 분야에서 스타가 될 수 있을 만큼의 거대 담론 시장이 형성되어 있다는 얘기다.

우주론이나 진화론 등의 분야에서 대중의 인기를 누리는 과학자가 한국에 없다는 것은 그런 영역에 일반인의 관심이 미치지 못함을 의미한다. 한국의 대학 중 천문학과가 따로 있는 대학은 일곱 개에 불과하다. 그나마도 재정 지원이 형편없다고 한다. 전국을 통틀어 정원이 250여 명인데, 학과는 있지만 신입생이 없는 경우도 있다.

현재 세계에는 유효 구경口徑이 3미터 이상인 천체망원경이 50여 개 있는데, 세계 경제 규모가 14위인 한국이 지원하고 있는 망원경은 단 하나도 없다. 미국이 27개로 단연 가장 많고, 캐나다, 러시아, 프랑스, 스페인, 일본, 중국, 독일, 이탈리아, 호주, 네덜란드, 뉴질랜드, 폴란드, 영국, 칠레, 심지어 멕시코, 브라질, 아르헨티나가 이들 망원경에 대한 경제 및 학술 지원에 참여하고 있다.

이는 사실 재정의 문제라기보다 한국 지배 계층의 몰지성적 성향, 그리고 국민 전반의 정서와 가치 서열의 현주소를 다소 정확히 반영하는 것이며, 나아가 한국 국민의 생각의 크기를 단면적으로 보여주는 것이다. 한국은 경제 대국의 반열에 올라 있는 나라지만 상상력에 있어서는 우주로 뻗어나갈 만큼의 여유가 없다. 지금 먹고사는 문제와 당장 물질적 욕망을 채워주지 않는 것은 한국인의 관심 대상이 되지 못함을 부정할 수 있을까. 대다수 국민이 치졸한 정치 싸움, 지역감정, 학벌, 소비문화에 빠져 무한한 우주의 신비는 눈에 들어오지 않는 것이다.

앞에서 언급한 디그래스 타이슨은 미국 거대 담론 시장의 얼굴이다. 뉴욕의 헤이든 천문관의 관장으로, 2004년 명왕성이 태양계의 행성에서 카이퍼벨트의 소행성으로 강등되는 역사적 행성 재분류 캠페인에서 주도적 역할을 했다.

타고난 교육자인 디그래스 타이슨은 무엇보다도 대중에게 과학의 중요성을 열정적으로 전파하는 과학 전도사다. 그는 연설가의 재질은 물론 예사롭지 않은 카리스마를 타고났으며, 지극히 난해한 개념을 비전문가가 쉽게 이해하도록 설명하는 탁월한 재능을 지녔다. 『타임Time』지는 2007년에 그를 '세계에서 가장 영향력 있는 100인' 중 하나로 선정했다. 지금은 그때보다 훨씬 더 높은 명성을 누리고 있다.

디그래스 타이슨이 세상 사람에게 열정적으로 퍼뜨리고 있는 메시지는 별을 보며 동심으로 돌아가자는 한가한 얘기가 아니다. 그가 사명으로 삼는 것은 과학에 대한 대중의 이해와 참여 수준을 높이는 것이다. 그는 특히 종교의 과학 영역 침해와 무지無智를 수반하는 맹목적 신앙이 사회 전반에 미치는 해악에 대해 경고한다. 그리고 미국 정부가 우주 예산을 늘리는 것이 과학 분야에서의 경쟁력 제고뿐만 아니라 인류의 미래에 있어서 얼마나 중요한 일인지를 끊임없이 강조한다.

디그래스 타이슨은 세계적인 스타지만 스타처럼 행동하지 않는다.

상상을 초월하는 우주의 크기와 신비에 심취해 있는 과학자답게 언제나 겸손하다. 그가 우주에 대해 갖고 있는 열정은 수많은 미국인에게 감동을 주고 있으며, 특히 자라나는 청소년에게 영감을 주고 있다.

이런 적이 있었다. 유투브에도 올라와 있는 장면인데, 어느 강연이 끝난 후 질의응답 시간에 일곱 살짜리 꼬마가 "삶의 의미가 뭐예요?" 하고 물었다. 청중은 폭소를 터뜨렸다. 하지만 디그래스 타이슨은 자연스럽게 무대 바로 밑 꼬마에게 다가가 바닥에 털썩 주저앉았더니, 아이와 마주보며 자상하게 말을 건넸다. "내 생각에, 삶의 의미는 자기가 스스로 만드는 거야. 이 세상을 항상 끊임없이 탐구하면서 어제보다는 오늘 아는 것이 더 많아졌다는 사실이 중요해. 그러니까 할 수 있는 만큼 자연을 탐험하고 시험해보렴. 부엌에서 냄비와 프라이팬을 끄집어내 두들겨보기도 하고, 눈송이를 입으로 받아먹어보기도 하고. 항상 그런 호기심으로 세상을 탐구하면, 나이가 들어 이 세상 여러 가지 문제를 해결하는 능력을 키우면서 삶의 의미를 드높일 수 있을 거야."

디그래스 타이슨은 2014년 「코스모스」 시리즈의 진행을 맡았다. 125개국에서 1억 3,500만 명이 시청한 이 프로그램은 내셔널 지오그래픽 방송 프로그램 중 역사상 가장 높은 시청률을 기록했다. 이처럼 큰 생각을 가진 교육자, 지도자가 대중의 마음을 사로잡고 일반인의 본보기가 된다면 사회 전반의 시야도 넓어질 것이다. 전반적으로 미국에는 당장 먹고사는 것과는 상관이 없어도 큰 생각을 가진 이들에게 귀를 기울이는 분위기가 조성되어 있다.

사실 디그래스 타이슨은 우주탐사와 외계생물학의 선구자인 칼 세이건이 이미 오래전에 닦아놓은 길을 가고 있다. 디그래스 타이슨이 진행하는 「코스모스」의 원조는 1980년대 세이건이 내레이터로 직접 출연한 같은 제목의 11부작 다큐멘터리다. 원조 「코스모스」 시리즈로 세이건은 미국 천문학자의 상징이자 '큰 생각'의 원조가 되었다. 또한 그는 나사NASA의 파이어니어, 보이저, 바이킹 등 여러 우주탐사선 프로젝트에 기술 고문으로 참여했지만, 무엇보다도 우주의 신비를 대중에게 친밀한 언어로 설명해준 위대한 소통자였다.

우주의 신비를 철학과 존재론적 차원에서 음미했던 세이건은 1990년 태양계 바깥을 향해 날아가던 보이저 1호가 지구로부터 61억 킬로미터 되는 거리에서 촬영한 지구의 모습을 '희미한 푸른 점Pale Blue Dot'이라 불렀다. 1972년 아폴로 17호의 승무원이 4만 5,000킬로미터 거리에서 찍은 푸르고 아름다운 지구의 모습에 '푸른 구슬Blue Marble'이라는 명칭이 붙었다는 사실을 상기할 때 강렬한 격세지감을 불러일으키는 시적詩的 표현이다. 18년의 세월과 61억 킬로미터의 거리가 가져온 관점의 변화가 애절하기까지 하다. 세이건이 같은 제목의 책 『창백한 푸른 점Pale Blue Dot』에서 보이저 1호가 그토록 먼 거리에서 본 지구의 모습에 대해 기록한 소감은 한 편의 산문시이자 철학적 차원의 명상이다.

우리의 가식과, 우리의 상상력이 만들어내는 자만심과, 우리가 우주에서 어떤 특권을 가진 위치에 있다는 망상은 이 한 점의 희미한 빛 앞에서 무색해진다. 우리의 행성은 우리를 감싸는 거대한 우주의 암흑 속에 있는 외로운 티끌이다. 우리의 무명無名 속에서, 이 모든 광활함 속에서, 우리 스스로부터 우리를 구제해줄 도움의

천체물리학자 닐 디그래스 타이슨

분명 미국에도 과학적 세계관에 반대되는 흐름이 있다. 아이들의 교과서에 창조론을 반영하느냐 하는 문제로 벌어진 논쟁처럼 팽팽한 입장 차가 존재한다. 하지만 우리가 눈여겨볼 것은 입장의 다름이 아니라 문제를 풀어나가는 방식과 그 지향점이다. 토론과 공청회, 칼럼과 집회를 통해 다양한 의견을 모으고, 합의한 결정을 존중하는 민주적인 과정은 그 자체로 살아 있는 교육이 된다. 더구나 과학 교육에 대한 미국 상류들의 관심은 그야말로 뜨겁다. 디그래스 타이슨과 같은 뛰어난 과학자가 다큐멘터리 「코스모스」의 진행을 맡거나 지속적으로 대중 강연을 다니고, 빌 게이츠는 과학과 역사를 결합한 '빅히스토리' 교육에 거액의 돈을 지원한다.

손길이 다른 곳에서 올 것이라는 일말의 암시도 없다.

세이건과 디그래스 타이슨처럼 특출한 과학자가 일반인에게 심오하면서도 쉽게 공감할 수 있는 이야기를 건넬 수 있다는 사실은 '정신의 삶'을 풍요롭게 해준다. 인류의 역사를 봐도 존경받는 과학자의 가장 숭고한 역할이란 편리한 생활을 위한 기술 개발보다는 상상력의 범주와 시야를 넓혀주고 미래에 대한 영감을 주는 것이었다. 아인슈타인은 유럽에서 가장 위대한 과학 연구를 하고, 미국에서는 인문주의로 불후의 명성을 남겼다는 얘기가 있다. 그는 사회주의부터 신의 존재에 이르기까지 사회와 인간과 철학에 대한 뭇 명언을 남겼다. 중요한 것은 아인슈타인, 세이건, 디그래스 타이슨 같은 과학자가 과학의 영역을 인류와 삶의 의미에 대한 성찰의 영역으로까지 확대시켰다는 사실 그리고 사람들이 그들의 비과학적 생각에까지 귀를 기울이는 풍토가 존재한다는 사실이다.

1980년대에 방송에 자주 출연한 세이건이 헤아릴 수 없이 많은 별의 숫자를 가리켜 '수십억의 수십억billions and billions'이라는 말을 수도 없이 되풀이한 덕에 미국에서는 이 표현이 일반인의 의식 속에 우주의 크기를 생각하면서 떠올리는 아주 친숙한 표현이 되었다. 생각해보건대, 한국인의 입에서 하루에도 수십 번씩 튀어나오는 '십억'이라는 말은 돈의 단위일 뿐이다. 십억이라는 단위가 문득 광활한 우주의 별과 은하계의 숫자로 와 닿는 생각의 크기를 만나보기는 힘든 현실, 어쩌면 바로 이것이 한국의 가장 큰 문제일는지도 모른다.

07
사회의 기둥

사악하지 말라

기업의 사회적 책임이라는 개념이 유행하기 훨씬 전에 구글은 2004년 기업공개 당시 '창업자 편지'에서 '사악하지 말라'라는 사시社是를 천명했다.

사악하지 말라. 우리는 장기적으로 볼 때—주주의 입장에서나 다른 차원에서나—단기적인 이익을 일부 포기하더라도 세상을 위해 좋은 일을 하는 회사가 우리 모두의 이익에 부합된다고 확신합니다. 이것은 우리 회사 문화의 중요한 측면이며, 이에 사내 구성원이 폭넓게 동참하고 있습니다.

저 문장이 이윤을 추구하는 회사의 기업공개 문서의 첫 문장이라는 것도 놀랍지만, "단기적인 이익을 일부 포기하더라도" 사악하지는 않겠다는 다짐에 예사롭지 않은 각오가 담겨 있다. 공동 창업자 세르게이 브린, 래리 페이지, 에릭 슈밋은 이어서 구글의 생명인 무료 검색 결과가 불편부당하고 객관적일 것과 광고를 게시할 경우에는 명확하게 광고임을 표시할 것을 약속하면서 구글의 공익성을 강조한다.

이건 무엇이 광고인지가 명확하고, 기사가 광고주의 돈에 영향을 받지 않는, 잘 운영되는 신문과 비슷합니다. 우리는 사람들이 돈을 지불하고 보여주는 정보뿐만 아니라, 최상의 정보와 조사 결과에 모두가 접근할 수 있는 것이 중요하다고 생각합니다.

구글의 창업자 편지에는 검색 엔진을 언론과 비교하는 의식의 수준과 투명성을 지향하는 기본적인 사명감이 드러나 있다. 이런 기업이 지금 미국의 1등 기업이다. 검색 기술의 선구자인 구글은 이렇게 기업이 공익성을 중요시하는 선례를 다져놓았고, 하이테크 분야의 멋진 본보기가 되었다.

구글의 비전은 여기에서 끝나지 않는다. 창업자 편지는 "우리의 포부는 구글이 더 좋은 세상을 만드는 조직이 되는 것"이라고 전제하고, 곧 설립될 구글 재단에 대한 계획을 설명했다(실제로 2005년에 'Google.org'라는 이름으로 재단이 설립되었다).

우리는 직원 재능 기부와 모종의 형태로 구글의 자기자본 및 수익의 대략 1퍼센트 등 상당한 재원을 이 재단에 투자할 계획입니다. 우리는 세계의 가장 큰 문제들을 해결하는 데 혁신적 기술과 상당한 재원을 동원함으로써 이 재단이 전반적으로 갖는 세계적 영향력이 언젠가는 구글 자체의 그것을 능가하기를 바랍니다.

세상의 문제를 해결하는 것이 미션인 공익 부문을 이윤의 추구보다 더 중요하게 생각한다는 얘기다. 기업공개는 주주들과의 약속인 만큼 이윤의 극대화를 약속해야 하는 마당에 대신 더 좋은 세상을 만들겠다고 선언한다는 것은 그야말로 전례가 없는 일이었다. 대단한 비전이 아닐 수 없으며, 기업 활동을 통해 세상을 바꾸겠다는 의지와 배짱을 말해 준다. 물론 이와 같은 비전을 실천하는 데는 시행착오가 다소 있었다. 하지만 구글 재단은 설립된 지 10년이 지난 지금 환경, 재생에너지, 공중보건 등 광범위한 분야에서 다수의 의미 있는 프로젝트를 추진하고 있다. 아직은 결과가 불투명하고 반독점 위반 등의 문제로 수난을 겪기도 하지만 구글이라는 기업이 인류와 지구의 미래를 내다보는 선구적인 기업으로서 상징적으로 그리고 실질적으로 세상에 미친 긍정적 영향은 부정할 수 없다.

2015년에 구글을 제치고 브랜드 가치 세계 1위를 기록한 애플의 사회적 책임 의식도 거론할 가치가 있다. 2014년 2월 연례 주주총회에서 CEO 팀 쿡은 기후변화 부정론을 주창하는 전국공공정책연구소라는 보수 싱크탱크 대표가 회사의 성과에 마이너스 요인으로 작용할 수 있는 환경 친화적 계획을 추진하지 말 것을 요구하자 대뜸 이렇게 대답했다.

"우리가 하는 일은 이윤이 동기가 되기보다 옳고 정당하기 때문에 하는 것입니다. 나는 빌어먹을 투자수익률은 생각하지 않습니다. 만일 이게 너무 강경하게 들린다면 주식을 팔고 빠지는 게 좋을 겁니다."

물론 애플이 지금처럼 엄청난 수익을 올리고 있지 않다면 이처럼 당돌하게 얘기하지 못했을 수도 있다. 하지만 아무리 회사가 승승장구하더라도 기업이 이윤보다는 옳고 정당한 것을 추구함을 공개적으로 선언한다는 것은 기본적인 사회적 책임 의식이 없다면 불가능한 일이다.

동성애자로서 사회적 소수자인 쿡의 책상에는 마틴 루터 킹의 사진이 놓여 있는데, 그 밑에는 킹 목사가 남긴 다음의 말이 새겨져 있다고 한다.

> 인생에서 가장 집요하고도 시급한 명제는 우리가 타인을 위해 무엇을 하고 있는가 하는 것이다.

세계 굴지의 인터넷 자산인 위키피디아를 운영하는 위키미디어재단도 '사악하지 말아야 한다'는 정신으로 무장한 조직이다. 위키피디아는 사용료가 없고 광고를 받지 않는데 이따금씩 기부를 요청하면서 양해를 구하는 공고가 뜬다. 공고의 요지는 '광고가 사악한 것은 아니지만, 이 공간에 게재되는 것은 옳지 않다'는 것이다. 위키피디아는 교육을 목표로 하는 중립적인 비영리 웹사이트로 자리매김되어 있으므로 광고를 받으면 그 미션의 순수성을 해친다는 것이 현재 위키미디어재단의 입장이다. 최근 들어 내부에서는 제한적으로나마 광고를 받으면 그 수익을 편집 인원 충원 및 서버 확장 등 보다 나은 서비스에 투자할 수 있다는 의견이 나오고 있긴 하다. 재미있는 사실은, 이러한 내부적인 토론까지 위키피디아 사이트에 스스로 공개한다는 것이다.

위키미디어재단은 기부금으로 운영되는 비영리단체인 만큼 투명성을 절대적으로 중시한다. 현재 2,500만 달러 수준인 예산의 집행 내역을 온라인에 게시할 뿐 아니라 과거의 모든 사업보고서의 버전과 변경 내용까지 검색하고 비교할 수 있도록 포스팅해두었다. 기부금 내역도 상세하게 설명되어 있고, 쉽게 접근할 수 있도록 정리해놓았다.

위키피디아는 현재 288개 국어로 2,000만 건 이상의 글을 수록하고 있으며, 세계 웹사이트 랭킹 8위에 올라 있다. 기업평가 전문가는 위키피디아가 일반 기업으로 치면 그 가치가 100억에서 300억 달러 정도 될 것으로 추산한다. 금전적 가치에 대한 압력과 유혹이 없을 리 만무하거늘, 위키피디아가 아직도 사악하지 않은 공익성 매체의 정체성을 유지한다는 것은 상류다운 상류인 구성원이 지니고 있는 올바른 책임 의식의 소산으로밖에는 설명되지 않는다.

구글이나 위키피디아의 운영자는 모두 돈보다 중요한 가치를 추구하는 비전을 가진 사람이다. 페이팔을 창업하고 차세대 에너지 분야 개척에 앞장서고 있는 기업가 일론 머스크도 마찬가지다. 이들의 공통점은 자신이 개발한 기술로 더 좋은 세상을 만들겠다는 원대한 포부를 지니고 사업에 임한다는 것이다.

재벌도 갖가지다. 같은 돈을 벌어도 위대한 비전을 갖고 세상을 긍정적으로 변화시키는 재벌이 있는가 하면, 돈밖에 모르는 장사꾼으로 시작하여 장사꾼으로 끝나는 재벌이 있다.

신뢰받는 언론

대다수의 국민이 신뢰할 수 있는 언론은 민주주의 사회의 가장 중요한 요소 중 하나다. 여론을 좌우하는 신문과 방송의 질은 국가와 사회의 보편적 정신 상태와 직결된다. 언론은 공론장에서의 의제 설정과 대화의 수준, 궁극적으로는 사회 구성원의 민도民度에 광범위하고 지대한 영향을 미치기 때문이다. 한 나라를 대표하는 언론은 '기레기'나 양아치가 아닌, 신뢰를 받고 또 그만큼 신뢰를 지키는 사회의 어른이 만드는 언론이어야 한다.

보통 선진국에는 나라마다 국민 대다수의 절대적인 신뢰를 받는 언론 매체가 최소한 하나둘은 있다. 언론의 수준에 있어서 오늘의 한국이 선진국이라고 말할 사람은 없을 것이다. 한국의 여론을 주도하는 주류 신문과 방송이 얼마나 파당적이고, 권력에 휘둘리고, 사사로운 감정 내지는 이익을 위해 진실과 거리가 먼 보도를 일삼는지는 정신 온전한 이들의 눈에는 자명할 터다. 어느 나라든 하류 매체 또는 영어로 '걸레rag'라 불리는 저질 신문이 있게 마련이지만, 최고의 영향력을 가진 언론이 국민의 우민화에 앞장서는 사회는 절대 건강할 수 없다. 사실 경제 규모가 세계 14위인 국가에 사익과 정파를 초월한 정론 매체 하나가 없다는 것은 자유경제시장에서의 정확한 정보의 중요성만 생각하더라도 간담이 서늘해지는 문제다.

　미국에서도 언론의 공익성은 많이 퇴색되었고, 특히 방송 뉴스의 상업성이 강해지면서 그 질이 많이 추락했다. 뉴스 앵커의 연예인화도 문제다. 뉴스의 전달이 공익성보다는 엔터테인먼트 위주로 포장되어 이제는 스스로 뉴스 프로그램이 아니라 그냥 '쇼'라고 할 정도다. 예전에는 관록 있는 묵직한 앵커들이 보도를 총괄하는 에디터 역할을 겸했지만, 요즘 세대 앵커는 대부분 '뉴스 낭독자'일 뿐이다. 뉴스에 대한 자신의 판단과 기준은 없는 채 앵무새처럼 프롬프터에 보이는 대로 그저 읽기만 한다는 얘기다.

　얼마 전까지만 해도 3대 공중파 뉴스 중 가장 높은 시청률을 자랑했던 NBC 유명 앵커 브라이언 윌리엄스 사례가 이 같은 추세를 단편적으로 보여준다. 얼굴은 잘생겼지만 보도 경력이 취약한 그는 몇 년 전 취재 현장에서 사실을 부풀리거나 아예 사실 아닌 보도를 했다는 것이 드러나 6개월 무급정직 처분을 받았다.

　사실 윌리엄스 같은 거물 앵커가 과거 취재 상황을 과장했다는 이유로 이런 중징계를 받는다는 것은 미국 언론이 아직 높은 기준을 견지하고 있으며, 언론의 자정 능력이 살아 있음을 말해준다. 윌리엄스 사건에 대한 NBC의 신속하고 강도 높은 대응은 방송국의 위신과 체면의 차원에서 이루어진 것이지 무슨 정치적 압력, 소송이나 법원의 명령 때문에 마지못해 시작된 대응이 아니다. NBC, ABC, CBS, PBS 등 미국 4대 공중파 방송 뉴스 프로그램은 모두 나름대로 객관성과 정확성을 유지하기 위해 여러 장치를 갖추고 정도를 가기 위해 어지간히 노력한다. 방송보다 전통이 훨씬 깊은 인쇄 매체 중에서는 『뉴욕타임스』와 『월스트리트 저널Wall Street Journal』, 그리고 『로스앤젤레스타임스Los Angeles Times』, 『시카고 트리뷴Chicago Tribune』 등 주요 도시 대표 신문이 대부분 상당한 수준의 객관성과 공정성을 유지하고 있다.

언론의 물을 흐리는 매체는 앞서 말한 걸레라 불리는 타블로이드 신문, 이를테면 『뉴욕 포스트New York Post』와 케이블 뉴스 프로그램이다. 한때 미국인이 가장 신뢰하는 뉴스 채널이었던 CNN은 이제 흥미 위주 뉴스와 선정주의 콘텐츠에 안방을 내준 지 오래다. 그래도 CNN은 미국 언론 수준에 가장 큰 해악을 끼치고 있는 '폭스뉴스'에 비하면 점잖은 편이다.

기득권과 신자유주의의 수호신인 보수 언론 재벌 루퍼트 머독이 회장인 뉴스코퍼레이션이 소유하고 있는 폭스뉴스는 거대 자본에 이데올로기가 합세한 양아치 언론이다. 엄청난 자금력을 등에 업고 보수 논객의 큰 목소리로 의제 설정의 주도권을 장악하여 한 치도 어김없이 보수와 기득권에 유리한 쪽으로 여론몰이를 한다. 그리고 하루 24시간 자극적이고 왜곡되고 편파적인 보도로 일관하면서도 공정하고 균형 있는 뉴스채널을 자처하는 영악한 마케팅으로 단순한 시청자를 현혹한다.

폭스뉴스는 노골적으로 공화당의 대변인 역할을 하는 매체라고 해도 과언이 아니다. 중요한 뉴스도 친공화당적 입장에 불리할 것 같으면 아예 보도하지 않거나 축소하고 뒤틀어서 보도한다. 물론 공화당과 기득권의 입장을 대변하기 위한 곡학아세가 임무인 전문가들을 출연시켜 그럴듯한 토론을 연출하는 것도 잊지 않는다.

유선방송 뉴스채널 중에 폭스뉴스의 영향력은 경쟁 뉴스 프로그램의 영향력을 모두 합친 것보다도 크다. 이 채널에 길들여진 시청자는 정론에서 이탈한 편파적인 언론이 스스로 공정하고 균형 잡힌 언론임을 자처하는 행위가 희대의 아이러니라는 것 자체를 인지하지 못한다. 정론의 부재와 편파성을 떠나 무엇보다도 근본적인 문제는, 거칠고 큰 목소리, 특권 의식, 흑백논리, 선정성 등 지성의 절제와는 거리가 먼 뻔뻔하고 하류적인 행태다. 지금 한국의 일부 종편 뉴스 프로그램의 행태와 유사한 점이 많다.

반면 미국의 유수 종이신문은 여전히 언론의 사명과 상당한 권위를 지키고 있다. 미국 저널리즘의 양대 기둥이라고 할 수 있는 『뉴욕타임스』와 『월스트리트 저널』은 미국을 대표하는 상류 언론으로 손색이 없다고 본다. 문외한의 시각으로 보면 『뉴욕타임스』와 『월스트리트 저널』이나 발행 부수가 가장 많은 한국의 일간지나 모두 각 나라를 대표하는 권위지일지 모르겠으나, 가까이서 속을 들여다보면 그 차이가 얼마나 큰지 절감하게 된다. 이들 신문의 국제적 지명도나 지구촌의 공론장에서 갖는 영향력의 차이를 두고 하는 이야기가 아니다. 미국 신문의 역사가 더 길고 전통이 더 깊어서도 아니다. 그 차이란 신문의 지면에서 매일 확인할 수 있는 언론의 기본 사명과 역할에 대한 자세와 인식의 차이다. 간단히 말해, 『뉴욕타임스』와 『월스트리트 저널』이 고수하는 저널리즘의 수준에 비하면 한국의 일간지 지면을 매일같이 장식하는 저널리즘은 대학 신문 수준이다. 한국의 기자들이 몇백 대 1의 경쟁을 뚫고 입사한 인재라고 하지만, 그렇다고 해서 그들이 좋은 신문을 만드는 것은 아니다. 어쩌면 너무 목표 지향적이라서 오히려 나쁜 신문이 만들어지는지도 모른다.

한국 신문에는 언론의 생명인 객관성과 공정성이 심각하게 결여되어 있다. 한국의 언론인은 대부분 당파성에 사로잡혀 있다. 한국 신문의 진영 논리는 바다 건너서도 보인다. 그들이 말하는 기사 가치의 잣대는 개인과 신문사의 이해관계와 정치적 상황에 따라 임의로 바뀐다. 한국 신문의 보도에서 팩트는 흔히 신문사의 논조와 어젠다를 뒷받침하는 도구로 사용된다.

사실 보도에 있어 『뉴욕타임스』와 『월스트리트 저널』은 공정성과 객관성의 표본이다. 언론이 그렇다는 것은 물론 당연한 얘기여야 하겠지만, 공정성과 객관성을 너무도 쉽게 저버리는 언론 매체를 생각하면 이런 신문이 존재한다는 것 자체가 얼마나 소중한지 모른다.

두 신문은 언제나 차분하고, 점잖고, 항상 큰 맥락을 읽는 자세로 보도에 임한다. 『뉴욕타임스』의 경우 '기록지'라고도 불리고, 때때로 '회색 여인'이라는 별명으로도 불린다. 회색 여인이란 얌전한 상류 여인을 연상케 하는 표현으로, 저속하고 선정적인 것을 완고하게 거부하는 이 신문의 고리타분한 성격을 말해주는 별명이다. 두 신문에 실리는 기사의 제목에는 '충격'이라는 말이 쓰이지 않으며, 지면에서 자기의 기사를 '특종' 내지 '단독'이라고 하거나 스스로 '1등 신문'이라고 하는 촌스러운 표현도 찾아볼 수 없다. 『뉴욕타임스』는 퓰리처상만 100개 넘게 받으면서도 이에 대한 자화자찬에 지면을 할애한 적이 없다. 특히 1면은 보도의 가장 신성한 구역이기에, 회사의 사업 따위를 선전하는 사고社告

는 1면에 절대 실리지 않는다. 두 신문 모두 뉴욕에서 발행되지만 사실상 전국지이며, 이들이 보도하는 주요 기사는 곧바로 수백 개 매체에서 인용 보도된다.

두 신문이 발행 부수만으로 계산할 수 없는 영향력을 지니게 된 것은 100년 이상 동안 역사의 중요한 대목마다 진실을 정확하고 중립적으로 보도했기 때문이다. 물론 완벽할 수는 없다. 실수도 하고 가끔씩 오보도 있지만, 대체로 언론 윤리를 지키고 사사로움에 휘둘리지 않는다는 보편적인 신뢰가 형성되어 있다. 국론이 분열되고 진영 논리가 창궐해도 『뉴욕타임스』와 『월스트리트 저널』을 보면 대체로 균형이 잡힌 큰 그림이 보인다.

『뉴욕타임스』는 깊숙이 들여다보면 진보적인 혼을 가졌지만 그 본색이 보도에 반영되는 경우는 거의 없다. 이 신문은 답답할 정도로 균형과 객관성을 중요하게 생각한다. 어쩌다 한쪽으로 기운다면, 사회적 약자와 소수자 쪽으로 기운다. 간혹 판단을 그르친다 할지라도 그 원인이 회사 차원의 당파적 어젠다인 경우는 없다. 그 어느 정당이나 기업, 후보나 권력자를 노골적으로 비호하지 않는다. 민주당이든 공화당이든, 진보든 보수든 상관없이 국민의 알 권리와 공익성이 보도의 가장 중요한 기준이다. 그 어느 편에도 서 있지 않기에 『뉴욕타임스』는 보수와 진보의 비난을 골고루 받는 편이다.

또 사실 보도에 있어서든 논설에 있어서든 광고주의 영향을 받지 않는다. 광고주로부터 그 어떤 외압도 받지 않기 위해 철저한 제도와 장치를 유지한다. 이 신문은 2009년까지 A섹션 1면에 광고를 싣지 않았다.

이 원칙은 1896년 아돌프 옥스가 이 신문을 인수한 이래 113년 동안 이어졌다. 지금은 5센티미터 정도 높이의 광고가 1면 맨 아래 가끔씩 깔린다. 지면의 8분의 1 정도 되는 이 자리의 1회 광고료 시세가 7만 5,000달러라고 하니, 그동안 광고를 싣지 않고 버티는 데 얼마나 굳센 의지가 필요했는지를 알 수 있다. 참언론의 황금 표준인 『뉴욕타임스』가 1면에 광고를 게재하기로 했다는 것 자체가 뉴스거리여서 『뉴욕타임스』를 포함한 주요 신문에서 이 내용을 기사로 다루었다. 『월스트리트 저널』은 2006년부터 1면 하단에 자그마한 광고를 받기 시작했는데, 이 역시 주요 언론에 일제히 보도되었다.

미국의 언론 순수주의자 중에는 광고가 아무리 작고 구석에 처박혀 있다 하더라도 1면에 광고를 싣는 것은 언론의 순수성을 저해하는 행위라고 생각하는 이가 많다. 한국의 신문에는 1면 상·하단에 모두 광고가 실리고, 1면에서만 지면의 3분의 1가량을 광고가 차지한다. 나는 1980년대 후반부터 한국의 여러 언론인과 알고 지냈지만 이것을 두고 한국의 언론인이 고민한다는 얘기를 들어보지 못했다.

언론은 보도되는 사실을 끊임없이 검증해야 하는 사명이 있는 만큼 새로운 진실이 드러나면 그것을 독자에게 알려야 하는 의무가 있다. 제대로 된 언론이라면 중대한 사안의 보도에 있어서 틀렸거나 나중에 문제점이 드러났을 때 정정 보도에 인색하지 않아야 한다. 『뉴욕타임스』는 잘못 내보낸 기사의 경우 사안의 경중에 비례하는 정정 보도를 게재한다. 요식행위가 아니다. 매일 A섹션 3면에서 최근의 실수를 꼼꼼히 바로잡고, 온라인상에도 최근 일주일 동안 정정된 내용을 정리해 놓는다.

나아가 사안이 크면 다시 취재하여 보도한다. 2003년 이라크 전쟁에 대하여 편향적이었던 것으로 드러난 보도를 2004년 데스크 차원에서 직접 장문의 칼럼을 통해 바로잡고 사과했다. 2000년 핵무기 관련 첩보 사건의 웬호리 박사에 대한 정정 보도도 그랬다. 일부 정부 취재원의 주장에만 의지하여 결과적으로 마녀사냥에 앞장섰다는 비난에 대해 인정할 부분은 솔직히 인정하고, 독자들에게 정중히 부연 설명을 했다. 2001년에는 이 사건에 대한 방대한 분량의 심층 추가 보도를 싣고, 사건의 정황과 사실에 대하여 독자들이 판단하도록 했다.

『뉴욕타임스』에서 중요하게 다루는 정정 보도는 그 자체가 탐사 보도의 성격을 띤다. 법원에서 정정 보도를 명령해서가 아니라 자체적으로 의문을 해소하기 위해서이며 독자들이 가질 만한 의혹을 최대한 해소하기 위해서다. 취재의 자초지종, 어디서 문제가 발생했는지, 신문의 보도 원칙에서 왜 그것이 벗어나게 되었는지를 상세하게 설명하고, 실수한 지점, 놓친 부분 등을 객관적으로 보도한다.

이라크 전쟁을 앞둔 여론몰이에 일조한 일련의 보도에서처럼 기사에서 드러난 문제점은 일선 기자와 담당 데스크의 그릇된 판단과 편견에서 비롯된 것이었다. 즉, 한국의 언론에서는 예사로운 일인 보도 지침에 따른다거나, 취재해온 내용을 데스크에서 신문의 논조에 따라 꿰어 맞춘다거나 하지 않는다는 것이다.

앞에서 『월스트리트 저널』도 객관성과 공정성의 표본이라고 했다. 그런데 이 신문이 확실한 보수 성향이라는 것은 누구나 아는 사실이다. 이 신문의 사설과 오피니언은 노골적으로 편파적이다. 어느 인터넷 신문에서 『월스트리트 저널』을 "우익의 독설이 들끓는 독사의 둥지"라고 했을 정도로 오피니언 페이지는 당파적인 궤변으로 가득 차 있다. 사설과 오피니언만 본다면 '보수 꼴통'이다. 여기까지는 한국의 일부 주류 신문의 논설 수준과 비슷하다. 하지만 『월스트리트 저널』의 경우 논설실과 보도국 사이에 두꺼운 벽이 존재한다. 이것은 미국 언론에 있어 가장 중요한 방화벽firewall의 개념이다. 언론으로서의 자존감을 견지하는 신문이라면 이 방화벽을 신성하게 여긴다. 한국의 유수 일간지처럼 사실과 의견의 선을 멋대로 넘나들고, 정해진 어젠다에 사실을 선별적으로 짜 맞추고, 근거가 희박한 팩트를 긁어모아 정치적 의도가 담긴 주장을 부각시키는 행위는 상상도 할 수 없는 일이다.

『월스트리트 저널』은 경제지답게 보수 편향의 이데올로기로 무장한 신문이지만, 그 편향은 철저히 논설실에 국한된다. 사실 보도에 있어서는 『뉴욕타임스』와 차이가 없다. 그래서 오피니언 페이지는 정부의 산업 규제를 반대하는 글로 도배하면서 같은 날 신문의 1면에는 느슨한 규제를 틈타 불법행위를 자행하는 기업을 폭로하는 기사를 실을 수 있는 것이다. 사실 보도만을 놓고 볼 때 『월스트리트 저널』이 우수한 신문이라는 것에는 의심의 여지가 없다. 같은 날 기사 내용만 따로 놓고 보면 어느 기사가 『뉴욕타임스』 기사인지, 어느 기사가 『월스트리트 저널』의 기사인지 구별할 수 없을 정도다.

폭스뉴스는 머독이 애초부터 자신의 형상으로 만든 선전 매체지만, 125년 전통의 『월스트리트 저널』이 지키고 있는 저널리즘의 성역은 머독이라는 새 오너도 감히 건드리지 못한다. 2007년 뉴스코퍼레이션이

이 신문을 인수했을 때, 뉴스코퍼레이션과 다우존스는 신문의 독립성에 대하여 다음 사항이 보장되어야 한다는 서약을 명문화했다.

1. 팩트는 정확하고 공정하게 다룰 것
2. 회사, 오너, 취재원, 광고주 등의 성향에서 독립되어 분석할 것
3. 보도에 있어 숨겨진 의제가 없을 것
4. 정확성과 공정성의 잣대가 새 오너인 뉴스코퍼레이션의 그 어떤 이해관계에도 엄격히 적용될 것

지극히 당연하고 상식적이지 않은가? 하지만 한국의 주류 신문 중에서 이 네 가지 원칙을 성실하게 지키는 신문이 있다고 누가 말할 수 있을까?

『뉴욕타임스』와 마찬가지로, 『월스트리트 저널』은 독자가 대부분 중상류층이며, 진보와 보수 모두가 열독하는 신문이다. 독자층의 평균 가구당 연소득은 19만 달러 수준이다. 2012년 퓨리서치센터의 한 조사에서 독자들의 정치 성향은 무당파가 45퍼센트, 민주당 31퍼센트, 공화당 20퍼센트로 나타났다. 이데올로기 성향은 중도가 41퍼센트, 보수 32퍼센트, 진보 21퍼센트였다. 논설의 중심이 보수 쪽으로 기울어 있는데도 고른 독자층을 확보하고 있는 이유는, 사실 보도에 있어서는 타협이나 당파성이 없고, 그 정확성과 객관성이 철저함을 독자들이 믿기 때문이다. '보수 꼴통'이라도 일류 신문 행세를 하려면 이 정도는 되어야 하지 않겠는가.

이 땅의 가장 높은 법원

미국인은 연방 대법원을 '이 땅의 가장 높은 법원'이라고 부른다. 미국인에게 친숙한 말이고, 국가의 최고 법원이 누리는 권위와 신뢰를 상징하는 말이다. 연방 대법원 판결은 사건에 대한 단순한 판결을 뛰어넘어 '이 땅의 법', 즉 국법國法이 된다.

연방 대법관은 정당에 소속되어 있는 대통령이 지명하므로 그 지명과 임명 제청을 둘러싸고 대체로 보수와 진보로 갈리는 공화당과 민주당의 줄다리기가 끊임없이 벌어진다. 하지만 대통령의 대법관 임명은 무엇보다도 역사를 위해 남기는 대통령 자신의 유산legacy이므로 정권의 유지나 재창출이 지명의 고려 사항이 된다는 것은 상상도 하기 어려운 일이다.

물론 2000년 대선의 플로리다 주 재검표에서 조지 W. 부시 후보의 손을 들어준 부시 대 고어 사건은 공화당 대통령이 임명한 대법관 다섯이 작당하여 자신들이 지지하는 후보를 대통령으로 만들어준 사법사의 치욕으로 수많은 국민의 인식 속에 남아 있다. 하지만 이 경우에도 부시를 지지한 대법관이 어떤 대가를 바라고 판결을 내렸다고 주장하는 사람은 없다. 대법관은 권력자의 눈치를 볼 필요가 없는 종신직이기 때문이다.

유산遺産을 뜻하는 '레거시legacy'는 후대를 위해 남기는 족적 내지는 전례의 의미로, 눈 앞에 보이는 개인의 사익보다 더 큰 의미를 추구하는 미국의 상류에게 중요한 개념이다. 연방 대법관을 임명하는 것은 미국의 대통령이 남기는 가장 중요한 유산 중 하나다. 연방 대법관 역시 생을 마감하거나 자진 은퇴할 때까지 광범위한 사건에 대해 소신껏 판결을 내려 부끄럽지 않은 유산을 남기고 싶어 한다. 아이젠하워 대통령의 임명으로 1953년 대법원장에 취임한 얼 워런이 17년간 이끈 이른바 '워런 대법원'은 인종차별, 선거법, 형사법, 표현의 자유, 사생활권, 잔인하고 비정상적인 처벌 등 광범위한 사건에 대한 획기적인 판결을 통해 1950~60년대에 급물살을 탄 미국 사회의 자유 신장과 평등 확장의 법적 토대를 마련하는 데 결정적인 역할을 했다.

워런이 대법원장으로 임명될 당시 대법관은 모두 프랭클린 루즈벨트 대통령과 트루먼 대통령에 임명된 대법관이었으며, 모두 진보 성향을 가진 사람이었다. 워런 대법원장은 사법부가 사회정의를 구현하는 데 앞장서야 한다는 신념을 가진 인물이었다. 1960년대 중후반 정점에 달했던 미국 사회의 진보적 발전은 트루먼, 루즈벨트, 아이젠하워 세 대통령이 임명한 대법관의 작품이라고 해도 과언이 아니다.

미국의 연방 대법관을 놓고 '권력의 시녀'라든지 '사법 관료'라고 하는 비판은 좀처럼 제기되지 않는다. 대통령이 대부분 자신과 정치적 견해가 비슷한 대법관을 임명하려고 애쓴다 하더라도, 대법관은 임명되고 나면 심각한 탈법 행위를 하지 않는 이상 그 누구도 건드리지 못하기 때문이다. 자신을 임명해준 대통령의 성향과는 전혀 반대쪽으로 나가는 청개구리 대법관도 여럿 있었다. 연방 대법원의 독립성을 단편적으로 말해주는 유명한 일화 중 아이젠하워 대통령은 대통령을 지내면서 실수를 한 적이 있었느냐는 질문에 "두 가지 실수를 했는데, 둘 다 지금 대법원에 있다"고 대답했다는 얘기가 있다. 아이젠하워가 실수라고 생각한 두 대법관은 다름 아닌 워런과 윌리엄 브레넌이었다.

공화당 소속인 아이젠하워는 1953년 당시 민주당 소속 캘리포니아 주지사였던 워런과 1956년에는 재선을 앞두고 이념적 색깔이 강하지 않은 것으로 여겨졌던 브레넌을 민주당과의 정치 협상과 지역(동북부) 및 종교(가톨릭) 안배 차원에서 각각 지명했는데, 임명 후 그들이 얼마만큼 적극적으로 진보적인 대법관이 될지는 상상도 하지 못했던 것이다.

대법관 후보의 자격 요건으로는 도덕성과 청렴성은 물론이고, 법관으로서의 독립성이 절대적으로 중요하다. 임명하는 대통령의 입맛에 맞는 보수 또는 진보 성향을 지니고 있더라도, 과거 구체적인 사안에 노골적으로 편파적인 행실이나 판결의 사례가 있다든지, 정치적인 도구 역할을 했거나 권력자의 충신 노릇을 한 전력이 있는 자는 거의 인준 청문회를 통과하지 못한다.

낙마한 역대 대법관 후보 중 1987년 레이건 대통령이 지명한 로버트 보크는 잘 알려진 극우 보수적 이념과 더불어 1973년 10월 법무차관 때 워터게이트 사건으로 벼랑 끝에 몰린 닉슨의 분부에 따라 특별검사를 해임하는 이른바 '토요일 밤의 대학살'을 신속하게 처리한 '충신'이었다는 것이 낙마의 큰 이유였다. 2005년 조지 W. 부시가 지명한 해리엇 마이어스는 여성이라는 것이 큰 장점이었음에도 불구하고, 전반적으로 무능하다는 평가와 함께 부시의 개인 변호사를 지낸 데다가 부시 정부의 백악관 법률고문을 지내는 등 정치적 독립성이 의심된다는 점이 극복할 수 없는 흠결이 되었다. 또 1969년 닉슨이 지명한 클레멘트 헤인스워스는 거의 조건반사적으로 인종 분리를 옹호하고 노동자에게 불리한 판결을 일삼았다는 평가를 떨칠 수 없었고, 아울러 자신이 맡았던 사건에서 금전과 관련된 이해 상충 의혹도 문제가 됐다.

이처럼 도덕성과 청렴성 그리고 독립성을 검증하고 보장하기 위한 각종 장치와 절차를 거쳐 인준된 연방 대법관들이 보수와 진보, 또는 상대적 보수와 상대적 진보 간의 지속적인 줄다리기 속에서도 근대 역사의 중요한 대목마다 만장일치나 압도적인 판결로 건국 때부터 이어온 국가의 이상理想을 받드는 올바른 선택을 해왔음은 여러 사례를 통해 확인할 수 있다. 대법원이 심리한 사건의 판결 내용을 보면 미국의 정신적 상류가 어떤 것을 가장 중요한 가치로 생각하는지 알 수 있다. 논쟁거리가 되는 5 대 4 판결은 때로 대법관 개개인의 진보나 보수 성향이 작용한 경우로 에누리해서 생각할 수 있지만, 전원일치로 결론이 나는 압도적인 판결은 미국의 국가 이념과 이상을 지탱하는 큰 가치를 재확인시켜주는 계기가 된다.

이를테면 미국의 인종차별 정책이 한창 맹위를 떨치던 1954년 흑인의 손을 들어줌으로써 정책적 인종 분리를 종식시킨 '브라운 대 교육위원회' 사건이 9 대 0 판결이었으며, 언론의 자유 역사에서 가장 획기적인 대법원 판결 중 하나로 꼽히는 『뉴욕타임스』 대 설리번' 사건에서 『뉴욕타임스』의 손을 들어준 판결도 전원일치 판결이었다. 이는 미국 사회가 많은 문제를 안고 있더라도 큰 가치에 대해 올바른 선택을 하는 상류다운 지도자와 어른다운 어른이 있다는 위안을 갖게 한다.

그중 1988년의 수정헌법 1조에 대한 연방 대법원 판결은 자세히 살

퍼볼 가치가 있다. 포르노 잡지 『허슬러Hustler』와 근본주의 목사 제리 폴웰 간의 명예훼손 분쟁을 심리한 이 사건은 미국인이 가장 신성하게 여기는 권리 중 하나인 표현의 자유를 더욱 확고히 해주었다. 폴웰은 전국적으로 막강한 영향력을 가졌을뿐더러 권력과도 내통하는 성직자였다. 이 목사는 기독교인 투표를 동원하여 레이건을 당선시키는 데 중요한 역할을 했고, 레이건 집권 후에도 각종 사회적 이슈에 참견하고 정부의 정책에 입김을 행사하려 한 '정치 목사'였다. 그럼에도 이 사건은 9 대 0의 판결로 폴웰 목사의 패배로 종결되었다.

악명 높은 『허슬러』의 발행인 래리 플린트를 졸지에 표현의 자유의 화신으로 만들어준 이 사건의 핵심에는 어지간한 일에는 이제 놀라지도 않는 오늘날 우리의 관점에서 봐도 경악할 만한 패러디 광고가 있었다. 당시 여러 잡지에 실린 캄파리 리큐어의 기획광고를 차용한 문제의 광고는 『허슬러』를 끊임없이 공격해왔던 폴웰 목사의 '첫 경험'에 대한 고백을 소개했다. 원래 캄파리 광고는 등장하는 연예인이 술을 처음 마셨을 때의 느낌을 고백하는 형식이었지만 패러디 광고는 그 내용의 이중의미인 '첫 성 경험'을 연상케 하는 것이었다.

1983년 『허슬러』11월호에 실린 이 패러디 광고가 전하는 폴웰 목사의 첫 경험이란 술 취한 상태에서 자신의 어머니와 뒷간에서 가졌던 성 경험이었다. 이에 근본주의 기독교계는 발칵 뒤집혔다. '도덕적 다수'를 뜻하는 모럴 머조리티의 지도자를 자처하던 폴웰 목사는 사생활 침해, 명예훼손 그리고 고의적으로 가한 심리적 압박을 이유로 즉각 소송을 제기했고, 지방법원에서 이 광고로 인한 심리적 압박 부분이 인정돼 일

부 승소했다.

사실 폴웰이 주장한 세 가지 불법행위 가운데 한 가지만 인정됐다는 것에서 이 분쟁을 플린트의 승리로 받아들일 수 있는 여지가 있었으나, 당시 발행 부수가 300만에 가까웠던 『허슬러』의 번창으로 기고만장해 있던 플린트가 이 판결에 불복하여 결국 사건이 연방 대법원까지 갔던 것이다.

이 사건에 대해 대법원은 공인에 대한 패러디가 아무리 혐오스럽다 할지라도 공인을 패러디할 수 있는 권리는 보호되어야 한다고 만장일치로 판결함으로써, 사실상 패러디와 그 표현 방식에 성역도 금기 사항도 없음을 선언했다.

판결이 나온 후 플린트는 이렇게 말했다. "수정헌법 제1조가 나 같은 인간쓰레기를 보호해준다면, 여러분 모두를 보호해줄 것입니다."

판결문에 나오는 다음 대목은 표현의 자유를 대법관이 얼마나 신성하게 여겼는지를 웅변해준다.

수정헌법 제1조의 핵심에는 사고의 자유로운 교류의 근본적인 중요성에 대한 인지가 있다. 개인이 자신의 생각을 표현할 수 있는 자유는 개인의 자유의 양상일 뿐 아니라, 진실의 추구와 사회 전체의 활력에 있어서 불가결한 것이다. 공공 문제에 대한 토론의 장에서 좋지 못한 동기로 비롯된 많은 행위도 수정헌법 제1조의 보호를 받는다.

반대 의견을 억누르려는 본능은 자격지심과 열등감의 지배를 받는,

내면의 품계가 낮은 인간의 속성 중 하나다. 수정헌법 1조의 본질에는 반대 의견을 신성하게 여기는, 미국 국부國父로 거슬러 올라가는 고매한 상류 정신이 깔려 있다. '『허슬러』 대 폴웰' 사건은 이러한 상류 정신이 건재함을 확인시켜준 사건이었다.

『허슬러』는 백악관을 안방처럼 드나드는 명망 있는 목사를 근친상간 하는 인간쓰레기로 묘사했다. 이처럼 추악한 패러디를 놓고도 당시 보수 성향이 강했던 연방 대법원은 '진실의 추구'와 '사회 전체의 활력'을 위하여 가해자의 손을 들어주었다. 만장일치로 말이다.

'권력의 시녀'나 '사법 관료'인 법관이 이러한 판결을 내릴 수 있을까. 이는 연방 대법관이 사회의 여론이나 통념보다도 더 숭고한 기준을 생각하는 독립성을 지니고, 정치적 이해득실이나 권력의 눈치를 살피기보다는 법이 후대에 미치는 영향을 생각했기 때문에 나올 수 있었던 판결이다. 미국의 무시 못할 저력은 사회 곳곳에서 개인의 취향이나 이념을 초월한 더 큰 원칙이 지켜지고 있다는 데서 나온다.

사실 헌법이 보장해주는 것을 막론하고 표현의 자유뿐만 아니라 그어떤 권리도 수위가 불변으로 유지되는 것은 쉽지 않다. 사회 분위기나 시대 정서에 따라, 또 권력자의 '그릇'에 따라, 그리고 법관의 양심에 따라, 그 권리의 정도는 다소 가변적일 수 있다. 그럼에도 불구하고 미국 국민은 헌법이 보장하는 권리가 절대적이라는 기본적인 자신감을 갖고 산다. 그 자신감은 헌법이 가장 높은 가치를 확실하게 다져놓고 있기에, 그리고 그 가치를 수호하는 이 땅의 가장 높은 법원에 대한 신뢰가 있기에 유지될 수 있는 것이다. 이는 사회와 제도의 중심에 상류의 기운이 살아 있다는 징표가 된다. 어른다운 어른이 고매한 가치를 기반으로 한 제도를 만들고 성실히 지켜나갈 때 비로소 국민은 국가 지도자에 대한 불안감을 떨치고 정서적 안정을 누리며 살 수 있다.

대학 랭킹과 교육의 본질

대학 랭킹 보도의 선구자 『유에스 뉴스 앤 월드 리포트US News & World Report』(이하 USNWR)는 교육의 상업화를 본격화시켰다. 한때 전통과 권위를 자랑하는 시사 주간지였던 이 매체는 사실상 진지한 저널리즘은 포기하고 대학 랭킹을 중심으로 하는 랭킹 비즈니스 업체로 변신한 지 오래다. 교육의 중요한 이슈를 다루는 교육 전문 매체가 아니라 중산층 교육 소비자의 정서에 맞는 '교육 상품 소개' 매체로 전락한 것이다.

이 매체에서 순위를 매기는 대학은 그저 상품일 뿐이다. 이는 내재적 가치보다 외형적 가치를 비교하기 좋아하는 대중의 얄팍하고 쩨쩨한 경쟁 본능을 부추긴다. 미래를 항상 걱정하는 중산층의 불안감과 열등의식이 그 대상이다. 예일대 입학처장을 지낸 제프리 브렌젤 역시 "대학 순위를 발간하는 것은 대학 입학에 대한 불안감을 이용하는 상행위임을 명심해야 한다"고 말한 바 있다.

솔직히 교육의 질이나 성과를 정확하게 계량하는 것은 불가능하다. 대학 순위에 있어 1위와 10위의 차이, 10위와 20위의 차이, 심지어 20위와 50위의 차이가 계산적 잔머리와 허영심을 발동시키는 것 이외에 무슨 의미가 있을까? 대학 랭킹은 작위적인 공식으로 복합적인 가치를 단순하게 서열화하는 하나의 게임에 지나지 않는다. 여러 가지 측면에서 몸매의 치수 같은 말초적인 가치에 기반을 둔 미녀 선발 대회와도 같다. 랭킹 상승에 혈안이 되어 있는 대학은 가치 있는 교육이 무엇인가를 고민하기보다는 USNWR이 정해놓은 룰에 따라 예뻐 보이기 위한 짓만 한다는 것이다.

랭킹 상승은 이제 수많은 대학에 있어 교육 자체보다 더 중요한 주업主業이 되었다. 그래서 애초부터 전혀 입학 가능성이 없는 학생에게 편지를 보내 유혹함으로써 지원자 수를 무조건 늘려 입학률을 낮추고, 소위 수확률을 높이기 위해 등록 가능성이 낮은 우수 학생을 탈락시키는 수법을 쓴다. 또 집으로 전화를 걸어 여론조사 명목으로 학생의 관심을 끈다. 입학 절차와 전혀 상관없는 마케팅 전략을 펼치는 것이다. 이제 대부분의 미국 대학 총장은 교육의 거대 담론을 연구하기보다 발전 기금을 모으고 마케팅을 담당하는 일이 업무의 거의 전부가 되었다. 보스턴대, 조지워싱턴대, 뉴욕대 등은 20~30년 전까지만 해도 '2차' 대학이었으나 뛰어난 상술로 랭킹 사다리를 오른 경우다. 이들 대학 상술의 핵심은 등록금을 올리고 건물을 지어 학교를 명품화하는 것이다. 또한 이들 학교는 전통적인 일류 사립대와 달리 경제 사정이 좋지 못한 학생들에게도 학자금 보조가 매우 인색하다. 명품처럼 대학도 비싼 게 좋다는 최면에 빠진 순진한 부모를 대거 유혹하여 부모들이 가져다 바치는 돈, 모자라면 학생들이 무리하게 빌리는 학자금 융자를 긁어 들인 돈으로 발전 기금을 불리고, 이렇게 불어난 발전 기금은 랭킹 상승 요인으로 작용한다. 이러한 수법은 얼마 전에 출간된 고등교육 정책 전문가 케빈 캐리의 저서 『대학의 미래The End of College』에 상세하게 소개되었다.

한국에서도 대학 평가에 대한 비판이 있고, 서울대를 비롯한 몇몇 주요 대학이 참여를 거부하고 있는 것으로 안다. 매년 대학 랭킹을 발표하는 가장 영향력 있는 한 매체의 대학 평가에 특정 기업과의 결탁과 무관하지 않은 불순한 꼼수가 작용한다는 것이 불만과 원성의 요인이 되고 있음은 널리 알려진 사실이다. 그런데 대학 평가의 정확성이나 순수성이 문제가 된다 하더라도 오랫동안 일류의 아성을 지켜온 대학과 이들 대학 출신의 태도는 '기분 나쁘다'는 수준에 머물고 있다는 생각이 든다. 실제로 대학 평가로 인하여 훼손되는 교육의 순수성에 대한 진지한 고민보다는 권위주의적이고 배타적인 구별 짓기를 존속시키는 게 그 본질이 아닌가 하는 느낌이 드는 것이 사실이다.

미국에서도 여러 일류 대학이 대학 랭킹에 대한 부정적인 견해를 감추지 않는다. 하지만 대학 랭킹의 폐해에 대한 입장을 말하는 미국 명문대의 표현 방식을 보면 접근하는 관점과 태도가 한국의 대학과 근본적으로 다름을 알 수 있다. USNWR의 평가에 참여하기를 거부하는 미국의 대학은 교육의 본질이 무엇인지, 대학을 선택하는 학생에게 무엇이 중요한지를 강조한다. 최소한 소통의 차원에서만 보아도 고매한 가치를 표방하는 것이다. 그리고 많은 것을 고려한 적절한 어투도 중요한 측면이다. 이는 사회의 어른 역할을 해야 하는 책임 있는 일류 교육기관으로서의 본분과 역할이 무엇인지를 인지하고 있기 때문일 것이다. 미국의 명문대는 기득권 유지와 밥그릇 싸움보다는 본보기와 큰 그림을 중시하는 상류의 자세를 견지한다. 물론 명문대라고 늘 고상하기만 한 것은 아니다. 프린스턴대의 경우 지난해 홈페이지 맨 앞 페이지에 다소 경박하게도 자기 대학의 최근 신입생 합격률이 6.99퍼센트였음을 자랑했다.

일류대 중 USNWR의 대학 랭킹을 최초로 비판한 것은 스탠퍼드대였다. 게르하르트 캐스퍼 총장은 1996년 9월, USNWR 편집장에게 편지를 보내 '겉으로만 그럴싸한', '철저히 호도하는', '수치 조작', '터무니없는' 등의 표현을 동원하여 갈수록 영향력이 커져가는 USNWR의 대학 랭킹을 점잖게 그러나 준엄하게 비판했다. 또한 대학의 질을 통계로 측정하는 것에 대해 깊은 회의를 나타내며 USNWR의 대학 랭킹에서 대학의 순위가 1년 사이에 몇 단계씩 오르락내리락하는 것 자체만으로도 랭킹의 신빙성은 떨어진다고 설명했다. 이어 "USNWR이 사람들을 호도하는 랭킹을 포기한다면 양식 있는 잡지라는 강렬한 메시지가 될 것"이라고 점잖게 충언했다. 중요한 사실은 스탠퍼드대는 USNWR의 대학 랭킹에서 매년 3위 이내에 든다는 것이다.

대학 랭킹의 수혜자인 기득권자의 입장에서 나온 스탠퍼드대 총장의 비판 이후 명망 있는 여러 교육자와 지식인으로부터 다양한 발언대를 통하여 랭킹산업의 불순한 영향력에 대한 비판의 목소리가 꾸준히 이어져왔다. 초창기부터 USNWR 랭킹 설문에 참여하는 것을 거부한 명문 사립 리드대의 총장은 2005년 11월 『애틀랜틱』 기고문에서 "랭킹게임에 참여하지 않기로 한 결정이 가져온 가장 중요한 결과는 일개 시사잡지의 철학 대신 우리 자신의 교육철학을 추구하는 자유를 누리게 되었다는 것"이라고 했다. 2007년에는 앰허스트대, 윌리엄스대, 웰슬

리대 등을 포함한 동북부 중심의 소아이비小Ivy라고 불리는 19개 명문대학이 USNWR의 대학 랭킹에 대한 협조를 거부하겠다는 공동 성명서를 냈다.

우리는 어떤 단일 랭킹 공식에 필연적으로 내재할 수밖에 없는 편향과, 입학을 위한 과열 경쟁과 랭킹이 그 과열 경쟁을 부추기는 것과 숫자로 표현된 서열을 통해 교육의 성공이나 적합성에 등급을 매길 수 있다는 잘못된 인식을 우려합니다. USNWR의 랭킹과 같은 서열은 복합적이고 다양한 미국의 고등교육이 하나의 숫자로 요약될 수 있는 것처럼 대중을 호도하는 것이므로, 우리는 앞으로 우리의 발간물에 이 매체의 것이나 그와 유사한 랭킹을 일체 언급하지 않기로 약속합니다.

상업적 대학 랭킹에 대한 학자와 지식인의 상류다운 자세의 표현은 성명서를 통한 양심선언에서부터 공식 서한을 통한 점잖은 충언까지 폭넓고 다양한 방법으로 이루어졌다. 그중에서도 근래 예일대 홈페이지에 게재된 '대학 랭킹의 저편'이라는 제목의 예일대 전 입학처장의 글은 인생에 대한 스승의 가르침으로 와 닿는다.

철학박사인 제프리 브렌젤은 학생과의 대화 형식으로 전개되는 이 글에서 랭킹산업의 부조리를 조목조목 나열하는 한편, 교육과 삶의 가치를 어떻게 바라봐야 할지에 대해 진지한 충고를 던진다.

랭킹은 내가 다니는 대학이 세상에서의 내 지위를 말해준다는 인식을 퍼뜨립니다. '내가 랭킹이 더 높은 학교에 다니면 사람들이 나를 더 높이 평가할 것이다'라는 인

리드 대학 도서관

한국에서는 한동안 대학 평가에 대한 바람이 크게 일어났다. 미국에서도 대학 랭킹 보도가 언론을 중심으로 본격화한 적이 있다. 그러나 교수 한 명당 학생이 몇 명인지, 합격률이 몇 퍼센트였는지 수치를 통해 드러나는 교육의 질이 과연 정확한 것일지 의문이다. 폭 넓은 독서와 학생 개개인의 독자적인 연구를 장려하는 리드 대학을 일반적인 종합대학의 평가 잣대로 측정할 수는 없는 일이다. 사진 속 작은 도서관에서 한때 리드 대학을 다녔던 스티브 잡스가 꿈을 키웠음을 기억해야 한다. 사실 그는 등록금 때문에 6개월 만에 스스로 중퇴했지만, 이후에도 1년 반 넘게 청강하며 학교에 머물렀다.

식 말입니다. 랭킹은 학생이 어느 대학을 가느냐 하는 것이 자신의 가치와 장래 인생의 성공 여부를 결정한다는 근거 없는 믿음의 내면화를 조장합니다.

현실은 어떨까요? 우리나라에는 대단히 우수한 학부 프로그램이 수백 개 있으며, 이들 프로그램은 모두 그 어느 학생이라면 누구에게든 4년 동안 넘치는 기회를 제공해주고도 남습니다. 그 기회를 갖고 무엇을 할지는 학생의 몫이며, 학교가 학생을 어떤 사람으로 만들어주는 것이 아닙니다.

이 글에는 자라나는 세대에게 어떤 가치를 가르쳐야 하는지를 생각하는 어른답고 상류다운 자세가 배어 있다. 미국의 고등교육 시스템이 아무리 상업화되었다고 하지만, 깊은 전통을 지닌 이 나라의 여러 대학에는 상류적 가치를 중시하고, 교육을 이끄는 상류가 어떤 본보기를 보여야 하는지를 끊임없이 생각하는 교육자의 점잖으면서 강한 목소리가 아직도 살아 있다.

08
신뢰와 존중

너무도 끊기 쉬운 신문

한국에서 신문 끊기가 얼마나 힘든지, '괴담'을 많이 듣는다. 저마다 일등 신문을 자처하면서 신문을 사실상 강매하는 처사를 보면 가슴이 답답하다. 이러한 상황은 신문사를 경영하는 이들이 상류의 마인드를 갖고 있지 못한 탓에 생긴다. 언론사를 장사꾼 마인드로 운영하는 것이 문제다. 우선 독자에 대한 기본적인 이해와 존중이 없고, 독자층과의 관계가 유기적이지 못하다. 공익성과 신뢰가 무엇보다도 중요한 신문의 특성상 편집, 영업, 판매 활동이 총체적으로 하나의 인격체처럼 와 닿아야 한다는 매우 기초적인 사실을 깨닫지 못하고 있거나 알면서도 실천하지 못하는 것이다. 어쨌든 사회를 이끌고 고결함의 본보기가 되어야

하는 신문이 근본부터 잘못되어 있다는 느낌을 지울 수 없다.

우리 집에서는 『뉴욕타임스』를 '주말 구독'한다. 금·토·일요일자 신문만 보는 것이다. 토요일과 일요일에 배달되는 신문의 분량만 수백 페이지다. 주말 내내 짬짬이 읽어도 다 읽기가 어렵다. 그래서 일이 바쁠 때는 읽지 못한 신문이 한 무더기 쌓인다. 장기 출장을 가거나 프로젝트가 겹칠 때는 아예 일정 기간 배달을 중지시킨다. 이렇게 하는 것은 너무도 쉽다.

『뉴욕타임스』는 물론, 정말 '찌라시'가 아닌 이상 웬만한 신문은 구독자에게 매우 편리한 구독 관리 시스템을 구비하고 있다. 『뉴욕타임스』의 배달 일시 중단 절차는 너무도 간단하다. 전화할 필요도 없고, 온라인 독자 계정에 로그인하여 기간만 지정해주면 1분 안에 끝난다. 이번 주만 넣지 말라고 할 수도 있고, 1개월도 되고, 6개월도 된다. 이유를 댈 필요도 없다. 이렇게 신청해놓으면 곧바로 신문 배달이 중단되고, 지정 기간이 끝나면 자동으로 다시 들어오기 시작한다.

신문을 아예 끊으려면? 언제든지 일시 중단하고 다시 계속할 수 있기 때문에 그럴 필요를 못 느끼기는 하지만, 진짜 끊으려면 전화 한 통이면 된다. 간단히 이유를 대면 두말없이 구독을 취소해준다. 신문이 배달되지 않았거나 비 오는 아침에 젖어 있었다거나 찢어져 있었을 때도 온라인에서 사유를 입력하면 자동으로 환불이 된다.

일시 중단의 경우에도 그 기간에 대한 구독료를 환불받을 수 있고 또는 교육용으로 기부할 수 있다. 중단 기간의 구독료에 해당하는 만큼의 신문을 신문사가 운영하는 신문활용교육NIE 프로그램에 기증해달라고 할 수 있다. 1달러어치를 기증하면 신문 몇 부를 학교에 제공할 수 있다고 한다.

이는 상호 신뢰에 기반을 둔 명예 제도다. 엄밀히 따지면, 독자가 신문이 안 들어왔다고 해도 신문사에서 확인할 방법이 없고, 신문사가 실제로 구독료 환불 대신 학교에 신문을 기증하는지 독자가 확인하기는 힘들다. 중요한 건 신문사가 독자의 양심을 믿기 때문에 확인도 하지 않고 환불을 해주고, 독자 역시 신문사의 진실성을 믿기 때문에 사실상 확인할 방법이 없는 '묻지 마 기부'를 거리낌 없이 선택한다는 것이다. 독자와 신문사나 잡지 간의 상호 신뢰를 『월스트리트 저널』이나 『워싱턴 포스트』, 『뉴요커The New Yorker』나 『내셔널 지오그래픽National Geographic』 등 웬만한 고급지의 독자는 당연한 것으로 여긴다.

이러한 현상은 합리적으로 주고받는 시스템이 체질화되어 있는 문화를 반영한 것이기도 하지만 무엇보다도 얄팍한 상행위가 먹히지 않는 상류의 문화가 건재함을 말해준다. 미국에는 상류의 분명한 성향과 기호를 지닌 두터운 독자층이 있고, 수준 높은 신문과 잡지는 이러한 독자의 수준을 알아본다. 이런 매체는 자사의 이미지를 총체적인 인격체의 차원에서 관리하며 상류 독자를 그들의 문화와 지적 수준에 맞게 대접해준다. 이를 단세포적으로 구매력만 생각하는 장사꾼의 상술 차원에서 이해하면 안 된다. 강남의 백화점이 돈을 펑펑 써대는 졸부를 VIP로 모시는 것과는 차원이 다르다. 상류 독자를 감동시키기 위해서는 그들의 지갑이 아니라 지성과 인격에 초점을 맞춰야 한다는 사실을 미국의 고급 매체는 알고 있다.

상류의 화법
....

미국의 대통령은 연설이나 담화를 할 때 '국민 여러분'이 아니라 '동료 미국인 여러분my fellow Americans'이라고 한다. 사실 그 차이는 크다. 대통령이 국민들을 향해 '나의 동료my fellow'라고 하는 것은 동료 의식, 즉 같은 처지에 있다는 연대감의 표현이다. 대통령이 국민 위에 군림하는 것이 아니라 같은 시민의 입장임을 확인해주는 것이다. 대통령의 입에서 나오는 이런 작은 표현이 중요한 이유는, 자칫 과대망상에 빠질 수 있는 대통령이 자신도 국민이라는 사실을 습관적으로 상기하고 또 언어를 통해 대통령의 낮은 자세를 은연중 강제하는 효과를 갖기 때문이다.

39대 대통령 지미 카터는 가장 겸손했던 대통령 중 하나로 기억된다. 그의 퇴임 연설 중에 유명한 대목이 있다. "이제 며칠 후 저는 이 자리의 직무를 내려놓고, 우리의 민주주의 사회에서 유일하게 대통령보다 상전上典인 시민이라는 직함으로 다시 돌아가게 됩니다." 개인적인 생각이지만, 이 말 한마디만으로도 카터는 훌륭한 대통령으로 기억될 자격이 있다. 가만 생각해보면 이 말에는 민주주의 국가의 가장 중요한 원칙이 함축되어 있다. 모든 권력은 국민에게서 나오며, 대통령은 국민의 위에 있는 것이 아니라 국민의 종이라는 기본적인 원칙의 표현인 것이다.

오래전부터 대등한 입장에서 국민을 대하는 화법과 소통 방식이 대통령의 언행에 배어 있다 보니 대통령이 국민 위에 군림하는 군주 행세를 하는 것은 상상하기도 힘들다. 이와 관련하여 오바마 대통령의 에피소드가 있다. 2014년 1월 오바마는 위스콘신 주의 한 공장에서 "미술사

학위보다는 생산기술이나 실업교육을 받는 것이 잠재적으로 훨씬 많은 돈을 벌 수 있습니다"라고 연설했다. 그런데 별문제가 될 계제가 아닌 것으로 보였던 이 연설에 대한 보도를 접한 앤 콜린스라는 텍사스대 미술학과 조교수가 미술사 공부도 중요하다는 취지의 글을 백악관 홈페이지를 통해 접수시켰고, 콜린스는 뜻밖에도 오바마의 친필 사과 편지를 받게 되었다. 편지에 오바마는 이렇게 썼다.

앤에게

내가 즉흥적으로 한 얘기에 대해 사과를 하고 싶습니다. 나는 직업 시장에 대한 의견을 얘기한 것이고, 미술사의 가치에 대한 얘기가 아니었습니다. 미술사는 사실 내가 고등학교를 다닐 때 제일 좋아하는 과목 중 하나였고, 그게 아니었다면 놓칠 수도 있었던 상당한 삶의 기쁨을 누리게 해주었습니다.

그러니 내가 가볍게 한 말에 대한 사과를 학과 여러분 모두에게 전해주시고, 4년제 대학 진학을 지향하지 않을 수도 있는 젊은이들이 명예로운 커리어로 이어질 수 있는 기술교육에 대해 열린 마음을 가지도록 격려하려 했던 것임을 이해해주기 바랍니다.

버락 오바마 드림

사소해 보일 수 있는 부분에 대해서도 국민을 이해시키고 싶어 하는 자세가 느껴진다. 물론 인기 관리를 위한 쇼라거나 정치적 올바름의 극치라는 비아냥이 없지 않았지만, 솔직히 그 제스처 자체에서 가식이 느껴지지는 않는다. 오히려 인문학적 성향을 가진 대통령이 국민에게 자

THE WHITE HOUSE
WASHINGTON

Ann —

Let me apologize for my off-the-cuff remarks. I was making a point about the jobs market, not the value of art history. As it so happens, art history was one of my favorite subjects in high school, and it has helped me to take in a great deal of joy in my life that

I might otherwise have missed.
So please pass on my apology for the glib remark to the entire department, and understand that I was trying to encourage young people who may not be predisposed to a four year college experience to be open to technical training that can lead them to an honorable career.

Sincerely,

오바마의 친필 사과 편지

대통령은 쉽게 고개를 숙이면 안 된다. 많은 국민이 뽑은 국가의 대표자이기 때문이다. 대통령과 관련된 일거수일투족, 건강과 취향, 습관과 사적인 행동은 모두 임기 중에는 물론 후대에게도 큰 영향을 미친다. 그래서 대통령만을 연구하는 학문과 학자가 있을 정도다. 하지만 조심스러움과 단절은 구별되어야 한다. 세계 초강대국인 미국 대통령들도 소통에 있어서는 대체로 적극적인 모습을 보였다. 선거를 통해 선출된 사람으로서 언론이나 지지자는 말할 것도 없고 일반 시민을 향해 시의적절한 메시지를 전달하는 것을 자신의 의무로 생각했기 때문이다. 그리고 당연히 그 메시지에는 진심어린 사과와 반성이 포함되어 있었다.

신의 진정한 본심을 알리고 싶어 한다는 느낌이 강하게 든다.

거기다 보좌관 선에서 백악관 편지 용지에 인쇄한 편지가 아니라 대통령이 친필로 쓸 필요를 느꼈다는 사실은 매우 중요하다. 오바마라는 정치인에 대한 회의가 아무리 깊다 하더라도 그가 지도자의 입장에서 국민과의 소통을 중요하게 생각하고 있으며, 소통의 방식에 있어서도 국민을 존중하는 자세를 견지한다는 사실은 부정하기 힘들다.

오바마는 사회적, 경제적 계급상 상류 출신은 아니지만 상류의 내면을 가진 사람이다. 오바마의 이런 자세는 권위주의보다 상호 존중과 겸허한 자세를 높이 사는 상류의 기본적인 성향을 대표한다. 대통령이 국민과의 대화에서 견지하는 자세가 있듯이 고매한 가치를 지향하는 사회 구성원은 상호간 소통에서 전반적으로 준수하는 화법이 있다. 오바마의 편지를 보면 격식이 없는 듯하면서도 정중하고, 요점만 얘기하면서도 사무적이지 않고 친밀하다. 상류들이 주고받는 편지나 이메일을 보면 인사치레가 거의 없다. 그들이 섬세하게 챙기는 격格의 기준은 분명히 있지만, 쉽게 알아볼 수 있는 패턴은 없다. 정중하다고 해서 반드시 격이 높은 건 아니고, 예의를 지키는 것도 격을 보장하지는 않는다. 거창한 어휘를 동원하여 완벽한 문장만 구사하는 것은 젠체하는 것일 뿐, 오히려 촌스럽게 보인다. 한 가지 불문율이 있다면, 이메일을 전부 대문자로 쓰는 사람은 영락없이 무식한 사람으로 분류된다는 것이다.

상류의 화법에 또 하나의 공통점이 있다면, 절제된 표현을 즐겨 쓴다는 것이다. 앞에서도 언급했지만 상류들은 과장된 표현을 제일 싫어한다. 몇 가지 예를 소개해본다.

– "휴스턴, 문제가 있었습니다."

제임스 러벨이 선장인 자신을 포함한 우주인 세 명이 탄 아폴로 13호의 산소 탱크가 폭발한 것을 두고 차분하게 한 말이다. 우주선이 지구로 귀환하지 못하고 우주에서 모두 객사할 가능성이 농후한 상황 속에서도 '큰일 났다'는 등 두려움이나 황급함을 드러내는 말은 하지 않았다.

– "애플페이는 진정한 기여를 했습니다."

빌 게이츠가 2014년 경쟁사 애플에서 개발한 모바일 결제시스템에 대하여 한 말이다. 가히 혁신적인 신기술로 평가되는 애플페이에 대한 절제된 칭찬인 동시에 경쟁사의 제품을 높이 평가하는 여유를 보여주는 표현이다.

– "이 구조는 상당한 생물학적 관심을 끌 만한 새로운 특징을 지닙니다.

1953년에 제임스 왓슨 박사가 프랜시스 크릭과 함께 DNA 구조를 밝혀낸 후 한 말이다. 이 발견은 분자생물학 역사상 가장 혁신적인 사건이었음에도 정작 당사자는 지극히 절제된 표현으로 연구 결과를 전했다.

여기서 주목할 점은 호들갑 떨지 않는 점잖은 상류의 안정된 표현이다. 그들의 절제된 표현에는 결코 가볍지 않은 사고의 무게가 실려 있다. 진정한 상류의 기질을 가진 지도자는 선정적이고 선동적인 표현을 삼간다. 지성의 중심이 있고, 사물과 상황을 넓은 시각으로 바라보며,

무엇보다 자신감과 여유가 있기 때문이다. 이런 상류의 화법은 사회 전반의 대화 수준에 영향을 미친다.

대통령의 시간

다음은 2015년 1월 3일자 『뉴욕타임스』에 실린 기사의 앞부분이다.

오바마 대통령의 드라이브 샷은 항상 짧았다. 공을 그린 위에 올리는 것도 종종 규정타를 초과했다. 그리고 마침내 퍼터를 잡았을 때는, 터치가 시원치 않아 고전했다.

주변 취재를 토대로 한 이 기사는 오바마 대통령이 얼마나 골프를 좋아하는지, 누구와 골프를 치는지 그리고 골프를 좋아하는 만큼 실력이 따라주지 않고 폼이 다소 어색한 대통령의 모습을 독자에게 비교적 생생하게 전한다. 오바마와 골프를 함께 친 익명의 취재원 서너 명을 통해 오바마의 골프 폼과 매너가 어떤지도 평가해본다.

이들의 말을 종합해보면 대통령 특별사면이라며 자신에게 스스로 멀리건을 남발한 빌 클린턴 전 대통령과 달리 오바마는 규칙을 철저하게 지키는 골퍼다. 정확한 핸디는 알 수 없지만 평균 스코어가 90대 중반에서 100대 초반이지 않을까 하는 것이 관측통의 의견이다. 은퇴한 농구 황제 마이클 조던은 최근 오바마와 라운딩을 하기에 앞서 오바마가 엉터리 골퍼라면서 "하루 종일 걸릴 것 같네"라며 투덜댔다고 이 기사는 전했다.

단순한 흥미 위주의 기사 같지만 그 핵심에는 국민의 알 권리가 있다. 미국에서도 대통령의 모든 일정이 공개되지는 않으며, 법으로도 개인적인 일까지 공개할 의무는 없다. 하지만 대통령의 직무 수행에 영향을 미치는 모든 활동은 기록으로 남아야 한다. 그가 국민의 세금으로 시간을 어떻게 보내고 있는지, 카터의 말대로 그의 상전인 국민은 알 권리가 있음이 문득 이런 기사를 통해 확인되는 것이다.

대통령에게도 물론 사생활이 있다. 하지만 대통령은 항상 국민의 눈치를 봐야 한다. 국민의 눈치를 보지 않는 대통령이라면 우선 민주적 지도자로서의 그의 자질을 의심해야 한다. 미국 대통령이 싫어도 주기적으로 기자회견을 갖고 때때로 골프 치는 모습까지 공개하는 이유가 바로 이 때문이다.

대통령의 행적을 감시하는 기자와 시민도 많다. 어떤 극우 단체는 오바마가 골프 치는 횟수만 업데이트하는 웹사이트(http://obamagolfcounter.com)를 만들기도 했다. 이런 감시가 어느 정도 보편화되어 있고 또 가능하다는 것에서 권력과 국민 간의 소통 수준을 알 수 있다. 한 나라의 정부가 국민의 알 권리를 존중하는 정도는 그 정부의 성향에 대하여 많은 것을 시사하며, 부정부패에 대한 국민의 인식 수준에도 영향을 미친다.

정부와 공직자의 투명성과 접근성은 민주주의 사회의 생명이다. 2014년 국제투명성기구가 발표한 미국의 부패인식지수는 175개국 중 17위였다. 상위권에 든 스칸디나비아 제국에는 다소 뒤처지지만 미국에서 국민의 알 권리가 신성하다는 신념은 건국의 아버지 때부터 내려오는 확고한 전통이다.

제퍼슨은 정부가 국민의 뜻을 따라야 한다는 원칙을 거의 절대적으로 받들며 살았고, 그 원칙이 유지되는 데 언론의 역할이 무엇보다도 중요하다고 생각했다. 신문 없는 정부와 정부 없는 신문 중 선택하라고 했을 때 서슴없이 후자를 선택할 것이라고 할 정도였다. 미국 역사에서 국민을 속이고 은폐와 권력 남용을 일삼은 정권은 닉슨 대통령처럼 가차없이 국민과 역사의 심판을 받았다.

전반적으로 투명성에 대한 기대 수준이 높은 결과, 부정과 부패를 폭로하는 내부고발자가 심심찮게 나온다. 미국의 획기적인 내부고발 사건은 미국뿐만 아니라 전 세계 양심가에게 영감을 준다. 담배 회사가 폐암 유발 물질임을 알면서도 이를 담배에 첨가한다는 사실을 언론에 폭로한 제프리 와이갠드, 엔론의 부실 회계를 폭로한 셰론 왓킨스, 미국 전쟁범죄의 진실을 드러낸 문서를 언론에 제공한 브래들리 매닝 등은 모두 공익이라는 대의에 이끌려 일신의 영달에 상반되는 선택을 했다.

그 밖에 국가안보국NSA의 컴퓨터 기술자 에드워드 스노든은 국가가 무고한 국민의 사생활을 침해해서는 안 된다는 신념을 지키려 모든 기득권을 포기하고 국가의 감시 프로그램을 폭로했다. 스노든의 이야기를 담은 2015년의 다큐멘터리 영화 「시티즌포」의 제목은 스노든이 기자와 영화감독에게 처음 연락할 때 사용한 아이디에서 따온 것이다. 스노든이 폭로 과정에서 사용한 아이디에 '시민citizen'이라는 단어가 들어 있다는 것은 의미심장하다.

그는 인터뷰에서 단호하게 자신은 시민일 뿐이라고 했다. 그리고 국민과 국가 간의 "힘의 균형"이 "유권자와 공직자가 아닌 지배자와 피지배자" 간의 관계로 변질되었음을 개탄했다. 어떻게 보더라도 스노든은 존경받을 만한 지식인이자 가장 상류다운 시민의식의 화신이 아닐 수 없다. 그리고 온갖 신상의 위험을 무릅쓰고 스노든으로부터 건네받은 '미국 국가안보국NSA' 자료를 특종 보도한 언론인 글렌 그린월드와, 그 긴장감 넘치는 과정을 화면에 담아낸 감독 로라 포이트라스 역시 범상치 않은 시민의식을 지닌 인물들이다. 참고로, 「시티즌포」의 감독 로라 포이트라스는 건강보조 제품 생산업체인 하일랜드 래버러토리스로 유명한 포이트라스 가문의 딸이다. 이 회사의 CEO를 지낸 부친 제임스 포이트라스는 MIT 출신으로, 이 대학 맥거번 연구소의 포이트라스센터 창설 기금으로 2,000만 달러를 기부한 재벌이다.

스노든이 NSA의 감시 프로그램을 폭로한 지 어느덧 2년이 지났다. 그는 자신의 편안했던 삶을 희생하면서까지 진실을 알렸다. 고소득자였던 그가 사익을 위해 이런 길을 택한 것이 아님은 이제 의심할 여지가 없다. 미국 정부는 그의 명예를 훼손하려 안간힘을 썼지만 실패했다. 『뉴욕타임스』는 오히려 그가 쓴 칼럼에 널찍한 지면을 할애해주었다. 스노든과 같은 이들이 행동으로 옮기는 시민의식은 황무지에서 나오는 것이 아니다.

3부

다르게 사는 방법

나는 귀족 계급을 믿는다.
그것이 적절한 말이고 또 민주주의자가
쓸 수 있는 표현이라면 말이다.
서열과 영향력을 기반으로 한 힘의 귀족 계급이
아니라 세심하고 사려 깊고 용기 있는 귀족 계급.
그 구성원은 어느 국가나 어느 계층에서나
그리고 어느 시대에서나 만날 수 있으며,
그들이 만나면 서로 기맥이 통한다.
그들은 잔인함과 무질서에 대한
우리 괴이한 인류의 유일하고 영구한 승리이자,
인간의 진정한 전통을 대표한다.
그중 무수한 무리가 초야에 묻혀 살다 가고,
몇몇은 명성을 얻는다.

_ E. M. 포스터

09
내면의 계급

신데렐라에 대한 고찰

'누더기를 걸친 가난뱅이에서 부자가 되다(Rags to Riches).' 대부분의 사람은 동화 『신데렐라Cinderella』의 이야기를 이런 차원에서 이해한다. 미천했던 사람이 자수성가하여 재벌이 되었다든가 로또에 당첨되어 하룻밤 사이에 벼락부자가 되었다든가 하는, 인생 역전의 이야기로 이해하는 것이다.

자본주의 사회의 속물화에 길들어 존재의 중심을 물질과 돈에서 찾으려 하는 이들은 여기서 '가난뱅이'와 '부자'라는 단어에만 집착하게 마련이다. 우리를 에워싼 물질주의의 위력이 그만큼 대단하기에 일면 이해가 갈 법도 하다.

하지만 신데렐라 이야기가 우리에게 보여주는 것은 그보다 본질적인 것이다. 그 이야기의 본질은 인간의 내면에 존재하는 계급이다. 신데렐라는 고귀한 내면을 갖고 있으며, 처한 상황이 그럴지언정 모습과 언행은 항상 아름답다. 본디 영어로 상류층이나 귀족을 의미하는 '노빌리티 nobility'에는 내면의 품계에 대한 표현인 고귀함, 고결함, 숭고함의 뜻이 있다. 신데렐라의 자태는 그녀의 내면의 계급을 말해준다.

비록 궂은일을 하고 얼굴에는 재가 묻어 있지만 신데렐라의 얼굴은 빛을 발한다. 허름한 하녀복마저 세련되어 보인다. 이는 고귀한 내면을 가진 사람은 가난하고 남의 부림을 당하더라도 걸친 옷이나 하는 일로 인해 그 내면이 더럽혀질 수 없음을 나타내는 메타포다.

디즈니 애니메이션 「신데렐라」에는 신데렐라와 계모의 두 딸이 서로 같은 노래를 부르는 장면이 나오는데, 신데렐라의 목소리는 아름답기 그지없고 계모의 두 딸이 내는 소리는 소음으로 비춰진다. 신데렐라는 바닥 청소를 하는 모습에서부터 그 귀태를 드러낸다. 새들도 그녀와 함께 노래하고, 심지어 떠다니는 비눗방울마저 신데렐라를 찬양한다. 신데렐라의 고귀함이 '자연의 순리'로 표현되는 것이다. 하녀로 전락하여 무릎을 꿇고 걸레질을 하면서도 아름다운 목소리로 노래하는 그 모습에는 그 누구도 훼손할 수 없는 고귀함이 있다.

뒤집어 보면, 높은 사회적 지위를 차지하고 겉모습을 교양으로 포장해도 내면이 비천한 사람은 결국 그 본성을 지울 수 없다는 얘기가 된다. 계모는 신데렐라의 아버지가 죽은 후 집과 재산이 자기 것이 되자 신데렐라를 지하실로 내몰아 노예처럼 부리기 시작한다. 비천한 내면을 가진 자의 신분 상승의 화신인 그녀는 못난 두 딸을 가진 엄마로서 내면의 계급에서 솟아나는 시기와 열등감에 사로잡혀 산다. 반면 원래 이 집 주인의 딸로서 고귀한 신분을 가진 신데렐라는 계급을 찬탈한 계모에게 하인 계급을 강요당한다.

신데렐라의 계모와 두 딸은 돈이 아무리 많아도 내면의 상스러움을 떨치지 못하는 수많은 족속과 닮았다. 그 누구든 사람의 내면에 자리하고 있는 진정한 계급을 간파한다는 것은, 덕목도 없고 천박한 속을 돈과 힘으로 감추려 안간힘을 쓰는 부류를 알아보는 것이다.

신데렐라의 진짜 신분의 핵심적인 메타포는 그녀를 위해 만들어진 유리구두다. 유리구두는 신데렐라 내면의 신분을 상징한다. 그래서 유리구두는 신데렐라의 발에만 맞고 신데렐라에게만 어울리는, '주인을 알아보는' 명품이다. 내면이 비루한 계모의 두 딸이 안간힘을 써도 발이 그 유리구두에 들어가지 않는 이유다.

결코 평등할 수 없는 인간 사회에서 계급이라는 개념이 삶의 가장 중요한 요소 중 하나임은 부정할 수 없는 사실이다. 특정 사회에서 통용되는 가치 서열에 따라 매겨지는 계급 안에서 한 구성원의 위상이 정해지고, 위신과 존엄, 그리고 궁극적으로는 삶의 질이 좌우되기 때문이다.

신데렐라 이야기는 결국 사회 계급과 내면 계급의 싸움에서 내면의 계급이 승리하는 이야기다. 인간 사회도 하나의 생물학적 생태계인즉 약육강식과 먹이사슬의 언어인 권력과 재력 등 동물적 개념의 계급 체계가 분명히 존재하지만, 우리에게는 여느 동물과는 차원이 다른 문화와 예술과 철학 등의 정교한 가치 체계와 이를 뒷받침하는 정신세계가 있다. 외형만으로는 알 수 없는 내면의 계급이 있는 것이다.

군이 격국格局과 용신用神 같은 개념을 거론하지 않더라도 잘 먹고 잘 산다는 것 이외의 참으로 값진 것을 알아보는 섬세함과 고상함의 높낮이는 분명히 존재한다. 높은 사회적 신분을 가진 사람 중에는 그에 걸맞은 정신세계와 문화적 수준을 보유한 이도 있지만 내면의 계급이 천민에 다름없는 이도 지천에 널려 있다. 계급이라는 개념이 삶에 구체적으로 어떻게 영향을 미치는가 하는 것은 각자의 처지에 따라 다르겠으나, 진정한 계급이란 궁극적으로 각자의 내면세계를 지배하는 철학과 자존감, 가치관 그리고 격格의 높낮이가 결정하는 것이다.

단순히 외형적인 사회적 지위를 계급으로 본다면, 어떤 사람은 자신의 계급을 타고나고, 어떤 사람은 자신의 계급을 강요당하며, 또 어떤 사람은 온갖 수단과 방법을 동원하여 자신의 계급을 찬탈한다. 사람이 내면에 고결함과 고상함과 숭고함, 즉 신성한 내면의 계급을 간직하고 산다는 것은 외형적으로 상류 계급을 찬탈한 우리 사회의 계모와 그 자식들의 상스러움 앞에서 주눅 들지 않고 의연한 모습으로 살아가는 것이다.

고결함을 지향하는 사회

영국에 본부를 둔 자선지원재단이 2014년 발표한 세계기부지수 순위에서 미국은 미얀마와 함께 공동 1위를 차지했다. 한국의 순위는 60위다. 미얀마는 GDP가 세계 75인 나라이고, 한국과 비슷한 순위를 기록한 나라는 온두라스와 파키스탄이었다. 이는 박애 정신은 경제적 사정과 무관하고, 한국은 기부문화에 있어서 후진국임을 여실히 보여주는 결과가 아닐 수 없다.

세계기부지수는 세 가지 질문에 대한 갤럽 조사 결과에 의거하여 매겨진다.

- 지난 한 달 사이 자선단체에 돈을 기부한 적이 있는가?
- 자선단체에서 자원봉사를 한 적이 있는가?
- 낯선 사람을 도운 적이 있는가?

미국은 분명 국가 차원에서 비난받아 마땅한 짓을 많이 하는 나라이지만 다수의 일반 시민은 일상생활에서 흔히 타인을 돕고 배려하는 모습을 보인다. 한국에 비해 국민의 수준이 높다고 할 수 있을지는 모르겠지만, 최소한 상류적 가치가 먹히는 분위기임에는 틀림없다.

미국인 중에는 미국 내는 물론 세계 곳곳에서 재난과 재해가 일어날 때마다 구호 활동에 참여하는 사람이 수도 없이 많다. 그리고 주변의 소외되기 쉬운 사람에게 마음을 쓰는 것은 매우 일상적이다. 이는 미국의 팁 문화에서 쉽게 확인할 수 있다.

팁 문화가 거부감을 주는 부분이 적지 않지만, 사실 그 저변에는 궂은일을 하는 사람에게 고마움을 표시해야 한다는 철학이 깔려 있다. 입주자가 대부분 고소득층인 맨해튼의 콘도 건물에서는 입주자들이 연말마다 거의 예외 없이 경비원에게 선물을 준다. 우편집배원에게도 연말

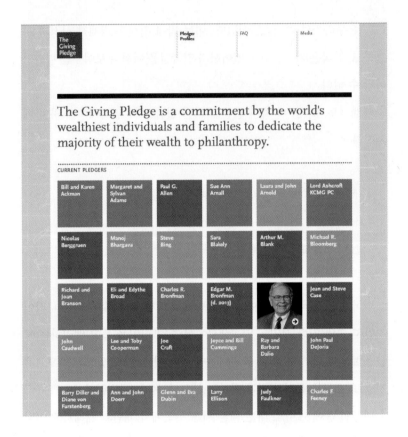

백만장자들의 유산 기부서약 홈페이지

더 기빙 플레지The Giving Pledge는 빌 게이츠와 워렌 버핏이 주축이 되어 2010년 출범한 기부 단체로, 미국과 세계의 10억 달러대 이상의 부자를 그 대상으로 한다. 사전 또는 사후에 자신의 재산 절반 이상을 사회에 환원하겠다고 서약하는 것으로 단체의 회원이 된다. 강제력은 없지만 홈페이지를 통해 공개적으로 서한을 보여줌으로써 신뢰도를 높인 성공적인 캠페인이다. 간결하고 화려하지 않은 홈페이지 http://givingpledge.org/에서 기부자의 개성이 담긴 다양한 기부 서약서를 읽을 수 있다.

마다 으레 팁을 준다. 신문 배달원도 마찬가지다. 호텔 투숙객은 퇴실할 때 얼굴도 보지 못한 객실 청소부를 위해 탁자 위에 돈을 놓아둔다. 사회적 약자에 대한 배려 의식이 습관화되어 있기 때문이다.

미국에는 반려견을 입양할 때 의식적으로 순종을 찾는 사람이 많지 않다. 과시용으로 순종견을 키우려는 일부를 제외하고 대다수는 동물보호소에서 안락사에 처해지기 직전인 잡견을 데려와 키운다. 예쁘고 잘생긴 것은 대부분 따지지 않는다. 이런 풍속도는 후진국에서 아이를 입양하는 미국 사람이 많은 현실과 일맥상통한다.

오래전에 한국 비행기를 탔는데, 승객을 태운 채 이륙하지 못하고 활주로에 오랫동안 멈춰 있었던 적이 있다. 이륙 시간이 한 시간쯤 지연되자 승객의 절대다수였던 한국인이 노골적으로 불만을 터뜨리기 시작했고, 앞쪽의 일부 승객은 승무원에게 고함을 지르기도 했다. 이런 장면은 미국에서는 보기 힘들다.

뉴욕에서 내가 타고 다니는 통근 열차는 시간을 자주 어긴다. 날씨가 안 좋을 때면 15~20분씩 늦기 일쑤다. 기차가 서행을 해서 50분 걸리는 거리를 한 시간 반 넘어 도착한 적도 있다. 그래도 언성을 높이는 승객을 보지 못했다. 오히려 기차가 멈춘 상태에서는 쥐 죽은 듯 고요하고, 그 고요함을 아무도 깨뜨리고 싶어 하지 않는 분위기가 만들어진다.

미국인은 기다리기와 줄 서기에 '순종적'이다. 마음의 여유에서 나오는 것이기도 하고, 언성을 높이는 것이 오히려 해가 된다는 인식 때문이기도 하다. 사회 구성원 모두가 다 고결할 수는 없지만, 적어도 대다수가 고결함이 정답임을 인지하고 있는 사회는 건강할 수 있다.

내면의 귀족, X 부류

사실 진정한 상류란 사회가 만들어놓은 계급 체계에서 자유로운 사람들이다. 『교양과 무질서』에서 아놀드는 귀족, 중산층, 노동자 세 계층 중 그 어느 계층에도 속하지 않는 '이방인'에 대해 이야기한다. 아놀드가 말하는 이방인이란 간단히 말해 그 어느 계급에도 속하지 않는, 사회의 계급 체제 자체가 체질에 맞지 않는 아웃사이더다. 아놀드는 이방인이 실제 경제적, 사회적 지위를 막론하고 자신의 내면에서 '최선의 자아'를 끌어냄으로써 집단의 이익 및 제도와 체제를 유지시키는 자기기만을 거부하고 기존 사회의 개혁에 앞장설 수 있는 사람이라고 했다.

영국의 작가 E. M. 포스터는 '세심하고, 사려 깊고, 용기 있는' 내면의 귀족 계급이 따로 있다고 믿었다. 사회가 정의하는 기준의 성취와 출세 여부와는 상관없이, 내면에 자리하고 있는 고귀함으로 정의되는 부류 말이다.

퍼셀은 『계급』에서 아놀드가 말한 이방인과 포스터가 말한 내면의 귀족이 같은 부류임을 간파하고, 그들에게 'X 인간'이라는 명칭을 붙여주었다. 그리고 X 부류의 인간이란 다분한 노력과 탐구적이고 독창적인 기질로 'X 인간성'에 도달하게 되는 사람이라고 설명했다. 또한 이들이 태생이나 처지와는 관계없이 X 인간성을 지닐 수 있으므로 이를 '계급'보다는 '부류'로 봐야 한다고 덧붙였다.

X 부류가 된다는 것은 계급의 올가미에 얽매이지 않는다는 의미이며, 그러기 위해서는 때로 부모와 조상의 그늘에서 벗어나야 한다. 그리

하여 X 부류의 인간은 상류층만큼 많은 돈을 갖지는 못하더라도 그에 못지않은 자유와 힘을 가진다. X 부류는 부자가 아닌 귀족 계급의 일종인 것이다. 퍼셀은 X 부류에게 다음과 같은 특징이 있다고 했다.

- X 부류는 독립적인 사고를 지닌 사람들이다. 케케묵은 고정관념에서 자유로우며, 처신과 몸가짐이 느긋하다. 기본적으로 '나는 당신보다 자유롭고, 당신처럼 두려움에 사로잡혀 있지 않다'는 태도를 지닌다.
- X 부류는 자신이 하는 일을 즐긴다. '은퇴'라는 것은 자신이 하는 일을 지긋지긋하게 생각하는 피고용인이나 봉급의 노예들 사이에서만 의미를 갖는 개념이다.
- X 부류는 대체로 자신만을 위해 옷을 입는다. 편하게 입는다는 얘기다. 한낱 겉모습으로 남에게 잘 보일 필요를 느끼지 못하기 때문이다.
- X 부류는 사회적 입지나 지위를 과시하는 신분의 징표를 경멸한다. 이들은 대부분 평범한 차를 몰고, 세차도 거의 하지 않는다. 출신 대학을 알리는 자동차 스티커 따위는 붙이지 않으며, 큼지막하게 브랜드를 선전하는 옷은 절대 입지 않는다.
- X 부류는 관심의 폭이 넓다. 역사, 문학, 건축 등 다양한 분야에 호기심을 가지며, 탐미적이다. 하지만 유행과 대중문화는 멀리한다. 인기 있는 텔레비전 프로그램도 거의 보지 않고, 가끔씩 베스트셀러를 들춰본다면 그건 그 내용이 얼마나 진부한가를 확인하기 위해서다.

아놀드, 포스터, 퍼셀 등이 인간 사회의 계급에 대해 쓴 글을 종합해 보면 한 가지 공통된 시각이 보인다. 이들은 사회적 계급을 정신이 미약하고 가치관이 나약한 인간들을 속박하는 제도적 사기에 불과한 것으로 생각했고, 이러한 것에서 자유로운 정신적 기량을 지닌 사람을 숭고한 내면을 가진 진정한 상류 인간으로 보았다. 퍼셀은 『계급』의 말미에서 내면의 귀족인 X 인간상에 대해 이렇게 정리했다.

> 상상력이 부족하고 제한된 이해력을 가진 사람이 중상류층에 오르기를 열망한다면, 주목할 가치가 있는 정신적 재능과 통찰력을 가진 소수의 사람은 해방된 X 인간의 길을 지향한다. 미국인은 계급이라는 제도적 사기의 구속과 불안감에서 벗어난 X의 삶을 통해서만 비로소 주화에 새겨져 있는 자유LIBERTY 비슷한 것을 누릴 수 있다. 미국인이 수많은 이의 삶을 타락시키는 시샘과 욕망에서 탈출하는 것은 X의 세계에서만 가능한 일이다.

퍼셀은 진정한 상류가 아니었던 대통령 레이건의 기득권 편향적인 통치하에서 야만인이 대거 승자가 되기 시작한 1980년대의 미국 사회를 생각하며 이렇게 썼다. 여기서 '미국인'을 '한국인'으로 바꾸기만 하면 지금 대한민국의 살벌한 계급사회에 넌더리가 난 이들에게 유용한 좌우명이 될 수도 있을 것이다.

'좋은 나라'의 기준

미국은 문제가 많은 나라다. 세계 어느 나라든 장단점이 있다. 그래도 장점이 단점보다는 많아 그저 살 만한가, 아니면 단점이 장점을 압도하여 그 나라를 떠나고 싶을 정도인가 그것이 문제일 것이다.

매년 여러 전문기관에서 각종 지표를 동원하여 세계의 국가를 평가한다. 경제, 교육, 혁신, 환경, 건강 등 분야별로 수십 가지 지수를 근거로 매긴 순위들이 쏟아져 나온다. 경쟁력 있는 나라, 가장 행복한 나라, 투자하기 좋은 나라 등등. 평가 기준에 따라 많은 변수가 있지만 분석된 데이터를 자세히 들여다보면 대체로 건강한 나라와 그렇지 못한 나라의 차이는 쉽게 감지된다.

정말 '좋은 나라'란 어떤 나라일까? 살기 좋은 나라는 과연 어떤 나라일까? 국내총생산GDP 순위가 높으면 무조건 좋은 것일까? 경제협력개발기구OECD에 가입했다는 것은 대체 무슨 의미일까? 이런 물음들은 지금 경제 규모가 세계 14위임에도 불구하고 행복 지표가 만년 OECD 하위권인 대한민국 국민에게 한없이 중요할 수밖에 없다.

'자기 인생을 선택할 자유가 어느 정도인가?'라는 세계건강보고서의 행복지수 항목에서 한국은 158개국 중 116위다. 경제 분야에서 상위권이고 IT 강국이라는 사실은 삶의 질을 생각할수록 공허함을 더해줄 뿐이다.

좋은 나라란 간단히 말해, 이제까지 이 책에서 거듭 강조한 상류적 정서와 가치관이 지배하는 나라다. 위에서 아래로 흐르는 물이 맑아 다수 국민의 의식이 건강하고, 그런 국민이 좋은 정부와 위정자를 선택하고, 또 그렇게 선택받은 정부와 정치인이 강한 책임 의식으로 국민의 부응에 보답하는, 그런 선순환이 지속되는 나라.

좋은 나라의 가장 중요한 요소는 좋은 정부다. 좋은 정부는 기본적으로 국민과 국가가 건전하고 건강한 삶을 영위할 수 있도록 최선을 다하는 정부다. 좋은 정부가 나라를 다스리면 국민의 정서가 안정을 찾는다. 진정한 상류가 지배하는 나라는 사회계약에 대한 암묵적 동의가 중요한 기반이 되고, 특히 가진 자들이 스스로 자신의 사회적 책임을 강조하는 나라다.

일부 선진국에서는 국가 차원에서 일과 삶의 균형, 즉 삶의 질을 중시하는 정책이 펼쳐진다. 정부가 제도와 재원을 동원하여 국민의 복지와 행복을 챙기는 것이다. 우선 행복지수가 상위권인 나라는 모두 복지 지출 비율이 한국의 두 배 이상이다. 그 비율이 한국의 세 배에 가까운 스웨덴의 경우, 하루 여섯 시간 근무제를 도입하는 기업이 늘어나는 추세다. 정부가 오래전부터 사회 안전망을 보장하고, 재벌 중심의 성장 일변도 정책이 아닌 건전한 분배와 상생의 경제가 뿌리를 내린 덕이다. 그리고 정부에 대한 신뢰가 두터운 가운데 국민이 삶의 여유를 찾을 수 있는 사회적 분위기가 조성되어 있기 때문이기도 하다.

권력을 가진 이들이 범국민 차원의 보람 있는 삶과 가치 있는 인생을 얼마나 중요하게 여기는지는 그 나라의 정책과 제도를 보면 알 수 있다. 정책과 제도의 영향은 각 나라의 건강 상태를 진단하는 여러 가지 평가 지표에서 드러난다.

사이먼 안홀트가 주축인 영국의 정책컨설팅전문가그룹이 2014년에 발표한 '좋은 나라 지수'를 보면 핀란드, 스웨덴, 노르웨이, 덴마크 등 스칸디나비아 제국이 모두 10위권에 올라 있다. 좋은 나라 지수에서는 유엔과 세계은행, 비정부기구 등의 광범위한 자료를 토대로 인류 공동선共同善에 대한 국가별 기여도를 평가한다. 각 나라별로 인류의 공동선에 기여하거나 저해하는 정도를 측정할 필요가 있다는 당위성에서 출발한 것이다. 그 나라의 정책과 국제 무대에서의 활동이 총체적으로 인류와 지구촌의 공동선에 힘이 되느냐, 짐이 되느냐. 간단히 말해 공동선의 대차대조표인 셈이다.

공교롭게도 국민의 삶의 질, 일과 삶의 균형, 행복지수 등에 대한 평가가 상위권인 나라는 보통 세계적인 안목을 지닌 국가이기도 하다. 상류적인 가치란 근본적으로 확장성이 있는 세계관이기 때문일 것이다. 지구촌의 공동선에 대한 기여도가 높은 핀란드, 스웨덴, 노르웨이 같은 나라가 사회 평등과 삶의 만족도, 국민 건강, 사회적 지지망 등 삶의 질에 있어서도 높이 평가되는 나라라는 것은 우연의 일치가 아니다. 국민을 잘 챙기는 정부와 지도층은 대체로 성숙한 국제 의식을 지니며, 환경과 지구를 생각하는 데 있어서도 그 차원이 다르다. 진정한 상류다운 책임성과 의식 수준을 보이는 것이다.

궁극적으로 '치국治國'과 '평천하平天下'는 밀접한 관계에 있다. 좋은 나라는 대내적으로나 대외적으로나 기본적으로 공동선을 중시하는 나라다. 좋은 나라의 정부는 자국민도 잘 챙기지만 나아가 전 세계의 공익과 공존을 생각한다. 그런 가치관이 몸에 배어 있기 때문이다. 그 가치관이란 각 나라 구성원의 의식과 행동의 집합적인 수준을 반영하는 것이기도 하다. 같은 국민끼리의 사회계약이 있는 것처럼 세계인으로서의 글로벌계약이 있다. 안홀트는 2014년 7월 테드톡스 강연에서 인간은 "더 많이 협력하고, 덜 경쟁해야 한다"고 말하며 "경쟁으로만 움직이는 사회는 지옥이며, 경쟁만 하는 세계도 마찬가지"라고 했다. 그리고 이어서 "국가는 타인에 대한 감정이입 능력이 없는 소시오패스와도 같다"고도 했다. 이건 앞서 이 책에서도 언급한 것과 일맥상통하는 이야기다. 타인과 공존하는 능력이 없는 개인이나 집단 이기주의가 지배하는 조직이 소시오패스라면, 이런 집단과 인간이 차지하는 권력과 영향력의 비중이 큰 나라일수록 국가 전체가 소시오패스와 같은 행동양상을 보일 가능성이 높다.

Simon Anholt
Founder of the Good Country Index

좋은 나라 지수를 제안한 사이먼 안홀트

좋은 나라는 어떤 나라일까? 과거에는 국민총생산GNP을 기준으로 삼았고, 세계화가 가속되어 노동과 자본의 국가 간 이동이 크게 늘자 GDP를 기준으로 삼게 되었다. 둘 다 경제적인 잣대를 이용한 평가다. 사실 이것으로 해당 국가와 국민의 삶을 드러내기는 어렵다. 그래서 정치적 자유를 비롯하여 교육과 빈부 격차, 나아가 행복이라는 추상적 측면까지 평가 항목에 포함하게 되었다. '삶의 질'에 대해 고민하기 시작한 결과다. 안홀트는 여기에 '좋은 나라'라는 진일보한 개념을 소개한다. 주목해야 할 것은 좋은 나라는 대내적으로나 대외적으로나 기본적으로 공동선을 중시하는 나라로 판명된다는 것이다.

무서운 경제력과 군사력을 보유한 중국을 보자. 중국은 여러 측면에서 공동선과는 동떨어진 나라다. 좋은 나라 지수 순위는 전체 107위로, 파키스탄과 르완다 사이에 끼어 있다. 슈퍼파워를 넘보는 대강국임에도 인류의 공동선에 기여하는 정도는 지극히 미미한 수준이다. 중국 사회의 뿌리 깊은 부정부패, 배금주의의 만연, 인명 경시 풍조 등을 생각할 때 나라의 문화가 근본적으로 변하지 않는 이상 지구 공동체의 보전이나 인간의 존엄 따위가 국가 차원의 중요한 어젠다로 부상할 가능성은 희박하다.

자국민을 제대로 보살피지 못하는 국가는 인류의 공동선에도 긍정적으로 기여하기 힘들다. 반대로 인류와 지구의 안녕에 긍정적으로 기여하는 나라는 대부분 국내 정치도 안정적으로 잘 운영되고 있다. 좋은 나라 지수의 상단에 오른 나라 중 핀란드(2위), 스웨덴(6위), 덴마크(9위) 그리고 독일(13위)의 면면을 이어서 고찰해보기로 한다.

복지 성공 사례: 스웨덴

노르딕 국가에는 그들만의 독특함이 있다. 침착하고 온유하면서도 강인한 것이 특징인 이른바 노르딕 기질은 험난한 지형과 비교적 평온한 역사의 산물이다. 지형과 역사의 조합은 또한 타인에 대한 신뢰와 개인의 권리에 대한 확고한 신념을 동반한다. 덴마크, 핀란드, 아이슬란드, 노르웨이, 스웨덴 등 노르딕 국가는 모두 인구가 적은 나라여서 이들 나라에는 예부터 지배 계층이 상호 존중하고 공존하는 풍토가 뿌리를 내렸다. 왕족도 비교적 소박한 삶을 영위했고, 귀족들도 독립 정신이 강한 평민을 존중하며 그들과 타협하고 합의를 이끌어내는 습관을 길렀다.

유로바로미터의 2012년 조사에서 노르딕 국가 국민의 정부와 주요기관에 대한 신뢰도가 EU 평균에 비해 훨씬 높은 것으로 나타났다. 경제학의 원리에서 공공 및 사설기관에 대한 신뢰도가 높으면 사회 전반의 거래 비용이 낮아진다. 그럼 개인이든 기업 차원에서든 분쟁의 부담이 줄어든다. 또 양질의 인력이 공무원이 되고, 자발적으로 세금을 내고 준법정신을 실천하는 시민이 많아진다. 아울러 정부의 정책과 결정을 폭넓게 수용하는 분위기가 조성된다.

노르딕 국가는 정부의 투명성과 공정성에 강한 신뢰와 자부심을 보인다. 배경에는 국민의 엄격한 감시가 있다. 스웨덴에서는 시민 누구나 공공 기록에 쉽게 접근할 수 있다. 국민을 우롱하기가 그만큼 어렵다는 얘기다. 정치인이 국민 위에 군림하는 것은 생각조차 할 수 없다. 이른바 노르딕 모델은 정부가 인적 자본 투자에 앞장서고, 빈부 격차를 비롯하여 자본주의 체제하에서 생겨날 수 있는 부작용으로부터 시민을 보호하는 본보기가 된다. 그 핵심은 온 국민을 보호해주는 사회 안전망, 바로 복지 정책이다.

스웨덴의 경우 GDP 대비 사회복지 지출 비율이 26.8퍼센트다(2014년 기준). OECD 평균은 21.6퍼센트이며, 미국은 19.2퍼센트, 한국은 10.4퍼센트다. 미국에서는 복지 혜택 수혜자가 대부분 저소득층인 반면, 스웨덴에서는 모든 계층이 사회복지 인프라의 수혜 대상이다. 직업과 소득 수준을 막론하고, 방대하고도 정교하게 설계된 사회복지 제도를 유지시키기 위하여 국민의 대부분이 부담금을 낸다.

전반적으로 사회복지 제도가 잘 발달되어 있는 EU 국가 중에서도 스웨덴은 가히 으뜸이다. 육아휴직이 무려 480일 제공되며, 휴직 중 본봉의 80퍼센트가 지급되고, 국가가 양육 수당까지 제공한다. 한 살부터 공영탁아소에 주 5일 아이를 맡길 수 있기 때문에 워킹맘은 육아휴직을 마친 후에 육아 부담이 거의 없이 복직할 수 있다. 위탁 비용은 한 달에 약 1,200크로나(약 18만 원)인데, 16세 미만 자녀에게는 정부가 매달 약 1,000크로나를 양육 수당으로 지급한다. 학교 급식도 유아에서 고등학교까지 의무교육 대상자에게는 100퍼센트 무상으로 제공된다. 대학과 대학원 등록금도 무료다. 의료비도 낮은 개인 부담 지출 이외에는 무료이며, 치과 치료비도 19세까지는 무료, 그 이후에는 정부에서 일부 지원해준다.

스웨덴 정부는 다른 노르딕 국가 정부와 마찬가지로 성실히 나라 살림을 꾸리기에 사회불안을 미연에 방지할 수 있는 제도를 확립해두고 있다. 엄격한 렌트 규제로 주택 시장 과열은 보기 드문 현상이며, 적은 국방비(GDP의 1.2%)도 경제난을 완화하는 플러스 요인이다. 스웨덴이 서구 여러 나라 중에서도 세율이 가장 높은 나라인 것은 사실이지만, 그럼에도 국민의 전폭적인 동의를 얻는다는 것은 저변에 지도자에 대한 신뢰가 깔려 있기 때문이다. 현대 스웨덴의 지도자에게는 옛 왕족과 귀족이 그랬듯이 '합의에 의한 정치'로 나라를 다스려야 한다는 정신이 몸에 배어 있다.

스웨덴이 유토피아라는 얘기는 아니다. 특히 요즘에는 외부에서 들어오는 이주자와 난민의 사회적, 경제적 편입 문제가 기존의 후한 복지국가 체제에 커다란 부담을 안겨주고 있다. 하지만 이러한 문제는 바로 스웨덴이 국가 차원에서 공공 재원을 동원하여 사회의 공동선을 증진시킴으로써 온 국민의 삶의 질을 향상시키는 기본 가치가 확립되어 있는 인간적인 사회이기에 생기는 고민이기도 하다.

스웨덴의 복지 정책은 성공한 복지 사례의 표본이 되며, 그 핵심은 국민의 안녕을 지상과제로 여기는 지도층의 의지와 노력이다. 아울러 뛰어난 인재들이 설계하는 합리적이고 지속 가능한 정책과 이를 뒷받침해주는 예산, 국민이 보다 나은 삶을 영위하는 데 정부의 복지정책이 엄청난 역할을 한다는 범국민적 신념과 합의, 그리고 그 합의를 국민이 뽑은 지도자가 받드는 확고한 자세가 있기에 이러한 제도가 시행될 수 있다.

물론 문제가 없지는 않다. 특히 장애 급여나 국민연금 등에 있어서는 이웃 핀란드나 노르웨이 등에 뒤지는 면도 있다. 하지만 한국이나 심지어 미국에서 느껴지는 사회적 불안정과 소요의 조짐 없이 유지된다는 사실은 시사하는 바가 크다. 최근 사회복지 프로그램 일부에서 삭감 조치가 이뤄지고 있는 것은 사실이지만, 가족 복지 정책은 기존의 수준을 유지하고 있다. 이 부분에 대해서는 정치적인 논란이 없다. 국가가 정책적으로 부모의 양육 부담을 덜어주면 부모가 노동시장에 참여하는 비율이 높아지고, 그리하여 사회 전체의 노동력을 향상시킬 수 있다는 것이

스웨덴 사회의 통념이다.

이건 생산성의 문제이기도 하지만 일과 삶의 균형을 중시하는 사회 분위기가 조성되어 있다는 얘기가 된다. 정책적으로 일에 치어 살지 않아도 되는 제도를 만든 것이다. 실제로 '일과 삶의 균형'에 대한 2015년 조사에서 OECD 국가 5위의 성적을 얻었다. 참고로 한국은 꼴찌에서 네 번째인 34위다. 이 조사에서 가장 중요한 지표는 평균 근로시간과 여가 및 개인적 돌봄에 쓰는 시간인데, 스웨덴의 경우 주당 50시간 이상 근무하는 근로자가 1.1퍼센트(OECD 국가 중 3위)에 불과하고, 1주 평균 여가 및 개인적 돌봄에 쓰는 시간은 평균 15.1시간(OECD 국가 중 10위)이다.

공평하고 긍정적인 배움: 핀란드

얼마 전 한국에 핀란드 교육 열풍이 불었다. 그런데 주로 교육 장사꾼들이 돈벌이를 위해 이를 답습한다는 인상을 지울 수 없었다. 핀란드 교육의 인도적인 접근 방식보다는 국제학업성취도평가PISA에서 핀란드 학생이 1등을 차지했다는 사실에 주목하여 단지 그 '1등의 비결'을 파헤치려는 분위기를 느꼈기 때문이다. 사실 핀란드식 교육의 매력은 교육정책 설계자의 장기적인 안목 그리고 인간 가치에 대한 섬세한 연구와 고민이 잘 녹아든 제도라는 데 있다.

핀란드 교육정책 설계의 핵심 인물은 하버드대 객원교수 파시 살베리다. 그의 책 『핀란드의 교육Finnish Lessons』을 보면 시장 지향적인 교육, 즉 지나친 경쟁 구도의 교육은 비인간적일 뿐만 아니라 궁극적으로 학업 성취도를 저해시키는 것임을 절감하게 된다. 동시에 효과적이고 인도적이며 공정하고 효율적인 교육 로드맵과 지극히 인도적이고 아이들 입장에서 접근하는 핀란드의 교육 방식에 공감하게 된다. 경쟁적인 문제 풀이와 점수 따기로 즉, 대다수를 도태시키는 진학 위주의 방식이 아니라 모든 학생이 진정한 배움을 얻고 그 배움을 삶에 최대한 활용토록 하는 것이 핀란드 교육의 핵심이다.

그러면서도 핀란드는 전 세계 65개국의 만 15세 학생을 상대로 읽기, 수학, 과학 영역에서의 능력을 조사하는 PISA에서 만년 상위권이다. 살베리는 이러한 결과가 핀란드 교육의 부수적인 효과일 뿐이라고 말한다. 1970년대 이래 정권과 교육청장이 수차례 바뀌었지만, 모든 학생에게 공평한 교육제도를 운영해야 한다는 지도자의 기본 신념에는 언제나 변함이 없었으며, 그 신념을 바탕으로 꾸준히 시행착오를 거듭한 끝에 지금의 모범적인 제도를 만들었다는 것이다.

핀란드에서는 교육정책 입안 시 중앙정부뿐만 아니라 지방자치단체와 교육 노조의 의견을 수렴하여 제도의 세부 사항을 정하고 조정한다. 1990년 초반부터 교육 개발 전략은 교육정책을 일선에서 집행하는 당사자는 물론 비즈니스 리더, 비정부기구, 연구가, 학부모 등을 폭넓게 참여시키는 4개년 계획을 기반으로 추진되어왔다. 참여와 소통을 기반으로 한 정책 결정 과정 덕분에 지속 가능한 개혁을 이룰 수 있었고, 개혁에 대한 강한 공감대가 형성되었다.

핀란드 교육 개발 정책의 핵심 동인은 모두에게 공평하고 긍정적인 배움의 기회와 안녕 및 웰빙을 보장하는 안정적인 교육 환경을 제공하는 것이다. 미친 듯이 학습만을 시키는 게 아니라 영양, 건강, 안전 및 전반적인 행복감을 교육의 중요한 요소로 여긴다. 사실 이런 견지에서 핀란드 당국자들은 국제적으로 구도화된 인습에 역행해왔다. 대부분의 다른 나라와 달리 학업의 성취도를 성적순으로 매기는 것을 거부하는 한편, 교사를 제대로 교육시키고 대우해주는 것을 훨씬 더 중요한 과제로 삼았다. 그리하여 교사와 교원 노조 대표 간 협력이 강조되고, 장애 학생에 대한 조기 중재, 균형 있는 교육과정, 충분하고 공평한 예산 지원 등이 철칙인 교육제도를 정착시켰다.

핀란드 교사는 미국 교사에 비해 교실에서 학생을 가르치는 시간이 적다. 그런데도 학생들의 학업 성취도가 뛰어난 이유는 무엇일까? 살베리는 핀란드 사회의 거의 모든 영역에 스며 있는 '적은 것이 더 많은 것이다'라는 국가 철학에 대해 설명한다. 이는 핀란드 교육제도를 이해하는 데 중요한 열쇠가 된다. 핀란드는 찬반 논쟁이 오간 의견 수렴 과정 끝에, 과다하고 표준화된 시험으로 학업 성취를 평가하는 제도를 채택하지 않았다. 그 결과 교사가 시험의 출제와 시행 및 사후 관리에 에너지를 쏟아붓는 대신 진정한 가르침에 집중할 수 있는 여유를 갖게 되었다.

교사들이 가르치는 방식도 사뭇 다르다. 강의식 수업 대신 격식 없는 대화식 교육이 강조되고, 실생활과 자연을 경험하는 프로젝트 등의 체험 학습이 큰 비중을 차지한다고 살베리는 설명한다. 유치원에서는 놀기만 하고, 만 7세부터 시작되는 초등학교 교육도 하루 네다섯 시간에 불과할 뿐더러 휴식 시간이 많고 숙제는 많지 않다. 핀란드의 교육제도는 아이들이 유년기의 즐거움을 만끽하는 것이 진정한 배움과 불가분의 관계에 있다는 교육철학을 반영한다. 이러한 교육 방식을 통하여 보다 효과적으로 아이들의 관심을 사로잡는 한편, 창의적 사고를 독려하고 사려 깊은 분석력을 길러 일찍부터 문제 해결 능력을 키우고, 다른 사람과 공동으로 협력하는 습관을 체질화할 수 있다는 것은 당연한 이치로 보인다.

자연스럽게 동기를 불어넣는 핀란드의 교육 방식은 PISA 같은 객관적인 학업성취도평가에서 뛰어난 결과를 가져올 뿐 아니라 학교가 스트레스나 불안의 대상이 되지 않는 교육 환경을 조성한다. 고등학교 중퇴율이 1퍼센트 미만인 이유다. 교사 급여도 미국에 비해서 높지만 학생 1인당 교육비 지출은 상대적으로 적다.

핀란드는 1970년대 초반에 문제점이 많았던 교육제도를 점검하는 과정에서 외국의 교육 모델을 많이 연구했다. 하지만 개혁을 단행하면서 거시적으로는 입시와 상대평가 위주의 아시아 국가와 미국을 대표로 하는 일부 서양 국가의 시장 지향적 모델을 거부하는 한편, 미시적 방법론에 있어서는 미국, 영국, 호주, 독일 등 교육 선진국의 모범 사례를 적절히 차용했다.

교원들의 높은 수준을 유지하는 것도 핀란드 교육제도의 성공 열쇠 중 하나다. 핀란드의 교대 경쟁률은 10 대 1이다. 학교 성적도 중요하지만 입시 위주로 입학 여부가 결정되는 것이 아니라 대인 관계 등의 주관적 평가가 큰 부분을 차지한다. 교사가 되려면 학부와 대학원을 포함하여 5~7년의 교육과정을 마쳐야 한다. 하지만 힘든 과정을 거쳐 마침내 교육 현장에 배치되면 교육과정을 구성하는 데 있어 상당한 재량권을 부여받는다. 결국 교사 자격을 취득한다는 것은 교육 당국으로부터 간섭이나 감독을 받지 않고, 거의 절대적인 신임하에 학생을 소신껏 가르칠 수 있는 권한을 갖게 되는 것이다.

진정한 상류적 가치에서 출발하는 모든 것이 그렇듯이, 핀란드의 교육 개혁은 장기적인 안목과 철저한 공동선과 국민 복지를 중심으로 진행되었다. 핀란드 교육의 핵심은 모든 이에게 동등한 교육 기회를 제공하는 것이다. 그래서 단기적인 성과와 실적을 우선시하는 관료적인 접근 방식은 단호하게 배제했다. 긴 시각으로 기존 교육제도의 문제점이 무엇이며 공익 차원에서의 사회적 요구가 무엇인가를 체계적으로 규명한 뒤, 사려 깊은 전략을 바탕으로 교원이라는 직업, 학교 조직, 연구에 기반을 둔 교수학을 개발하는 등 체계적 개혁을 수십 년에 걸쳐 성공적으로 추진시킨 것이다.

어느 나라든 교육 문제가 자녀를 둔 이의 삶에서 가장 큰 부분을 차지하지 않는 경우는 드물다. 핀란드의 교육제도를 생각할 때, 이 나라가 행복지수에서 항상 상위권을 차지하는 것은 교육을 전쟁터로 만들기를 거부하는 지극히 인간적인 교육제도에 기인하는 부분이 크다고 본다.

이게 다 어디에서 비롯되는가? 우선 신뢰와 존중을 바탕으로 하는 사회적 환경이 중요한 요소일 것이다. 제도와 체계 안에서 교육 현장 교원들의 재량과 개성을 최대한 수용하는 그런 환경 말이다. 그리고 교원의 노조 가입률이 95퍼센트 이상이라는 사실을 간과할 수 없다. 이는 대화와 의견 수렴을 중시하는 사회 분위기를 말해준다. 권위주의가 군림하지 않고, 상하와 갑을 관계가 아니라 상대방을 존중하고 어른 대접을 해주는 합리적인 협력 관계가 체질화되어 있는 것이다. 무엇보다도 단기적 성과만을 채우려는 실적주의보다 장기적인 안목으로 지속 가능한 제도를 구현하려는 원대한 목적의식이 사회 전반에 깔려 있기 때문이다.

예술과 표현의 자유에 대한 고민: 독일

1933년 5월 10일, 막 집권을 시작한 나치 정권은 독일 전역에서 분서焚書 행사를 조직했다. 학생과 시민을 동원하여 나치가 적으로 삼은 좌익과 유태인 작가, 철학가, 과학자의 서적을 거대한 장작불에 태우게 했다. 그리고 국민계몽선전부 요제프 괴벨스 장관의 지휘 아래 '퇴폐예술'로 규정한 작품 1만 6,000여 점을 압수했다. 히틀러의 집권 후 '반독일 정신'에 대한 본격적인 탄압의 신호탄이었다.

그로부터 12년 후에 나치 독일은 패전하고, 독일은 1949년 독일연방공화국이라는 이름으로 다시 태어났다. 자유민주주의를 기반으로 새롭게 출발한 독일연방공화국은 나치의 끔찍한 역사를 되풀이하지 않겠다는 국가적 기치하에 표현의 자유를 보장하는 헌법 5조에 예술의 자유에 대한 별도의 강력한 조항을 삽입했다. 창의적 표현과 예술 작품의 보급을 제도적으로 보장하는 이 조항은 예술이란 타인의 동의 여부에 상관없이 작가 본인만 예술이라고 생각한다면 예술로 정의할 수 있다고 규정하고 있다.

독일이 국가 차원에서 예술의 가치를 얼마나 소중하게 여기는지에 대해서는 논란의 여지가 없다. 우선 예술의 보호와 진흥을 보장하기 위한 견고한 제도가 마련되어 있다. 예술이나 문학작품에 대하여 명예훼손 소송을 제기하면 독일의 법원은 거의 한결같이 피고의 손을 들어준다. 현재 베를린예술원의 총장을 맡고 있는 클라우스 쉬타에크는 1970~80년대 독일의 좌파 운동권을 대표하는 풍자화가로 악명을 날렸던 사람인데, 이제까지 자신의 작품 때문에 40여 건의 명예훼손 소송을 제기당했지만 단 한 건도 패소한 적이 없다고 한다. 독일은 표현의 자유를 법으로 보장하는 것뿐만 아니라 각 주州에서 자체 예산으로 예술을 진흥시키고 예술가들을 홍보하도록 법을 통해 의무화하고 있다. 그 결과 독일은 세계에서 정부의 문화 · 예술 지원 규모가 가장 큰 나라다. 전 세계적으로 극장, 박물관, 영화 프로젝트 등에 대한 정부 보조금이 독일만큼 후한 나라는 없다.

하지만 일부 영역에 있어서는 예술적인 표현을 법으로 엄격하게 제한하고 있다. 이런 측면에서 예술과 표현의 자유에 대한 독일의 법은 서방의 다른 민주주의 국가에 비해 독특한 차이점을 지닌다. 한편으로는 모든 창작 행위를 최대한 보장하지만, 또 다른 한편으로는 혐오 발언 관련법을 통해 폭력이나 증오를 선동하는 표현을 형사 처분 대상이 되는 불법행위로 다룬다. 특히 나치즘을 찬양 · 고무하거나 홀로코스트를 부정하는 것으로 간주되는 행위에 대하여 강력히 처벌할 수 있는 법 제도를 만들어놓았다. 나치의 상징인 하켄크로이츠(갈고리 십자형의 휘장) 표시는 아예 금지되어 있다.

또 연소자를 보호하는 것이 독일 사회의 최우선 가치 중 하나인 만큼 청소년에게 해로운 내용은 예술적 표현이라 할지라도 보호받지 못한다. 연방 정부 산하기관인 연방청소년유해미디어심의청은 연소자에게 해로운 콘텐츠와 표현이 유포되는 것을 방지하기 위해 모든 영상과 음악을 면밀하게 심의한다. 인종차별주의, 반유대주의 또는 동성애 혐오의 주제가 담긴 음악은 승인이 거부된다.

예술과 표현의 자유가 헌법의 핵심 요소로 자리 잡고 있으면서도 일부 특정 표현에 대해서는 철저하게 통제하는 독일의 모순을 어떻게 이해해야 할까. 자유민주주의 국가에서 이러한 법의 근본적인 모순을 찾기도 쉽지 않다.

이는 분명 오늘날 독일의 딜레마다. 하지만 딜레마에 접근하는 독일인의 방식은 무엇보다도 문명사회의 보호 차원에서 이해해야 한다. 사실 독일의 문제는 과거사 청산에 있어 너무도 철저하다는 것이다. 독일 사회에는 나치 과거사의 원죄와 완벽히 단절해야 하며, 그 연장선에서 약자와 소수자를 철저히 보호해야 한다는 투철한 신념이 깔려 있다. 그리고 그 와중에 표현의 자유라는 개인의 권리와 소수자 보호라는 공동선 사이의 경계선을 끊임없이 그리고 세밀하게 저울질해야만 한다는 의식이 있다. 모순이 존재할지라도 궁극적으로는 극단주의가 판칠 수 없는 문명사회를 유지하겠다는 의지인 것이다.

독일에서도 반이민 정서가 심해지고 있고, 오래전부터 인종차별 문제가 사회 저변에 짙게 깔려 있음은 부정할 수 없는 현실이다. 하지만 예술과 표현의 자유에 대한 독일의 제도는 국민의 자유와 국가의 안전이라는 두 가지 양립하는 가치를 두고 깊이 고민한 끝에 도달한 최선의 결론이라고 생각된다. 그리고 중요한 것은, 법과 제도에 있어서 완벽한 정답은 있을 수 없지만 독일의 경우 그 어느 측면으로 보아도 정부가 권력의 비호를 위해 법을 악용하여 표현의 자유를 제한하려 했다는 사례는 찾아보기 힘들다는 것이다.

독일에서도 국가원수인 대통령에 대한 명예훼손과 공화국, 국기, 국가에 대한 모독이 형법상 처벌 대상으로 규정되어 있으나, 아무리 부당하고 가혹한 정치적 비판이나 풍자도 공화국을 모독하는 것에 해당하지 않는다는 2000년 연방헌법재판소 판결로 이 법은 사실상 사문화되었다. 현존하는 독일의 제도와 사회적 분위기상 그 누구든 법을 악용하여 권력에 대한 비판을 억누르려는 수작을 부린다는 것은 상상하기 힘들다.

법의 모순은 엄연히 존재하지만, 독일의 예술과 표현의 자유에 대한 법에 내재하는 모순은 미성년자와 약자와 소수자의 보호 그리고 과거사에 대한 뼈저린 반성과 고민을 반영한다. 따라서 이는 법제의 무능함이 아니라, 역사의 교훈을 잊지 않고, 공동선을 우선시하며, 장기적 안목으로 세상을 보는 어른다운 위정자가 거시적이고도 신중하게 나라를 이끌어나가고 있다는 사실을 말해주는 것이 된다.

'훈훈한 분위기'는 정부로부터 나온다: 덴마크

덴마크어로 '휘게hygge'라는 표현이 있다. 주한 덴마크 대사관 홍보 자료를 보면 "일상 속 소소한 즐거움을 누리는 것에서 오는 포근함으로, 한겨울에 사랑하는 사람의 품속에서 핫초코를 음미하는 것이나 퇴근 후 쉬기 위해 친구들과 카드게임을 하는 것 등 실로 다양한 상황 속에서 쓰이는 단어"라고 설명되어 있다.

우리말로는 '훈훈한 분위기'쯤으로 해석될 수 있을 것 같다. 덴마크인이 모두 선천적으로 그런 낭만적 성격을 타고난 것은 아닐 테니 이런 사회적 환경이 조성될 수 있는 것은 바로 이 나라의 정부와 지도층이 제 몫을 하고 있기 때문이라는 생각이 든다.

덴마크 정부는 세계에서 가장 좋은 정부 중 하나로 꼽힌다. 다른 노르딕 국가와 마찬가지로 덴마크의 사회 개혁가들은 20세기 초반부터 야심적인 개혁을 추진하면서 한편으로는 정부의 강한 경기 부양 정책과 사회적 연대의 균형을 유지하고, 또 다른 한편으로는 무역과 기업가 정신을 장려하는 제도를 정착시켰다. 그렇게 해야만 경제성장이 지속될 수 있고 복지 정책을 유지시킬 수 있기 때문이었다.

덴마크 정부는 효과적인 재분배로, 지니계수를 낮추는 데 성공적인 정책을 시행해왔다. 지니계수가 높다는 것은 빈부 격차가 심하다는 뜻이다. 정부의 효율적이고 공정한 조세정책의 재분배 효과가 대다수 국민의 공감을 얻은 가운데, 덴마크는 지니계수, 빈부 격차, 상대적 빈곤율 등에서 모두 낮은 수치를 기록하고 있다.

인간 존엄이 담긴 쓰레기통

최근 코펜하겐 도심에 등장한 쓰레기통. 허리 높이 선반에 "여기에 보증금 있는 용기를 놓으시오(Giv din PANT videre)"라고 적혀 있다. 음료수 병이나 캔을 모아 생계비에 보태는 사람들이 쓰레기통 안으로 허리를 굽히지 않고 손쉽게 빈 병과 캔을 수집할 수 있도록 배려한 특수 쓰레기통이다. 아마도 인간의 존엄에 대한 고민이 담긴 최초의 쓰레기통이 아닐까 한다. 국민의 안녕을 정부가 책임져야 한다는 투철한 사명감이 국가 지도자의 인식 속에 뿌리 깊게 자리하는 덴마크에서는 이처럼 사회의 구석구석에서 진정한 복지와 인간 존엄을 중시하는 상류적 시선과 손길이 엿보인다.

높은 세율에도 불구하고 정부의 정책이 대다수 국민의 동의를 얻을 수 있는 것은 정부와 지도자의 부패가 적고, 정부가 추진하는 거의 모든 제도에 사회적 연대와 통합을 강조하는 철학적 기반이 깔려 있기 때문이다. 연대와 통합이란 보건, 육아, 교육, 실업자 보호 등의 제도를 견고하게 함으로써 경제적으로 벼랑에 내몰리는 국민이 없도록 한다는 국가적 가치에서 출발한다. 국민들이 내는 세금이 당연히 많지만, 최소한 평균적인 삶의 질은 보장된다. 덴마크에서는 큰 부자가 되기도 힘들지만, 가난에 빠지기도 쉽지 않다. 출산 전후 휴가제도도 잘 되어 있고, 실직을 하면 보통 2년까지 이전 급여의 90퍼센트까지를 실업급여로 받는다. 최저임금은 미국의 두 배 정도이고, 노동시장에 참여하지 못하거나 스스로 돌보지 못하는 이들에게는 하루 100달러 정도의 기초생활금이 보장된다.

결국 덴마크 정부는 국민 전체를 돌보는 역할을 책임감 있는 어른답게 수행하고 있는 것이다. 그 책임성의 영역에서는 아동, 노인, 장애인이 중요한 부분을 차지한다. 극소수의 탐욕을 부추기는 자유시장경제의 폐해를 적절히 다스리면서 모든 국민에게 최저생계수준을 보장하고 그 누구도 경제적 불안감 속에 살지 않도록 하는 최선의 제도를 만들고 운영한다.

그래서인지 자타가 인정하는 '훈훈함'이 사회 전반에 감돈다. OECD가 지난해 발표한 '삶의 만족도 지수' 순위에서 덴마크가 1위를 차지한 것은 어쩌면 당연해 보인다. 참고로 한국은 27위였다. 덴마크는 유엔이 지난해 발표한 세계행복지수에서도 3위를 차지했다. 삶의 만족도와 행복지수가 높은 나라의 공통점은 1인당 GDP가 높고 평균수명도 길지만 정부의 투명성이 강하고 지도층에 대한 신뢰도가 높다는 점이다. 또 덴마크 국민은 정치적, 경제적 참여도가 높고 의식 수준이 높다는 것도 중요한 측면이다. 2015년 의회 선거에서의 투표율은 85퍼센트가 넘었다. 전반적으로 국민의 의식과 소통의 수준이 높다는 얘기다. 2012년 스위스 취리히대와 베를린사회과학연구소가 발표한 민주주의 지표에서 덴마크는 30개국 중 최상위로 평가되었으며, 다른 유사한 연구에서도 항상 상위권에 오른다.

덴마크 국민의 공공기관에 대한 신뢰도 역시 높은 수준이다. 또 사회적 지지에 대한 자신감, 삶의 선택의 자유 그리고 관용과 관대함이 사회 전반에 스며 있고 이는 여러 지표를 통해 확인된다. 이러한 사회적 분위기는 정부가 적극적으로 주도하지 않으면 쉽게 조성되지 않는다. 국민의 안녕을 정부가 책임져야 한다는 투철한 사명감이 국가 지도자의 인식 속에 뿌리 깊게 자리하지 않는다면 불가능한 얘기다. 세계적인 경제학자 제프리 색스는 좋은 정부와 국민 행복 간의 상관관계를 이렇게 설명했다. "사람들이 자신의 웰빙에 있어서 스스로 규정하고 진정 중요하다고 생각하는 것에 대하여 국가의 정책이 긴밀하게 부응해야 한다는 요구가 전 세계적으로 높아지고 있다."

정부가 국민의 안녕을 보장하는 정책을 충실하게 수행하는 가운데 사회 구석구석에서는 범국민적 복지와 인간 존엄을 중시하는 상류적 시선과 손길이 엿보인다. 최근 코펜하겐 도심에는 원통 양측에 선반이 달린 노란색의 신형 쓰레기통이 등장했다. 언뜻 봐서는 쓰레기통을 들 때 사용하는 손잡이처럼 보이는데, 실제 선반의 용도는 음료수 병이나 캔을 허리 높이쯤에 얹어놓도록 설치한 수납 장치다. 이런 선반을 설치한 이유 중 하나는 재활용률을 높이기 위한 환경적인 측면이다. 또 다른 이유는 생활이 궁핍하여 빈 병 따위를 주워 모으는 사람들에게 조금이나마 '존엄'을 부여하기 위해서다. 행인들이 쓰레기통 안에 병을 버리는 대신 선반에 올려놓으면 음료수 병과 캔을 모아 생활비를 버는 코펜하겐의 많은 노숙자 등 소외 계층이 허리를 굽히는 굴욕적인 자세로 쓰레기통을 뒤지지 않아도 된다는 발상이다. 덴마크에서는 음료수 병이나 캔의 보증금이 미화로는 15~40센트(180~480원)로, 이 정도 금액이면 병을 모으는 이에게는 무시못할 수입원이 될 수 있다. 코펜하겐 시는 최근 일부 지역에서 시범 프로젝트를 마치고 18만 달러의 예산을 들여 이 개량형 쓰레기통 설치에 나섰다.

훈훈함의 또 다른 예로 진보신문 『다그블라데트 인포메이션Dagbladet Information』은 지난해 10월, 하루치 신문의 편집권을 시리아, 이라크, 아프가니스탄 등지에서 덴마크로 넘어온 난민 저널리스트 열두 명에게 통째로 넘겼다. 유럽 난민의 문제를 전적으로 난민의 입장에서 보도하자는 취지였다. 이 신문은 발행 부수가 2만 2,000부 정도로, 전국 주요 일간지 중 가장 적지만 덴마크 인구를 감안하면 한국의 『한겨레』 정도의 영향력을 갖는다.

대도시가 소외 계층을 배려하여 특수 제작한 쓰레기통을 배치하는 것이나 주요 일간지가 난민의 입장을 최대한 진실에 가깝게 전달하려는 시도는 덴마크의 독특한 사회적 분위기를 반영하는 사례다. 사회의 윗물이 대체로 맑고 사회 구성원의 사고가 전반적으로 건전하지 않으면 좀처럼 가능하지 않을 일이다. 이러한 사회 분위기는 상부층에 대한 강력한 믿음으로 계속 유지되는 것이라 생각한다. 2012년 OECD가 발표한 '한눈에 보는 사회상' 보고서에서 덴마크인의 공공기관에 대한 신뢰지수는 100점 만점을 기준으로 75점이었다. 한국은 41점이었다. 정부의 정책이 인간적이고 관용적인 사회 분위기를 조성하기에 덴마크 사람들이 전반적으로 타인에 대한 연대감과 책임감을 느끼는지도 모른다. 2012년 같은 보고서에서 덴마크인의 89퍼센트가 타인에 대하여 높은 신뢰를 갖고 있는 것으로 나타났다. 한국은 46퍼센트였다.

한겨울에 일광을 일곱 시간밖에 볼 수 없는 덴마크에서 휘게란 언제나 비치는 따스한 봄볕과도 같다. 여차하면 우울증을 유발할 수 있는 외적인 자연환경에도 불구하고 덴마크인은 신뢰와 연대와 책임감을 바탕으로 밝고 긍정적인 사회적 분위기를 만들어간다. 휘게란 진정 인간답고 문명적인 것이 무언지를 아는 상류적인 가치를 바탕으로 사회 구성원 사이에 통용되는 친밀감이다. 어떤 이유로든 내가 어려움에 처했을 때 정부와 사회가 나를 버리지 않을 것이라는 믿음을 갖게 하는 훈훈함과 아늑함은 스칸디나비아 반도의 긴 겨울의 어둠과 추위를 견디게 하는 힘이 된다.

여러 문헌을 종합하여 고찰했을 때 대부분의 덴마크인은 사회복지나 안전의 개념을 자신이 받는 혜택의 차원에서보다는 진정한 집합적 책임감과 소속감의 차원에서 접근하는 것으로 여겨진다. 사회 전반에 팽배해 있는 시민의 의무에 대한 강한 신념과 함께, 덴마크 사회 인프라가 제공하는 경제적인 안정과 일과 삶의 균형 덕분에 상당히 많은 덴마크인이 자원봉사 활동을 한다. 덴마크 정부 통계에 따르면 국민의 43퍼센트가 비정부기구 및 사회단체 등에 소속되어 정기적으로 자원봉사 활동을 하고 있다. 인구 560만의 국가에서 2006년 현재 무려 10만여 봉사 단체가 활동 중인데, 그 봉사 활동의 가치를 돈으로 환산하면 353억 크로네(약 6조 4,000억 원)이며, 그 가치가 덴마크 경제에 직간접적으로 미치는 영향은 GDP의 거의 10퍼센트를 차지한다.

덴마크는 한 나라의 분위기를 좋은 정부가 얼마나 크게 좌우할 수 있는지를 보여주는 좋은 사례가 된다. 정부가 국민을 제대로 보살펴주면 국민은 정부의 보호하에서 연대감을 갖게 되고, 아울러 참여 의식과 주인 의식을 갖게 된다. 이것이 덴마크 정부가 보여주는 휘게의 본보기다.

생각해보건대, 기본적으로 성실하고 근면하고 정 많은 한국인에게도 '훈훈한 사회'를 만들 수 있는 잠재력이 얼마든지 있다. 단, 한국인이 그 어느 민족에게도 뒤지지 않는 그런 잠재력을 발휘하기 위한 크나큰 전제조건은, 대한민국이 제구실을 다하는 상류들이 이끄는 나라로 새롭게 거듭나야 한다는 것이다.

상류 용어 사전

미국에서 통용되는 주요 계급 관련 개념과 용어를 몇 가지 소개한다. 어떤 것은 일반인 사이에 널리 통용되는 것이고, 또 어떤 것은 일상의 대화에서 매일 쓰이지는 않더라도 어느 정도 교양이 있는 사람, 특히 상류의 의식 속에는 중요한 개념으로 자리하고 있는 것이다. 이 밖에도 계급을 말하는 표현은 수도 없이 많지만 다음의 일상적 표현 몇 가지를 통해 미국 사회에서는 사회적, 경제적 지위보다 개개인의 인품과 감성이 좌우하는 내면의 계급이 중시됨을 어렴풋이나마 알 수 있을 것이다. 여기서 한국 사회의 정서와 유사한 점을 발견할 수도 있겠고, 사뭇 다른 느낌으로 와 닿는 경우도 있겠지만, 어쨌든 아웃사이더의 눈에는 쉽게 보이지 않는 미국의 '행간의 계급사회'의 미세한 뉘앙스에 대하여 관심을 일깨우는 데 도움이 되었으면 한다.

archaism: 고풍古風. 구식적인 사고방식이나 관습

미국 고급 문화잡지 등의 광고에 심심찮게 등장하는 표현 중에 '타임리스timeless'라는 단어가 있다. '세월이 흘러도 변하지 않는'이라는 뜻이다. '스탠드 더 테스트 오브 타임stand the test of time'이라는 표현도 있다. 직역하면 '세월의 시련을 견디다'라는 뜻인데, 세월이 흘러도 그 가치는 변함이 없다는 얘기다.

퍼셀은 고상한 문화를 영위하는 상류가 따르는 '고풍의 원칙'이 존재한다고 했다. 이를 따르는 것은 의고주의擬古主義라 할 수 있다. 신식이나 유행보다 오래되고 낡았어도 불변의 가치를 지향하는 것이다.

옛것에 대한 향수와 애착으로 오래된 것을 보존하려는 본능이 있다는 점에서 진정한 상류를 보수적이라고 볼 수도 있겠다. 이는 사회적, 경제적 기득권을 보존하는 것이 본능인 정치적 보수와는 본질적으로 차원이 다르다. 미국의 상류 집안 출신은 자동차든 시계든 가방이든, 신분의 외형적 상징이 되는 물건에 큰 매력을 느끼지 않는다. 유행을 좇지 않아 입고 다니는 옷도 허름해 보이는 경우가 많고, 집도 칙칙한 느낌이 들 정도로 오래된 가구와 소품으로 꾸며져 있는 것을 흔히 볼 수 있다. 이런 상류들이 가장 소중하게 생각하는 것은 물건의 전시 효과나 실용 가치보다 자신의 삶 속에서 그 물건이 지니고 있는 의미다.

arriviste: 졸부

'출세주의자'라는 뜻도 있다. 프랑스어에서 온 말로 갑자기 부자가 된 사람을 못마땅한 심정으로 가리킬 때 쓰며 보통 가진 돈에 비해 교양의 수준이 떨어지는 사람을 두고 하는 말이다. '출세한 촌놈' 정도로 이해하면 된다. 미국에서는 대통령 후보 선거 자금 모금을 위한 만찬 행사 따위에 기웃거리는 이민자 사업가를 이런 부류로 보는 경향이 있다.

동의어로는 '누보 리쉬nouveau riche'와 '파비뉴parvenu'가 있는데, 이 역시 프랑스어에서 온 외래어다. 아래의 '데클라쎄 déclassé'도 그렇고, 계급사회의 뉘앙스를 표현하는 단어 중에는 프랑스어에서 온 외래어가 상당히 많다. 과거 프랑스 신분제하에서 통용되었던 언어의 잔재다. 순수한 영어 표현 중에도 비슷한 말이 여럿 있다. 대표적으로 '소셜 클라이머social climber'와 '스태터스 시커status seeker'를 꼽을 수 있다.

bad form: 사회규범이나 예절에 어긋나는 행동. 결례

'푸어 폼poor form'이라고도 한다. 바람직하지 못한 언행을 지적하는 말인 만큼 주로 남의 이야기를 할 때 많이 쓴다. 사소한 에티켓을 지키지 못한 것보다는 상황 인식이나 배려가 없는 행동을 두고 하는 말이다.

blue blood: 귀족 가문

오래된 가문의 출신을 지칭하며 혈통이 강조되는 말이다. 옛날 유럽 귀족의 창백한 피부에 깔려 있는 퍼런 핏줄 때문에 귀족의 피는 파란색이라고 믿었다는 이야기에서 유래된 것으로 전해진다.

미국에서는 돈이 많다고 무조건 상류로 여겨지는 않지만, 보통 정치적, 사회적으로 유명한 가문이 최소한 3대 이상 유지될 경우 '블루 블러드blue blood'로 인정한다. 32대 대통령 프랭클린 루즈벨트와 35대 대통령 존 F. 케네디를 미국의 대표적인 블루 블러드 가문 출신으로 꼽을 수 있다. 살아 있는 사람 중에는 영국 귀족의 핏줄이 있고 부자父子 대통령을 배출한 부시 가문이 대표적이다.

한 가지 유의해야 할 것은 얼마 전 비행기 안에서 난동을 부린 스무 살의 콘래드 힐튼 3세도 객관적으로 호텔 재벌의 증손인 블루 블러드라고 할 수 있다. 따라서 이 수식어가 반드시 경외의 표현이라든지 높은 인격이나 교양의 수준을 말해주는 것으로 혼동해서는 안 된다. 동의어로는 3장에서도 언급한 '퍼트리션 patrician'이라는 말이 있다.

미국 텔레비전 프로그램 중 한국에서도 방영되고 있는 「블루 블러드」라는 경찰 드라마가 있는데, 이 제목은 뉴욕 시 경찰 유니폼의 파란색blue과 혈통blood의 개념에 착안한 것이다. 3대째 이어지는 경찰 가문의 이야기라는 점에서 은유적으로 블루 블러드의 원뜻을 연상케 하는 제목이다.

cad: 비열한 인간

속된 표현으로는 '잡놈'이라는 뜻이며, 남자를 지칭할 때만 쓰인다. 간단히 말하면 젠틀맨의 반대어다. 동의어로는 '망나니', '못 믿을 인간' 등의 뜻으로 쓰이는 '바운더bounder'와 '무뢰한'을 뜻하는 '스카운드럴scoundrel' 등이 있는데, 주로 타인의 입장에 무신경하다는 특질이 강조된다. '고상한 감성을 지니지 못한 사람' 내지는 '타인의 감정이나 권리를 고의적으로 무시하는 행동을 하는 남자'라는 뜻도 있다. 크라우드소싱으로 운영되는 온라인 사전 어번 딕셔너리에서 가장 많은 공감을 얻은 정의는 이렇다.

캐드cad란 행동규범에 있어서 젠틀맨과 무뢰배가 어떻게 구별되는지 인지하고는 있지만 젠틀맨의 행동규범을 실천하지 못하는 사람이다. 'cad'들은 보통 평

상시에 괜찮은 사람인 것처럼 위장하는 데 능하나 어떤 긴박한 상황이 닥치거나 유혹에 직면했을 때 본색을 드러낸다. 'cad'로 분류되는 이들 중에는 머리가 좋고 학력도 높은 데다 교양도 있고 심지어 재치가 있는 이도 많지만, 유감스럽게도 그들은 믿을 만한 인간은 못 된다.

class: 계급, 품위 · 품격

계급을 뜻하는 단어임을 모르는 이는 없겠지만, 아울러 '품격'을 뜻한다는 데 주목할 필요가 있다. '고결한 품성을 가졌다'는 의미로 쓴다면 우리말의 '멋지다'와도 뉘앙스가 비슷하다. 그래서 'He's got class.' 또는 'He's a classy individual.'은 '그는 멋진 사람이다'라는 의미가 된다.

이 단어의 두 가지 의미는 품격을 갖추지 못한 사람은 상류로 보지 않는 문화의 코드를 담고 있다. 사회적, 경제적 지위는 상관없다. 인생 상담 칼럼니스트로 매일 9,900만의 독자를 상대했던 앤 랜더스는 품격을 뜻하는 '클래스class'의 개념을 이렇게 정리했다. "품격이란 자만심에 빠지지 않으면서 확고한 신념을 갖게 하는 자신감의 기운이다. 품격은 돈과는 전혀 상관없는 것이다. 품격 있는 사람은 자기 수양이 되어 있고 자기 자신을 아는 사람

이다."

class signifier: 계급을 나타내는 표상, 징표

'클래스 마커class marker'라고도 한다. 직
업, 재산, 학력 등 사회학에서 말하는 사
회 계급 지표indicator의 개념이 아니라 대
개 생활 속에서 나타나는 기호와 취향의
징표sign를 말한다. 물론 오래 축적된 재
산과 교육이 그런 기호와 취향에 미치는
영향을 부정할 수는 없다. 아무튼 분류의
개념은 '내면화된 계급'인 바, 식견과 교
양의 수준을 말하는 식자층, 중간급, 무교
양의 분류 개념으로 보는 게 옳을 것이다.

섬세한 눈으로 사람을 관찰하는 이들
에게는 금세 눈에 띄는 디테일이 개개인
의 계급을 말해준다. 타고 다니는 차의
종류와 옷차림, 들고 다니는 가방 등이
당연히 중요하지만, 절대 가격을 기준으
로 계급의 우열이 평가되지 않는다. 중요
한 것은 관찰의 대상이 어떤 취향을 갖고
있으며 어떤 물건과 문화 요소를 소중하
게 여기느냐 하는 것이다.

미국에서 계급의 징표가 되는 것은 수
도 없이 많다. 자동차 뒷유리창의 스티커
(부착 여부와 종류), 티셔츠에 적힌 문구,
책장에 꽂혀 있는 책, 탁자에 놓여 있는
잡지의 종류, 벽난로, 벽에 걸린 그림의
종류, 재떨이, 즐겨 마시는 술, 오래된 가

구, 집의 실내 바닥재, 텔레비전의 크기
와 위치 등이다.

crass: 무신경한, 막돼먹은, 천박한

진정한 상류의 세계에서 무신경하다는
것은 무심함을 뜻하고, 무심함은 곧 천박
함을 뜻한다. '천하거나 물질적인 가치를
좇는'이라는 뜻도 있다. 상류 사회에서
많이 통용되는 '돈 얘기를 하는 것은 천
박하다'는 말에도 종종 쓰인다. 공교롭게
도 'class'와 발음이 비슷하여 적확하지는
않지만 'class'의 반대 격, 즉 '품격이 떨
어지는'이라는 뜻으로 쓰이기도 한다.

déclassé: 몰락한, 지위나 계급이 하락한,
신분이 낮은

이것 역시 프랑스어에서 온 외래어로 어
느 정도 교육받은 사람 사이에서 '격이
떨어지는'의 뜻으로 많이 쓰인다. 예전에
는 흠모의 대상이었지만 이제는 한물갔
다는 뜻으로도 통용된다.

얼마 전 『뉴욕타임스』는 상류 여성이
음모 왁싱을 경시하기 시작한 트렌드에
대한 기사에서 이렇게 썼다. "맨해튼의
일부 부류에서 브라질식 왁싱으로 얻는
민숭민숭한 모습은 이제 격이 떨어지는
déclassé 것으로 인식되고 있다." 다소 민
망한 소재 같지만 기사의 내용을 보면 자

연미가 무엇인가에 대해 진지하게 고민하는 상류 여성이 늘어나고 있다는 취지가 담겨 있다. 이런 기사가 『뉴욕타임스』에 실렸다는 것은 문화의 미세한 변화와 그것이 사회 전반에 미치는 의미를 고찰하는 상류의 지적 호기심을 반영하는 것이기도 하다.

eccentric: 괴짜 같은, 기인奇人 같은

부자가 이상한 행동을 할 때 완곡한 표현으로 쓰이는 말이다. 전설적인 언론 재벌 윌리엄 랜돌프 허스트는 자신의 성 같은 집 허스트 캐슬에 손님을 초대했을 때 호화로운 만찬을 준비하고는 종이 냅킨을 돌렸다는 이야기가 있는데, 바로 이런 행동을 두고 '엑센트릭eccentric'이라고 한다. 억만장자 하워드 휴즈가 말년에 정신질환을 앓고 어두운 방에 처박혀 몇달 동안 나오지 않는 등 괴이한 생활을 했을 때도 사람들은 그를 그저 괴짜eccentric 부자라고 했다. 평범한 사람이라면 '또라이'라고 하는 것이 맞을텐데 말이다. 그래서 '돈 없는 사람은 미쳤다고 하고, 부자는 괴짜라고 한다'는 말이 있다.

limousine liberal: 껍데기만 진보인 상류층

진보적 액티비즘에 앞장서는 상류층을 공격할 때 쓰는 경멸의 표현이다. 상류의 모든 편의와 특권을 누리면서 진보적 이슈에 립서비스만 하는 위선자라는 말이다. 예컨대 대형 SUV를 타고 다니는 환경주의자가 이 범주에 속한다. 특히 사회 현안과 관련하여 매사에 약자 편을 드는 할리우드 스타가 주요 타깃이 된다. 보통 부자 편향 정책을 옹호하는 보수 논객이 상위 1퍼센트를 향한 비난의 화살을 거꾸로 돌리기 위해 써먹는 개념이다.

이 같은 표현이 통용된다는 것은 보수 정치 세력의 위기의식을 반영하는 것이기도 하다. 즉, 돈 많은 상류 사이에서 진보 성향의 공감대가 갈수록 확대되는 가운데, 부자 편에 서 있는 보수 정치 세력이 공화당의 전통적 표밭인 가난하고 교육 수준 낮은 백인 서민층을 향해 이런 선전을 하는 것이다.

비슷한 의미로 쓰이는 표현에는 기사를 둘 정도로 부자는 아니지만 렉서스를 타고 다닌다는 '렉서스 리버럴Lexus liberal', 스타벅스 등에서 비싼 라테를 시켜 마시는 족속을 뜻하는 '라테 리버럴 latte liberal' 등이 있다. '강남 좌파'라는 부류가 현존하는지는 의심스럽지만 한국식으로 표현한다면 위선적 강남 좌파쯤이 되겠다.

patron: 후원자

미국 상류층 사이에 널리 퍼져 있는 개념으로 문학, 예술, 교육 등 수익보다는 공익성이 우선인 분야에 금전적 지원을 하는 이를 말한다. 후원자는 개인일 수도 있고 기업일 수도 있지만 숫자로 따지면 개인이 압도적으로 많다. 미국에서는 예술 후원자로 알려지는 것이 상당한 영예로 여겨진다.

미국박물관협의회의 통계로는 현재 미국에 1만 7,000여 개의 박물관이 있는데, 이는 대부분 개인 후원자 회원의 지속적인 경제적 후원으로 운영된다. 부자는 아니지만 수입이 안정적인 중산층 시민이 지역 박물관 등 예술 문화 사업에 매년 소정의 금액을 후원하는 경우가 흔하며, 경제적으로 넉넉한 상류 중 관심 있는 어떤 문화 사업에 의미 있는 금액을 지원하지 않는 사람은 드물다고 보면 된다.

preppy, preppie: 명문 사립고교 학생 또는 졸업생

독립전쟁보다도 더 오래 전에 설립된 필립스 아카데미를 비롯하여 강남의 웬만한 학부모에게는 매우 친숙한 미 동북부의 상류 보딩스쿨, 이른바 예비학교prep school 출신을 지칭하는 말이다. '프렙prep'은 '준비의' 또는 '예비의'를 뜻하는 '프레패러토리preparatory'의 준말이다.

프렙스쿨의 지상 과제는 말 그대로 명문대, 특히 같은 동북부의 아이비리그 진학이 목표인 학생들을 준비시키는 것이다. 하지만 프레피 문화를 단순한 교육 문화의 차원에서 본다면 많은 것을 놓치게 된다. 프레피 문화는 미국의 상류 내지 지도층 젊은이의 문화 코드와 성장 과정을 엿볼 수 있는 창窓이다. 1980년대부터 한국을 비롯한 신흥 아시아 국가 유학생이 대거 몰려들면서 분위기가 많이 달라지긴 했지만, 전통적으로 집안의 뼈대가 우수한 성적만큼이나 입학의 중요한 기준이었고, 아직도 그런 부분을 따지는 관습이 다분히 남아 있다. 그래서 프렙스쿨 학생의 경우, 집에 돈이 많은 데다가 대부분 부모가 다 알아서 해결해주는 것이 몸에 배어 있고, 사실 더러는 그다지 명석하지 못하다.

프레피에게는 옷차림이나 물질문화에 대한 그들만의 정교한 룰이 수도 없이 많다. 자기네 문화를 따라 하려는 워너비를 우습게 생각하고, 무엇보다 촌스러운 것에 질색한다. 또한 번지르르한 외모보다는 계보와 전통을 중시하며, 졸부 집안의 자식과는 좀처럼 깊이 사귀는 법이 없다. 요즘 아시아에서 대거 몰려오는 유학생이 이들과 같은 학교에 다니면서도 같은

부류가 되기 힘든 것은 언어만의 문제가 아니다. 한국에서도 매년 수백 명의 학생이 미국의 프렙스쿨에 진학하지만 겉모습에 지나지 않는 '프레피 룩'은 유행할지언정 진정한 전통 프레피 문화에는 관심이 없어 보인다.

프레피들은 젊었을 때 실컷 놀아야 한다는 것을 철칙으로 삼지만 가문의 명예를 훼손시키면 안 된다는 정신 또한 투철하다. '사귀는 여자 따로, 결혼하는 여자 따로'라는 불문율이 있을 정도다. 이들 중 제대로 된 가치관을 이어받은 이는 과시 소비보다 생활 속의 격掃을 추구하며 산다.

1980년에 출간되자마자 베스트셀러가 되면서 프레피 문화 안내서의 고전으로 등극한 리사 번박의 『공인 프레피 핸드북 The Official Preppy Handbook』을 보면 프레피의 풍속도를 한눈에 볼 수 있다. 35년 전에 나온 책이고 다소 비딱한 유머가 진정성을 흐리기도 하지만 그 유머 자체도 삶 속의 여유로움을 중요하게 생각하는 프레피의 자세를 반영하는 듯하다. 프레피다운 프레피가 되려면 스스로를 너무 심각하게 생각하지 말아야 한다. 오만하지 않은 선에서 자신감 있게 행동하고, 할 일은 다 하면서도 항상 여유가 있어 보여야 한다. 초트 로즈메리 홀 출신인 케네디는 여유로움의 화신으로 미국인의 마음속에 새겨져 있다. 가장 중요한 프레피의 기품은 여유로움이라고 해도 과언이 아니다.

진정한 프레피는 지나치게 목표 지향적으로 보이는 것을 싫어한다. 이건 촌스러운 것을 참지 못하는 기질과도 일맥상통한다. 이런 견지로 대학교에서 취업이나 돈벌이와 직접적으로 연결되는 전공을 선택하는 것은 운치가 없는 것으로 간주한다. 『공인 프레피 핸드북』에서는 프레피의 기품 차원에서 평가했을 때 가장 처지는 명문대 톱3로 컬럼비아대, 코넬대, MIT를 꼽았다. 컬럼비아대는 엔지니어링 등 오로지 전문직 커리어만을 위한 전공의 압박이 심하고, 코넬대도 농업, 산업노동, 호텔 경영 등 취업 위주 단과대학의 비중이 과도하다. MIT는 학생들이 머리가 좋다는 부분이 너무 강조될 뿐 아니라 역시 과학과 엔지니어링, 도시학 같은 취업 지향적인 분위기가 지배적이기 때문이라는 것이다.

마지막으로 『공인 프레피 핸드북』의 내용 중 미국의 오래된 상류의 기호와 기질의 단면을 보여주는 대목을 두 가지 인용해본다.

－물건에 대하여: 물건은 수리, 복원, 재활

등 가능한 모든 수단을 다 써봤을 때까지는 교체하지 말라. 무슨 물건이든 옛날 물건만큼 잘 만들어진 게 없다.

- 자동차 외관을 더 멋지게 해주는 것들: 바닷물로 얼룩진 바디, 흥분한 개들이 긁어놓은 자국.

prewar: 전쟁 전前의
주로 뉴욕 시의 부동산 시장에서 쓰이는 말로, 일반적으로 제2차대전 이전에 지어진 아파트 건물을 말한다. 뉴욕 시, 특히 맨해튼과 브루클린 일부 지역 건물의 내부 구조와 양식은 건축 연도만으로도 알 수 있다는 것이 부동산 업계의 상식이다.

전통을 중시하는 상류층에게 맨해튼의 아파트 건물은 오래되었을수록 가치가 있다. 돈에 전혀 구애받지 않는 부자 중에는 100년 이상 된 건물 안에 건축 당시의 내부 구조와 양식을 그대로 보존해놓은 상태로 사는 이들이 많다. 뉴욕의 대표적 문화 엘리트인 영화감독 우디 앨런도 1901년에 지은 조지안 양식의 타운하우스에서 살고 있다. 소위 올드머니 상류는 현대식 실용성보다 역사가 배어 있는 건물의 품격을 무엇보다도 중시한다.

social contract: 사회계약
미국 정치 체제의 근간을 이루는 개념이다. 국가와 국민 간의 암묵적 동의로, 국가는 국민의 뜻을 관철시키기 위해 존재하며 국가가 누리는 모든 권력은 국민에게서 나온다는 것이 그 핵심이다. 나아가 사회계약에 대한 비전문가적 의미도 널리 통용되고 있는데, 그것은 사회 구성원이 서로의 권리를 보호해주고 공익을 위하여 자기 몫을 다해야 한다는 기본 정신이다. 이 정신은 미국의 주류 사이에, 특히 의식 있는 상류 사이에 노블레스 오블리주의 형태로 내면화되어 있다.

대공황 직후인 1930년대부터 1970년대까지는 국가와 국민 모두가 전반적으로 사회계약을 충실히 이행한 시대로 여겨진다. 그 후 1980년대부터는 정부 차원의 사회계약 이행이 지속적으로 허물어져 내리고 있다. 지난 30여 년간 금융화, 산업 전반에 걸친 규제 완화, 글로벌화된 무차별 가격 경쟁, 민영화 등으로 국가의 복지 정책과 기업의 책임 의식이 많이 약화되었다. 그 공백을 의식 있는 부호들이 계몽 운동과 체계적인 기부 문화로 메꾸려 노력하고 있다. 게이츠와 버핏이 2010년에 정식 발표한 미국 부호들의 기부서약은 사회계약 정신에 근간을 둔 이런 노력의 대표적인 예다.

summer: 여름을 나다

이 단어가 동사로도 쓰인다는 사실을 아는 사람은 미국에도 많지 않다. '여름'이라는 단어를 동사로 쓴다는 것은 우선 긴 여름휴가를 떠날 시간적, 금전적 여유가 있고, 여름철마다 고정적으로 머물 곳이 있음을 시사한다. 그리하여 '여름은 어디에서 보내요?'라는 뜻으로 'Where do you summer?'라고 말할 수 있다.

미국에서 이 단어를 동사로 쓸 줄 모르는 사람은 상류로 보기 어렵다. 이것은 별장 소유의 문제라기보다 상류층과 교류가 있느냐, 다양한 문화를 섭렵하고 있느냐 그리고 세련된 언어 감각을 갖추었느냐 하는 문제다. 물론 이 룰에도 예외가 있다. 텍사스의 상류는 이 지역의 독특한 반엘리트적 근성 때문에 대부분 '서머summer'를 동사로 쓰지 않는다. 실제로 텍사스에서 자란 칼럼니스트 몰리 아이빈스는 조지 H. W. 부시에 대한 글에서 "진짜 텍사스 사람은 'summer'를 동사로 쓰지 않는다"고 했다. 원래 가문의 뿌리가 동북부에 있는 부시가 연고도 없는 텍사스에서 정치를 하고 있음을 비꼬는 표현이었다.

understatement: 절제된 표현

앞에서 말한 고풍을 선호하는 성향과 함께 상류적 감성이 수반하는 양대 기질이라고 할 수 있다. 상류가 중시하는 절제된 표현의 원칙이 몸에 배어 있는 사람은 어떤 상황에서도 호들갑을 떨거나 흥분하지 않고, 좀처럼 강한 감정을 드러내지 않는다. 매사에 침착과 평정을 유지한다는 얘기다. 사회를 주도하는 상류에게 이러한 '점잖음'을 요구하는 것은 어쩌면 당연한 일이다.

절제된 표현은 상류의 소비 행태에서도 나타난다. 계급이 높을수록 걸친 옷에서 상표나 브랜드의 표시를 찾아보기 힘들다. 상류들은 드러내는 것보다 감추는 게 본능이다. 튀는 것을 싫어한다. 재산이든 감정이든 권위든, 실제 있는 것의 일부만 보여준다. 이것이 절제된 표현의 원칙이다. 점잖은 상류들이 대부분 최대한 시선을 끌지 않는 옷차림으로 다니는 것은 자기표현을 아끼는 그들의 습관을 반영한다. 그들은 자동차도 눈에 잘 띄지 않는 평범한 색의 것을 선호한다.

반면 계급이 낮을수록 자신을 드러내 보이려는 욕구가 강하고, 과시 소비 행태가 심하다. 외형적으로 나타나는 개성을 강조하는 것은 점잖은 상류의 절제된 표현 원칙에서 어긋난다. 상류들은 브랜드 이름이나 큼지막한 글씨가 찍혀 있는 옷을 입는 사람을 촌스럽게 생각한다. 타인의 시선을 끌기 위해 고급차를 타고 다니거나 명품 따위를 들고 다니는 사람은 모름지기 세련된 상류적 감성을 갖추지 못한 사람이기 때문이다.

상류들은 그러나 2장에서 얘기한 '무심한 사람'이라는 표현에서처럼 못마땅하게 생각하는 타인에 대해 자신의 의견을 말할 때도 완곡한 표현을 쓴다. 2004년 일리노이 주를 방문했을 때 만난 한 점잖은 토박이 사업가가 당시 대통령 조지 W. 부시에 대해 나지막한 목소리로 한 말을 아직도 기억한다. "그 사람은 나의 오른쪽에 있소(He's to the right of me)." 자신이 보수(우파)라면 부시는 극우파라는 얘기였다.

vulgar: 저속한, 저급한, 상스러운

앞의 'crass'와 같은 과科에 속하는 말로 동의어처럼 쓰이기도 하지만 보통 어떤 사물을 두고 그 사물의 주인 내지는 만든이 또는 그 사물이 좋다고 생각하는 이의 상스러운 취향과 감성을 비판하는 의미로 사용된다. 단순한 예로 에로티카erotica는 예술적 감성을 자극할 수 있지만, 포르노는 그저 저속할vulgar 뿐이다.

미국에서는 어떤 것을 저속하고 저급한 것으로 여기느냐 하는 것이 사람의 계급을 말해주는 중요한 단서가 된다. 『계급』의 저자 퍼셀에 따르면 상류의 관점에서 볼 때 텔레비전을 거실 한복판에 모시는 것은 상스럽다. 그리고 그 정도는 화면의 크기와 정비례한다. 텔레비전은 저속한 대중문화를 상징하기 때문이다. 퍼셀은 캐딜락이나 포르셰, 벤츠 등의 신형 고급차를 몰고 다니는 것도 저급한 취향을 말해준다고 했다. 자동차 같이 흔해빠진 상징에 신경을 쓰는 속내를 그대로 드러내는 셈이기 때문이다. 미국의 엘리트 사교 클럽인 파이 베타 카파 클럽에서 발행하는 계간지 『아메리칸 스칼러American Scholar』의 편집장을 지낸 조셉 엡스타인은 벤츠차에 대해 "베벌리힐스에 사는 치과의사나 무슨 아프리카 국가의 각료가 소유하는 차로, 서독의 젊은 지식인은 벤츠를 상당한 수준의 상스러움vulgarity을 나타내는 징표로 여긴다"고 말했다. 벤츠는 과시적 소비 취향을 가진 졸부나 타고 다니는 차라는 얘기다.

WASP: 백인 앵글로색슨 개신교도

'화이트 앵글로색슨 프로테스탄트White Anglo-Saxon Protestant'의 두 문자를 따서 만든 말이다. 앵글로색슨은 영국의 주류 민족이며, 미국에서는 개신교를 믿는 영국계 백인이 사회의 주류를 이루는 지배계급으로 인식된다. 미국 건국 당시는 백인 인구의 80퍼센트가 영국계였다. 현재 미국의 영국계 미국인은 10퍼센트에 불과하지만, 오래된 상류 사이에서는 아직도 영국 주류 문화의 영향이 상당하다.

그런데 흔히 상류 와스프WASP의 표본으로 인식되는 인물을 생각해보면, 이 분류가 사전적 의미인 민족과 종교를 얘기하는 것이 아니라 어떤 상류적 몸가짐이나 태도를 말하는 것임을 알 수 있다. 예컨대 상류 와스프의 이미지가 철철 넘쳤던 보수 논객 윌리엄 F. 버클리는 영국계가 아니라 아일랜드계였고, 종교도 개신교가 아니라 가톨릭이었다. 반면 2008년 공화당 부통령 후보 사라 페일린은 와스프의 사전적 조건을 모두 갖추었지만 그녀를 상류 와스프의 이미지와 결부지어 생각하는 사람은 없다. 이에 대해 평론가 크리스토퍼 히친스는 "와스프란 민족이 아니라 계급을 표현하는 말"이라고 했다. 하지만 백인이어야 한다는 조건은 여전히 남는다.

| 참고문헌 |

이규태, 『선비의 의식구조』, 신원문화사, 1984.

Babiak, P., Hare, R. D., *Snakes in suits: When psychopaths go to work*, New York: Harper Business, 2007.

Birnbach, L., *The official preppy handbook*, New York: Workman Publishing Company, 1980.

Forbes, J. H., *Old money America: Aristocracy in the age of Obama*, New York: iUniverse, 2010.

Forster, E. M., *Two cheers for democracy*, San Diego: Harcourt Brace & Company, 1951

Fussell, P., *Class: A guide through the American status system*, New York: Simon & Schuster, 1983.

Krugman, P., *The conscience of a liberal*, W. W. Norton & Company, 2009.

Lapham, L. H., *Money and class in America: Notes and observations on our civil religion*, New York: Weidenfeld & Nicolson, 1988.

Odendahl, T. J., *Charity begins at home: Generosity and self-interest among the philanthropic elite*, New York: Basic Books, 1990.

Stanley, T. J., *Stop acting rich···and start living like a real millionaire*, Hoboken, New Jersey: John Wiley & Sons, 2009.

Stanley, T. J., Danko, W. D., *The millionaire next door: The surprising secrets of America's wealthy*, Atlanta, Georgia: Longstreet Press, 1996.

Tennant, C., *The official filthy rich handbook: How the other .0001% lives*, New York: Workman Publishing Company, 2008.

Thompson, W. E., Hickey, J. V., *Society in focus: An introduction to sociology(6th ed)*, Pearson Education, 2008.

Veblen, T., *The theory of the leisure class*, Oxford: Oxford University Press, 2009.

상류의 탄생

지은이 | 김명훈

초판 1쇄 인쇄일 2016년 5월 26일
초판 2쇄 발행일 2017년 9월 15일

발행인 | 한상준
편집 | 김민정 · 박수희 · 이현령 · 윤정기
마케팅 | 강점원
표지 디자인 | 조경규
본문 디자인 | 김성인
종이 | 화인페이퍼
제작 | 第二彔

발행처 | 비아북(ViaBook Publisher)
출판등록 | 제313-2007-218호(2007년 11월 2일)
주소 | 서울시 마포구 연남동 월드컵북로6길 97(연남동 567-40) 2층
전화 | 02-334-6123 팩스 | 02-334-6126 전자우편 | crm@viabook.kr
홈페이지 | viabook.kr

ⓒ 김명훈, 2016
ISBN 979-11-86712-12-2   03300